职业院校汽车整形技术专业系列教材

职业学校汽车车身修复专业系列教材

汽车车身焊接技术

叶玉春　主　编

李光福　副主编

电子工业出版社·

Publishing House of Electronics Industry

北京·BEIJING

内 容 简 介

本书内容包括手工电弧焊、气焊与气割、气体保护焊、等离子弧焊与切割、电阻焊，共6个项目。每个项目包含若干实际工作任务，每个任务按照"任务分析—相关知识—任务实施"的形式编排。本书除介绍车身修复中常用的焊接方法外，还在"知识与能力拓展"部分介绍较深入的理论知识、相关焊接方法实例及其他焊接方法等。本书可作为高职高专院校汽车类相关专业的教材，也可供从事焊接工作的工程技术人员参考。

图书在版编目（CIP）数据

汽车车身焊接技术 / 叶玉春主编. — 北京：电子工业出版社，2015.3

ISBN 978-7-121-24934-1

Ⅰ. ①汽… Ⅱ. ①叶… Ⅲ. ①汽车—车体—焊接—高等职业教育—教材 Ⅳ. ①U463.820.6

中国版本图书馆CIP数据核字（2014）第274080号

策划编辑：杨宏利
责任编辑：杨宏利　　　特约编辑：李淑寒
印　　刷：北京盛通商印快线网络科技有限公司
装　　订：北京盛通商印快线网络科技有限公司
出版发行：电子工业出版社
　　　　　北京市海淀区万寿路173信箱　　邮编：100036
开　　本：787×1 092　1/16　印张：11.75　字数：300.8千字
版　　次：2015年3月第1版
印　　次：2023年9月第9次印刷
定　　价：28.00元

凡所购买电子工业出版社图书有缺损问题，请向购买书店调换。若书店售缺，请与本社发行部联系，联系及邮购电话：（010）88254888，88258888。

质量投诉请发邮件至zlts@phei.com.cn，盗版侵权举报请发邮件至dbqq@phei.com.cn。

本书咨询联系方式：（010）88254591，bain@phei.com.cn。

前 言 Preface

为贯彻《国务院关于加快发展现代职业教育的决定》精神，深化职业教育教学改革，推进课程体系改革和教材建设，以适应经济发展、产业升级和技术进步，培养服务区域发展的技术技能人才，广东科学技术职业学院组织汽车专业骨干教师及相关企业专家共同编写了《汽车车身焊接技术》教材。

《汽车车身焊接技术》是高职院校汽车整形技术专业的一门核心专业基础课程。该门课程在内容编选上，要求精选与实用，故我们将目前汽车车身修复中常用的先进的焊接技术、工艺及设备编选进去，在教学形式上，要求充分体现"做中学、学中做"的职业教育理念。

本书共分6个项目，分别介绍了汽车车身修复中常用的六类焊接方法，即手工电弧焊、惰性气体保护焊、电阻焊、等离子弧焊与切割、气割与气焊和铝合金及不锈钢焊接。每个项目设置若干任务，每个任务的工作内容相对独立，按照认知规律设计为任务分析、相关知识、任务实施3个步骤进行学习和训练。每个步骤相当于一个小的模块，3个模块之间有紧密的前后关联性。在"任务分析"中，主要介绍相关焊接方法的实质、特点及应用；在"相关知识"中，主要介绍相关操作技能学习所必需的理论知识；在"任务实施"中，主要介绍相关焊接方法的操作工艺。

本书由广东科学技术职业学院叶玉春任主编，李光福任副主编，吴云溪教授任主审，另外还有许海华、冯志荣、孙宝文、肖文颖等也参与了本书的编写工作。在本书的编写过程中，参考了大量同行的有关资料，得到了东莞市凌凯教学设备有限公司陈海波先生的大力支持，在此表示衷心的感谢。

本书可作为高职高专院校相关课程的教材，也可作为汽车技术人员的培训教材和参考用书。

限于编者水平有限，书中内容难免存在错误和疏漏之处，敬请广大读者批评指正。

编 者
2014年10月

目 录 Contents

▶▶ 项目一 手工电弧焊

[任务一 平敷对接焊]

◕ 一、任务分析

平敷焊是手工电弧焊中一类焊接操作的统称。平敷是在平焊位置上堆敷焊道的一种焊接操作方式，通常将使用这种操作方式的焊接方法称为平敷焊。平敷焊是所有焊接操作方法中最简单、最基础的方法。通过平敷焊的操作练习，读者应熟练掌握电弧焊操作的各种基本动作和焊接工艺参数的选择，熟悉焊机和常用工、量具的使用方法，为以后各种操作技能的学习打下基础。

当需要焊接连接的两块板件处于平焊位置时，所采用的焊接方法称为平对接焊。采用平对接焊时，为了焊透接缝，薄板件（板厚度小于2mm）可不开坡口；中厚板件（板厚度3～6mm）须开I形坡口；厚板件（板厚度大于6mm）须开V形、X形或U形坡口。

◕ 二、相关知识

1. 手工电弧焊特点

（1）手工电弧焊的焊接过程

如图1-1所示，手工电弧焊由焊接电源、焊接电缆、焊钳、焊条、焊件、电弧构成回路，焊接时采用焊条和工件接触引燃电弧，然后提起焊条并保持一定的距离，在焊接电源提供合适电弧电压和焊接电流的情况下，电弧稳定燃烧，产生高温，焊条和焊件局部被加热到熔化状态。焊条端部熔化的金属和被熔化的焊件金属熔合在一起，形成熔池。在焊接中，电弧随焊条不断向前移动，熔池也随着移动，熔池中的液态金属逐步冷却结晶后便形成了焊缝，将两焊件焊接在一起。

在焊接中，焊条的焊芯熔化后以熔滴形式向熔池过渡，同时焊条涂层产生一定量的气体和液态熔渣。产生的气体充满在电弧和熔池周围，以隔绝空气。液态熔渣密度比液态金属密度小，

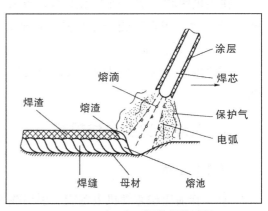

图1-1 手工电弧焊的焊接过程

1

浮在熔池表面，从而起到保护熔池的作用。熔池内金属冷却凝固时，熔渣也随之凝固，形成焊渣覆盖在焊缝表面，防止高温的焊缝金属被氧化，并且降低焊缝的冷却速度。在焊接过程中，液态金属与液态熔渣和气体间进行脱氧、去硫、去磷、去氢和渗合金元素等复杂的冶金反应，从而使焊缝金属获得合适的化学成分和组织。

（2）手工电弧焊的特点

手工电弧焊操作灵活、适应性强，能适用于常用钢种、不同厚度及各种空间位置的焊件，特别是对一些结构形状复杂、不同接头形式、小尺寸、直焊缝或不规则的曲折焊缝等，只要焊条能够到达的地方都能进行焊接。采用交流弧焊电源和直流焊电源，设备结构都比较简单，且质量小，便于移动，便于现场维护和维修，使用、安装方便，投资少，成本低。焊件在焊接过程中，因为受到焊接热循环的作用，必然会产生应力和变形，大焊件、长焊缝和结构复杂的焊缝更为突出。采用手工电弧焊，可以通过调整焊接工艺参数来控制焊接应力与变形，如采用对称焊、分段焊、退步焊等方法来改善应力分布和减少变形量。但手工电弧焊的生产效率低，焊工劳动条件差；在焊接过程中，要进行清渣、更换焊条等工作，焊接过程不能连续进行；焊工劳动强度大，受弧光辐射、焊接高温、有害烟尘等影响，劳动保护要求高；焊接质量在一定程度上取决于手焊工的实际操作技术水平。

2．手工电弧焊机的种类

（1）交流弧焊机

交流弧焊机的外形如图1-2所示。

（2）直流电焊机

直流电焊机有硅整流电焊机和旋转式直流电焊机两种。相比之下，硅整流电焊机较为优越。

硅整流电焊机由三相降压变压器、三相磁放大器、输出电抗器、吹风机及控制系统组成。

图1-2　交流弧焊机的外形

接通电源时，吹风机开始工作。当风量达到一定风压时，微动开关接通，交流接触器触头闭合，使三相降压变压器与网路接通，同时使控制变压器与网路接通，磁放大器开始工作，输出所需的直流电。

直流电焊机的正极温度比负极温度高，使用时应根据焊件的厚薄决定采用正接法或反接法。

3．电焊机安全操作规范

（1）注意

① 工作前应检查焊机电源线、引出线及各接线点是否良好，导线如有破损应及时修换。

② 禁止将焊机放在潮湿的地面和雨天露天作业。工作区域禁止放易燃易爆品。

③ 推电源闸刀开关要一次推足，然后才开启焊机；停机时，要先关闭电焊机，再关闭电源开关。

④ 移动电焊机位置前，须停机断电；焊接中突然停电，应立即关闭焊机。

⑤ 高空作业操作人必须系安全带及采取其他防护措施，工作完毕应先关焊机后断电源，并清理场地。

⑥ 焊机出了故障应及时维修。

⑦ 经常检查电源线、焊接电缆外皮有无破口，遇损坏处要包扎好。各接线的接触点如有松动应予以紧固。

⑧ 经常检查焊接钳夹持性能和绝缘性能，不良处予以相应的修复或更换。经常检查、清除吸附在变压器上的铁屑。

（2）提示

电焊机的安全操作必须按上述规范严格执行，这是防止电焊作业中人身伤亡事故发生的根本措施，也是企业安全作业的基本要求。

4．车身钢板分析

（1）车身钢板材质

整体式车身高强度钢的分布如图1-3所示。

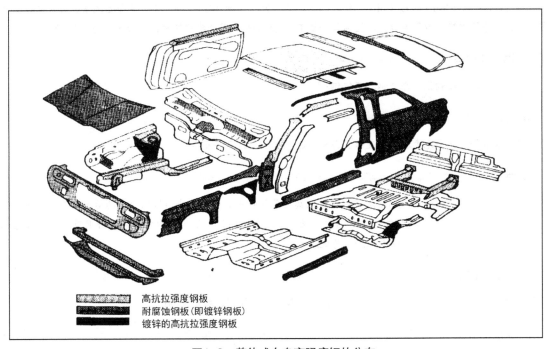

高抗拉强度钢板
耐腐蚀钢板（即镀锌钢板）
镀锌的高抗拉强度钢板

图1-3　整体式车身高强度钢的分布

（2）车身钢板类型

车身钢板按其含碳量可分为4类：

① 高抗拉强度钢板。

② 耐腐蚀钢板（即镀锌钢板）。

③ 镀锌的高抗拉强度钢板。

④ 普通碳素结构钢、优质碳素结构钢。

（3）车身附件名称

① 车顶板、纵梁、地板、护杠底架、避（减）振器、车内衬板等。

② 发动机舱罩、翼子板、护杠、门槛、后支柱等。

③ 发动机悬置支架、纵梁弯位、前支撑加强筋、车门护梁、保险杠等。

5．焊条选用及分类

（1）焊条选用

① 焊芯的作用

传导电流，产生电弧，熔化后又作为填充金属，与被熔化的母材熔合在一起形成焊缝。

② 焊芯的化学成分

含碳（C）、锰（Mn）、硅（Si）、铬（Cr）、镍（Ni）、硫（S）、磷（P）等合金元素，其中硫、磷为有害杂质，会降低焊缝的力学性能，应控制其含量不超过0.04%；焊重要构件时，其含量不超过0.03%。

③ 焊芯的种类

焊芯可分为碳素结构钢、合金钢、不锈钢3类。

④ 焊芯牌号

采用所含成分的化学元素符号和表示其含量的数字相结合的方法表示。

⑤ 性能

利用药皮放出的气体和形成的熔渣，起机械隔离空气的作用。通过熔渣与熔化金属的冶金反应，除去氧、氢、硫、磷等有害杂质和添加有益的合金元素，保证焊缝金属的化学性能和力学性能，并且改善焊接工艺性能，使电弧稳定，飞溅减少，焊缝成形好，易脱渣等。

⑥ 涂层的成分

稳渣剂、造渣剂、造气剂、脱氧剂、合金剂、稀释剂、粘接剂、增塑剂8种。

⑦ 涂层的分类

涂层可分为8种类型；按熔渣特性，分为酸性药皮和碱性低氢药皮两类，见表1–1。

表1-1　药皮的种类

药皮种类	类型	成分	特点
酸性药皮	钛型、纤维素型、钛铁矿型、氧化铁型、锰型	氧化钛、氧化铁、氧化锰、碳酸钙、碳酸镁	焊接时容易放出氧化物质，还含有机物造气剂，产生保护气体，焊缝不易产生氢气孔且对铁锈不敏感；但不能消除焊缝中的硫、磷等杂物，只适用于焊接低碳钢
碱性低氢药皮	低氢型、石墨型、盐基型	大理石（$CaCO_3$）、萤石（CaF_2）、氯氟化物	焊接时，大理石（$CaCO_3$）分解生成二氧化碳（CO_2），对熔池金属具有良好的保护作用，有效地清除焊缝中的硫和磷，加之焊缝的元素很少被氧化，所以焊缝金属力学性能良好；用于焊接高强度低合金钢

（2）焊条分类

有按用途分类、按熔渣性质分类、按药皮厚薄分类3种。

① 根据用途不同，按国家标准划分见表1-2。

表1-2　焊条分类及用途

代号	类别	用途
E	碳素钢焊条	主要用于强度等级较低的低碳钢和低合金钢的焊接
E	低合金钢焊条	主要用于低合金高强度钢、含合金元素较低的钼和铬钼耐热钢及低温钢的焊接
E	不锈钢焊条	主要用于含合金元素较高的钼和铬钼耐热钢及各类不锈钢的焊接
ED	堆焊焊条	用于金属表面层堆焊，其熔敷金属在常温或高温中具有较好的耐磨性和耐腐蚀性
EZ	铸铁焊条	专用于铸铁的焊接和补焊
EX	锡及锡合金焊条	用于锡及锡合金的焊接、补焊或堆焊。其中某些焊条可用于铸铁补焊或异种金属焊接
ECu	铜及铜合金焊条	用于铜及铜合金的焊接、补焊或堆焊。其中某些焊条可用于铸铁补焊或异种金属焊接
TAl	铝及铝合金焊条	这类焊条用于铝及铝合金的焊接、补焊或堆焊
TS	特殊用途焊条	指用于水下焊接、切割的焊条及管状焊条等

② 根据国家标准GB5117—1995的规定，低合金钢焊条型号的编制如图1-4所示。

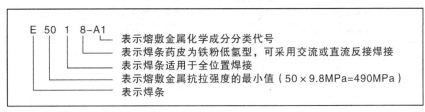

图1-4　低合金钢焊条型号的编制

③ 碳素钢焊条型号编制如图1-5所示。

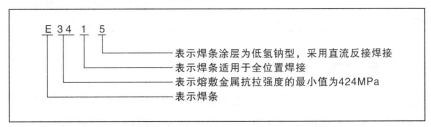

图1-5　碳素钢焊条型号编制

④ 焊芯的牌号如图1-6所示。

⑤ 根据焊芯的成分不同，国标《碳钢电焊条用焊芯》（GB/T 14957—94）将用于焊芯的

专用钢丝分为碳素结构钢、合金结构钢和不锈钢3类。

图1-6 焊芯的牌号

⑥ 焊芯的牌号，采用所含成分的化学元素符号和表示其含量的数字相结合的方法表示。与钢号表示方法相似，牌号的第一个符号为"H"，表示焊接用钢丝，即"焊"字汉语拼音的第一个字母；H之后是2位或1位数字，表示含碳量；其后是所含合金成分的化学元素符号及含量（数字）；最后如有字母A表示是高级优质钢，如有字母"E"表示是特级钢材，未注明的表示一般钢材。常用低碳钢和低合金钢焊条见表1-3。

表1-3 常用低碳钢和低合金钢焊条使用简明

型号	牌号	药皮类型	焊接电源	主要用途
E4313	J421	高钛钠和高钾型	交流或直流	焊接一般低碳钢薄板结构
E4303	J422	钛钙型	交流或直流	焊接较重要的低碳钢结构和同强度等级的低合金钢
E4323	J422铁	铁粉钛钙型	交流或直流	焊接较重要的低碳钢结构的高效焊条
E4323	J422铁重	铁粉钛钙型	交流或直流	焊接低碳钢结构的高效、高速重力焊条
E4301	J423	钛铁矿型	交流或直流	用于低碳钢结构的焊接
E4320	J424	氧化铁型	交流或直流	用于低碳钢结构的焊接
E4327	J424铁	铁粉氧化铁型	交流或直流	焊接低碳钢结构
E4316	J426	低氢钾型	交流或直流	焊接重要低碳钢和某些低合金钢结构
E4316	J426铁	铁粉低氢钾型	交流或直流	焊接重要低碳钢和某些低合金钢结构
E4315	J427	低氢钠型	直流	焊接重要低碳钢和某些低合金钢结构
E5024	J501铁	铁粉钛钙型	交流或直流	焊接低碳钢及相应强度低合金钢结构
E5003	J502	钛钙型	交流或直流	焊接16Mn钢及相同强度等级低合金钢的一般结构
E5001	J503	钛铁矿型	交流或直流	焊接16Mn钢及相同强度等级低合金钢的一般结构
E5016	J506	低氢钾型	交流或直流	焊接中碳钢及某些重要低合金钢结构，如16Mn钢等
E5016	J506下	低氢钾型	交流或直流	可用于相应强度等级的碳钢及低合金钢的立向下焊
E5015	J507	低氢钠型	直流	焊接中碳钢及16Mn钢等重要低合金钢结构
E5515	J557	低氢钠型	直流	焊接中碳钢及相应强度等级低合金钢结构
E6015-D1	J607	低氢钠型	直流	焊接中碳钢及相应强度低合金钢结构
E6015-G	J607Ni	低氢钠型	直流	用于相应强度等级的低合金钢结构

三、任务实施

电焊具有速度快、强度高、变形小、成本低的优点，多用于汽车钣金修理中对于非薄板类结构的焊接修理。掌握电焊的基本工艺是十分必要的，现将其要点分述如下。

1. 焊前准备

① 把焊件摆好或固定。

② 把工作区间清理干净、畅通，隔离易燃物品，摆好遮光护栏。

③ 穿戴好防护手套、鞋、面罩等用品。

④ 根据焊件厚度、方位，选择焊条和调整焊接电流量。

⑤ 点固定位。

⑥ 工件测量、整形或加密点固。

2. 焊接开始

（1）引弧与熄弧

引弧是使焊条与焊件之间产生电弧（用焊条芯与工件接触产生电弧）。常用的有敲击法和摩擦法两种。手持焊夹持焊条，轻轻点触焊件，迅速将焊条提离工件表面2～3mm，即可引弧成功。为了提高焊接强度，引弧后将焊条再提起一点，使电弧拉长，在焊缝起头处作短暂停留预热，然后再压低电弧运条施焊。施焊时，焊条离工件表面的高度约为焊条直径的2/3，如图1-7所示。

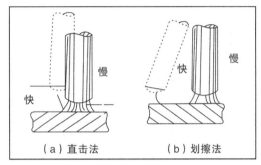

图1-7　引弧运条法

连续焊：焊接中途因故暂停或换焊条后继续焊接。先清除熔池前端焊渣，然后从此处引弧，并将焊条移入熔池处。

焊缝收尾时，不能马上提起焊条令电弧熄灭，应将电焊条顺焊缝原路返回15mm左右，再回到尾端，此时不再摆动焊条，让电弧自动熄灭，以免在焊缝尾端留下一个凹坑。常用的有画圈收尾法、反复断弧收尾法、回焊收尾法3种。

（2）焊条运动方法

焊接时用焊条向下、向后、向左右运动。常用的有直线形、锯齿形、圆圈形、8字形、三角形5种。为控制熔池温度，使焊缝具有一定宽度和厚度，焊接时焊条必须做有规则的运动。通常，焊条的运动有三种形式，焊接要同时实现三种运动才能保证良好的焊接效果，见表1-4。

表1-4　焊条的运动形式

焊条运动形式	操作过程
向下运动	引弧后，焊条开始熔化，为保持一定的焊接电弧，必须使焊条随着熔池而均匀向下运动，且两者速度应该一致。若向下运动速度低于熔化速度，电弧会拉长，以至熄灭；反之，焊条会与工件接触，形成短路熄灭电弧
向前运动	电弧稳定的情况下，焊条从焊缝起点沿着焊接方向移动称为向前运动。移动速度与电流强度、焊条直径、焊缝种类有关。速度太快，来不及熔化焊件，会形成漂浮焊缝；反之，焊件温度过高，熔池加大，焊缝增宽，烧损有益元素，使焊接质量下降。显然，在焊条向前运动的同时，必须向下运动，否则电弧将熄灭
左右运动	焊条做左右摆动，使焊缝两边熔化良好，促使焊渣浮到焊缝表面，减少夹渣和气孔。根据焊件性质、焊缝形状和位置，应选择适当的摆动形式

3．平面焊

平焊可分为平对接焊和平角接焊。薄板焊接时，使焊条沿焊接方向直线移动，并与工件约成70°角，电流稍大，电弧稍长。

焊件厚度小于6mm时，通常采用不开坡口的平对接焊，此时宜用直径3～4mm的焊条进行短弧焊接，并使熔池深度达到板厚度的2/3，焊缝宽度达到5～8mm，施焊运条方法为直线形；当焊件厚度大于6mm时，则应采用开坡口的平对接焊，分为多层焊及多层多道焊，如图1-8所示。平角接焊如图1-9所示。

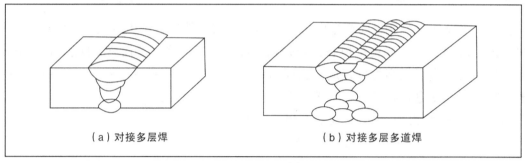

（a）对接多层焊　　　　　　　（b）对接多层多道焊

图1-8　平对接焊

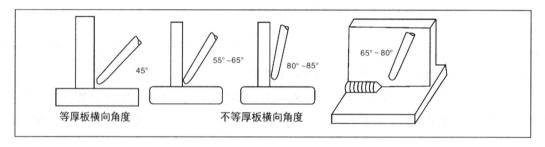

等厚板横向角度　　　45°　　　55°～65°　　　不等厚板横向角度　　80°～85°　　65°～80°

图1-9　平角接焊

任务二　角焊、立焊与仰焊

一、任务分析

在焊接结构中，除大量采用对接接头外，还广泛采用T形接头、搭接接头和角接接头等形式，这些接头形成的焊缝叫角焊缝，对角焊缝横焊位置的焊接叫做横角焊。角焊时不仅要保证焊缝接头质量，还要使焊角尺寸符合要求，以保证接头的强度。焊接时根据焊脚尺寸选择焊接方式。焊脚尺寸小于8mm时，采用单层焊；焊脚尺寸为8～10mm时，采用多层焊；焊脚尺寸大于10mm时，采用多层多道焊。

小车碰撞侧翻后已进行平焊、横焊焊接，但又发现车身横梁与纵梁断裂后还需要手工电弧焊立焊焊接修理。经过分析，车身横梁与纵梁的材质类型为高强度抗拉钢板，车架横梁与纵梁用槽钢或盒型截面组合钢梁制成。

当所连接的两块板件均处于垂直位置，且焊缝也处于垂直位置时，所实施的焊接操作称为对接立焊。对接立焊操作比平焊操作困难，主要原因是熔池及熔滴在重力作用下易下淌，产生焊瘤及焊缝两侧咬边，焊缝成形不如平焊时美观。但立焊时，熔池内熔渣在重力作用下容易下淌，便于熔化金属和熔渣的分离，清渣较容易。

二、相关知识

1. 角焊

（1）单层焊

由于角焊焊接热量向3个方向扩散，散热快，不易烧穿，所以焊接电流比同厚度板对接平焊大10%左右。焊条的工作角度，当两板等厚时为45°，厚度不等时应偏向薄板一侧（电弧偏向厚板），以使两板温度趋于均匀，如图1-10所示。

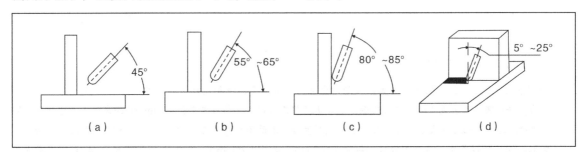

图1-10　T形接头角焊时的焊条角度

对于焊脚尺寸为5～8mm的焊缝，可采用斜锯齿形或斜圆圈形运条法，但要注意各点的运条速度不一样，否则易产生咬边、夹渣、边缘熔合不良等缺陷。T形接头平角焊斜圆圈形运条方法如图1-11所示，在a处要慢些，以保证横板的熔深；由a到b稍快，以防熔化金属下淌；在b处稍作停留，以保证熔化金属与立板熔合良好，防止咬边；b到c稍

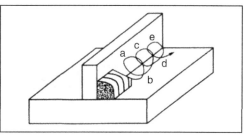

图1-11 T形接头平角焊的斜圆圈形运条方法

慢，以保证根部焊透并防止夹渣。按上述规律循环进行，注意收尾时填满弧坑。

（2）多层焊

焊脚尺寸为8～10mm时，可采用两层两道焊法。

焊第一层：选用直径3.2mm的焊条，焊接电流稍大些（100～120A），以获得足够的熔深。采用直线形运条，注意收尾时把弧坑填满或略高些，以防在第二层收尾时因焊缝温度增高而产生弧坑过低现象。

焊第二层：在焊接第二层之前，必须将第一层熔渣清除干净。如有夹渣，应用小直径焊条修补，然后再进行第二层焊接，以保证层间熔合紧密。选用直径4mm的焊条，焊接电流不宜过大，否则易产生咬边。采用斜圆圈形运条方法，第一层有咬边时，在咬边处稍作停留，以弥补第一层的咬边缺陷。

（3）船形焊

在实际生产中，焊件如能转动，可将T形接头翻转45°，使焊条在垂直面内进行施焊，叫船形焊，如图1-12所示。船形焊时，熔池处于水平位置，相当于平焊，焊缝质量好，而且易于操作。焊接时可采用较大直径的焊条和较大电流，采用月牙形或锯齿形运条方法。焊第一层仍用小直径焊条及稍大电流，其他各层与开坡口的平对接焊操作相似。

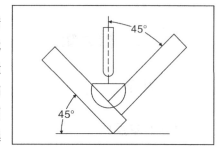

图1-12 船形焊

2．立焊

（1）立焊工艺

① 引弧

用焊条芯以70°～80°的角度与工件接触产生电弧。常用直击法和划擦法两种方法。

● 直击法：将焊条垂直于焊件进行碰触，然后迅速将焊条提起并与焊件保持3～4mm的距离向上慢慢移动，即可产生电弧。这种引弧方法大多用在焊接处狭窄或焊件垂直表面不允许有擦伤的情况下，如图1-13（a）所示。

● 划擦法：将焊条在焊件上下轻轻划擦一下（划擦长度约为20mm），然后与焊件保持3～4mm的距离向上慢慢移动，即可产生电弧，如图1-13（b）所示。

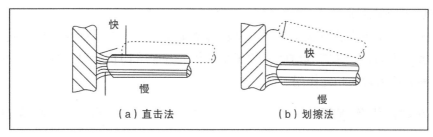

图1-13　引弧

② 立焊焊接技术

● 立焊

选小直径和小电流压弧施焊，焊条约90°由下而上，方法有跳弧法和灭弧法两种。

● 向下立焊法

只适合薄板和不甚重要结构的焊接和采用较大焊条和后倾30°直线运条法，尽量避免横向摆动（如直流焊机采用反接法），如图1-14所示。

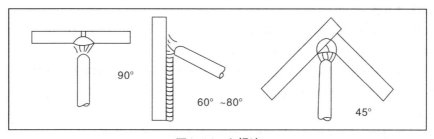

图1-14　立焊法

· 立焊时，由于重力作用，熔化的金属容易下淌，难以形成良好的焊缝。采取自下向上的焊接方法并配合适当的操作手法可以获得满意的焊接效果。

· 立焊引弧点一般选在焊缝最低处。引弧后，焊条沿焊缝方向做小范围的上下摆动。焊条向上移动时，焊条末端没有熔滴；向下移动时产生熔滴；当熔滴开始流淌时，焊条上移，使熔滴冷却，起到对后一个熔滴的撑托作用。如此往复，一滴一滴熔化金属依次形成并冷却成为自下而上的一道良好的立焊缝。立焊时，不允许由上向下焊接。

（2）立焊操作的保护

立焊操作的保护如图1-15所示。

① 头戴安全帽。

② 戴防烟尘口罩。

③ 戴防止高分贝噪声耳塞。

④ 佩戴保护眼镜。

⑤ 脚穿耐高温皮鞋（各种皮鞋护脚套）。

⑥ 手戴耐高温绝缘手套。

⑦ 下身穿全尺寸长裤。

⑧ 上身穿长袖上衣。

⑨ 戴防紫外线面罩。

图1-15　立焊操作的保护

⑩ 戴护脖等防护用品。

焊工职业病的发生主要取决于以下因素：焊接烟尘和气体的浓度与性质及其污染程度，焊工接触有害污染的机会和持续时间，焊工个体体质与个人防护状况，焊工所处生产环境的优劣以及各种有害因素的相互作用。

（3）立焊的操作规程

立焊操作方法有两种：一种是由下向上施焊，称为向上立焊；另一种是由上向下施焊，称为向下立焊。

使用的电流不要过大，略低于角焊电流，焊条的大小要根据焊件的厚度而定。焊接时电弧不要太大，要短弧焊接。焊接方法采取之字形或三角形。如果是多层焊接，第一遍电流要小一些，要均匀地摆动到位，否则会影响焊缝成形质量，导致咬边、夹渣、焊不透以及焊瘤的产生。

目前生产中应用最广泛的是由下向上施焊，在练习中以此种方法为重点。

● 向上立焊操作要领

· 焊接时应选用直径较小的焊条（2.5～4mm）和较小的焊接电流（比平时接焊小10%～15%），这样熔池体积小，冷却凝固快，可以减少和防止熔化金属下淌。

· 采用短弧焊接，电弧长度不大于焊条直径，利用电弧吹力托住熔池，同时短弧操作利于熔滴过渡。

· 焊条工作角度为90°，前倾角为-10°～-30°，即焊条向焊接移动的反方向倾斜，这样电弧吹力对熔池产生向上的推力，防止熔化金属下淌。

· 为便于右手操作和观察熔池情况，焊工身体不要正对焊缝，要略向左偏。

● 向下立焊操作要领

向下立焊法只适用于薄板和不甚重要结构的焊接，因向下立焊比向上立焊熔化金属及熔渣更易下坠，焊缝易产生夹渣和气孔等缺陷。向下立焊法的特点是焊接速度快，熔深和熔宽小，不易烧穿，焊缝成形美观，操作简单，但需要熟练掌握操作技巧。其操作要点如下：

· 焊接电流应适中，保证熔合良好。

· 焊接时，使焊条垂直于焊件表面用直击法引弧，运条采用较大焊条前倾角，为30°～40°，利用电弧吹力托住熔池，防止熔池下淌。

· 采用直线形运条法，尽量避免横向摆动，但有时也可稍做横向摆动，以利于焊缝两侧与母材熔合良好。向下立焊法最好使用熔渣黏度较大的向下立焊专用焊条。除使用交流焊接电源外，普通直流弧焊电源都应使用直流反接法焊接。

（4）检验

焊接及焊缝缺陷主要表现为焊接尺寸不对、裂纹、咬边、夹渣、焊瘤、气孔、未焊透、烧穿等。

在立焊过程中，焊接熔池中的液态金属在重力的作用下，很容易下淌。如熔池的形状为桃形，会使焊缝中间凹进去，两侧咬边。尤其是多层焊的填充焊道与坡口面所形成的夹角，导致清理熔渣困难，很容易形成夹渣、未焊透等焊接缺陷。所以，立焊、仰焊的关键是控制熔池金属，在施焊的过程中除了选用合适的焊接电流外，要通过运条节奏的控制（即焊条在焊缝中间运条应稍快，两侧稍作停顿）始终保持熔池形状为椭圆形或圆形，使每个熔池的下部边缘平直、两侧饱满、宽度一致、厚度均匀，从而获得良好的焊缝形状。

3.仰焊

（1）仰焊工艺

① 引弧

用焊条芯以近似垂直角度（75°～85°）与工件接触产生电弧。常用直击法和划擦法两种方法。

● 直击法：将焊条垂直于焊件进行碰触，然后迅速将焊条提起并与焊件保持3～4mm的距离向左、右慢慢移动，即可产生电弧。这种引弧方法大多用在焊接处狭窄或焊件垂直表面不允许有擦伤的情况下，如图1-16（a）所示。

● 划擦法：将焊条在焊件左、右轻轻划擦一下（划擦长度约为20mm），然后与焊件保持3～4mm的距离向左、右慢慢移动，即可产生电弧，如图1-16（b）所示。

② 仰焊

仰焊时应采用尽可能短的电弧，以使熔滴在很短的时间内立即过渡到熔池中，与熔池中的焊缝快速凝固。应选用直径较小的焊条，一般为φ3～4mm，焊条角度如图1-17所示。

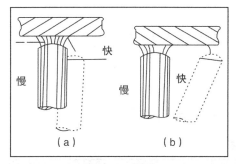

图1-16　引弧

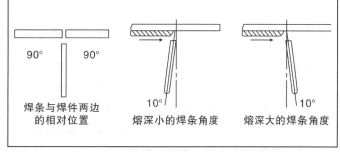

图1-17　焊条角度

（2）仰焊操作方法

① 运条方法

引弧操作方法采用连弧手法施焊。焊条与焊接方向夹角为85°～90°，与两侧试件夹角为90°。采用短弧焊接，并采用锯齿形或月牙形运条方法。焊条摆到坡口边缘时，要稍作停顿，以坡口边缘线为准熔化1～2mm，防止咬边，当焊条摆动到坡口两侧时，要稍作停顿，使填充金属与母材充分熔合，并应防止与母材交界处形成死角，以免不易清渣，形成夹渣及未熔合缺陷。

② 焊条角度

焊条与试件两侧夹角为90°，与焊接方向夹角为75°～85°。

（3）技术要点

焊接时，尽量将电弧压至最短，利用电弧吹力把铁水托住，并使一部分铁水过渡到坡口根部背面。要使新熔池覆盖前一个熔池1/2，并适当加快焊接速度，以减少熔池面积并形成较薄的焊肉，减轻焊肉的自重，避免造成焊瘤。焊层表面要求平直，避免下凸，否则给下层焊接带来困难，并易产生夹渣及未熔合等缺陷。收弧时，将电弧向熔池的熔孔后移8～10mm，再灭弧，使焊缝形成斜坡。

（4）电流

仰焊时，焊接电流要比平焊电流小10%～20%，不锈钢焊条、合金钢焊条因电阻大，热膨胀系数较高，焊接电流大时，焊条会因发红使药皮脱落，影响焊接质量。在施焊中，焊接电流要相应减小。

焊接注意事项

① 把焊缝上的油、锈、污清理干净。

② 点焊焊接电流一定要适当。

③ 焊接角度要对，一般为70°～80°。

④ 第一层采用短弧焊接，保证第一层焊接平整。

⑤ 断弧操作时停留时间不要太久，基本停留1s左右断弧。

⑥ 如果焊缝开V形坡口，而且使用碱性焊条焊接，把极性改成直流正接，焊接时把焊条顶到坡口最深处，移动时短停留，高频率。

⑦ 打底焊接时注意事项：

● 打底层焊道要细而均匀，外形平缓，避免焊缝中间过分下坠。否则，容易给第二层焊缝造成夹渣或未熔合等缺陷。

● 应仔细清理每层焊缝的飞溅和熔渣。

● 表面层焊接速度要均匀一致，控制好焊缝高度和宽度，并保持一致。

⑧ 对接仰焊时，为达到质量标准，可分多层焊缝打底，其操作工艺参数见表1-5。

表1-5 仰焊打底层工艺参数

焊接层次	焊条直径/mm	焊接电流/A
打底焊（第一层）	2.5	80～90
填充层（第二、三层）	3.2	115～130

项目二 惰性气体保护焊

[任务一 CO_2气体保护焊]

一、任务分析

二氧化碳气体保护电弧焊是利用CO_2作为保护气体的熔化极电弧焊方法，简称CO_2焊。由于CO_2是具有氧化性的活性气体，与惰性气体和以惰性气体为基础的活性混合气体保护电弧焊相比，CO_2焊在熔滴过渡、冶金反应等方面表现出许多特点。

二、相关知识

1. 基本原理

短路过渡电弧焊的工作原理如图2-1所示。

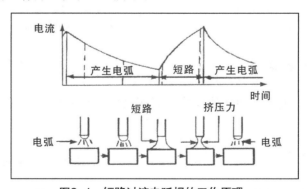

图2-1 短路过渡电弧焊的工作原理

2. 工作过程

① 焊丝在焊接部位经过短路→燃弧→短路→燃弧……过程，每一次短路电弧焊丝都从端部将微小的熔滴转移到母材熔池之中。

② 在焊丝周围有一层CO_2气体保护层，以免焊缝被氧化。

③ 焊丝采用自动进给，连续焊接。

④ 在整个焊接过程中，母材受热小，变形小，不会影响钣金件整体几何形状。

3．焊丝

① 车身修理中使用的焊丝是AWS-70S-6。

② 使用的焊丝直径为0.6～0.8mm。目前使用最多的是直径为0.6mm的焊丝。

③ 细的焊丝可以在弱电流、低电压条件下使用，这就使进入板件的热量大为减少，更适合汽车车身焊接修理。

4．导电嘴到母材的距离

① 标准的距离为7～15mm。

② 如果距离过大，从焊枪端部伸出的焊丝长度会增加而产生预热，从而提高焊丝熔化的速度，保护气体所起的作用也会减小。

③ 如果导电嘴到母材的距离过小，将难以进行焊接，因为焊接部位被挡在导电嘴的后面（图2-2）。

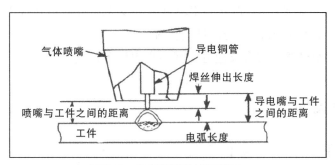

图2-2　导电嘴到母材的距离

5．优点

（1）焊接生产率高

在焊接时，电流密度大，熔化速度快，焊接过程又不用清渣，其电弧比普通焊条的电弧高2～4倍。

（2）焊接变形小

电弧热量集中，加热区窄，CO_2气体又有冷却作用，因此焊接变形小。

（3）对油和锈不敏感

因CO_2气体在高温下分解，具有很强的氧化性，焊件的油、锈及其保护气体在高温时氧化性强，与氢有很强的亲和力，从而降低了焊缝的含氢量，对脏污的敏感性较小。

（4）焊缝含氢量低

在焊接低合金高强度钢时能防止氢气孔的产生，出现冷裂纹的概率也较低。

6．使用环境

焊机适用于不超过海拔1000m，环境温度在40℃之内，相对湿度不超过90%（25℃时）的场合。使用场所没有影响产品使用的气体、蒸气、化学性沉积、腐蚀性介质和易燃易爆介质。使用场所没有剧烈的振动和颠簸。焊机必须安置在干燥的地方，应放在距离墙边不少于20cm的平稳位置，必须利于通风散热。

7．安全操作规范

① 工作前必须穿戴好规定的防护用品。遵守焊工的一般安全规程。

② 不熟悉本设备性能者严禁使用该设备。不得在狭小、通风性能差的地方焊接。也不能用电风扇直接吹焊嘴而吹散保护气体。

③ 工作前应预热15min，检查设备是否正常。检修设备前必须断开电源。

④ 施工前应先清理焊件表面的油污和锈迹、油漆等杂物，以防引弧困难及焊接产生气孔。

⑤ 工作时必须集中注意力，引弧前把焊丝伸出长度调整好，并选好适当位置；注意避免焊丝头甩出伤人。

⑥ 焊机应避免摆放在较潮湿位置，要经常清除机内、机外灰尘。经常检查各电缆外皮和气管有无破损，损坏处要包扎好。

⑦ 经常修理或更换焊嘴，定期测试焊接电流、电压、送丝速度及配气准确情况。经常检查气压表及流量计表工作情况是否正确，必要时应更换。

⑧ 工作完毕后要清理场地、灭绝火种、切断电源。

8．CO_2气体保护焊的操作步骤

（1）焊前准备

① 安装并调整送丝装置中的各元件。

② 焊接示意图如图2-3所示。

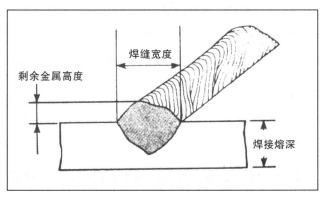

图2-3　焊接示意图

焊接电流的大小会影响母材的焊接熔深、焊丝熔化速度、电弧的稳定性、焊接溅出物的数量。随着电流强度的增加，焊接熔深、剩余金属的高度和焊缝的宽度也会增大。

（2）操作步骤

① 将焊口表面清理干净并夹紧。

② 准备好焊机。

③ 在支架上安装并固定好焊丝盘。

④ 把搭铁夹子夹到焊接部位附近的裸露金属处。

⑤ 检查各接头、接口处的密封情况。

⑥ 调整送丝辊，使它对焊丝正好有足够大的压力。

⑦ 确定焊接电流。

⑧ 调整好焊接电压。

⑨ 确定焊丝外伸长度。

⑩ 选择好焊枪的倾角。

⑪ 确定保护气体的流量。

⑫ 确定焊接的速度。

⑬ 选择好合适的焊接方式进行焊接。

9. 焊接电压与电弧长度的关系

高质量的焊接有赖于适当的电弧长度，而电弧长度是由电弧电压决定的，如图2-4～图2-6所示。

焊接电压过高，电弧的长度增大，焊接熔深减小，焊缝呈扁平状。

焊接电压过低，电弧的长度减小，焊接熔深增加，焊缝呈狭窄的圆拱状。

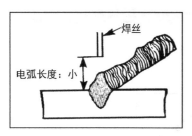 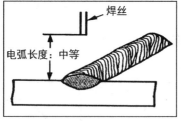 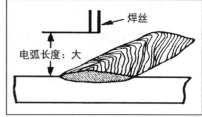

图2-4 电弧长度小　　　　图2-5 电弧度长度中等　　　　图2-6 电弧长度大

10. 操作要领

（1）引弧

由于弧焊电源的空载电压低，又是光焊丝，在引弧时电弧稳定燃烧点不易建立，引弧变得比较困难，往往造成焊丝成段爆断。

（2）熄弧

收弧时应在弧坑处稍作滞留，然后慢慢地抬起焊枪直至填满弧坑为止，同时可使熔池金属在未凝固前仍受到气体的保护。

（3）左向焊法

采用左向焊法时，能清楚地看到接缝，不易焊偏且能获得较大的熔深，焊缝成形比较平整美观。

（4）右向焊法

采用右向焊法时，熔池可见度及气体保护效果较好，但焊接时不便观察接缝的间隙，容易焊偏。

（5）焊接位置

CO_2气体保护焊焊接位置有平焊、横焊、立焊和仰焊4种。

11．焊接工艺参数

（1）焊丝直径

① 选择依据

焊丝直径可根据焊件厚度、焊缝空间位置和生产率等要求选择。

② 选择方法

当对中厚板进行平焊时，可以采用$\phi 1.6mm$的焊丝；当对薄板或中厚板进行立、横、仰焊时，多采用$\phi 1.6mm$以下的焊丝。

（2）焊接电流

① 选择依据

焊接电流可根据焊件厚度、焊丝直径、焊缝空间位置和所要求的熔滴过渡形式来选择。

② 选择方法

用$\phi 0.8\sim 1.8mm$的焊丝短路过渡焊接时，焊接电流为$50\sim 230A$。

（3）电弧电压

① 选择依据

电弧电压必须与焊接电流配合恰当。电弧电压增大，则焊缝宽度相应增大，加强高和熔深减小；反之，电弧电压减小，则焊缝宽度相应减小。

② 选择方法

在短路过渡焊接时，电弧电压为16～25V。

在采用ϕ1.2～3.0mm的焊丝进行粗滴过渡焊接时，电弧电压可在25～44V范围内选择。

（4）焊接速度

① 选择依据

随着焊接速度的加快，焊缝的宽度、加强高和熔深相应减小。

② 选择方法

半自动焊的焊接速度在15～30m/h范围内；自动焊的焊接速度可稍快些，一般不超过40m/h。

（5）焊丝伸出长度

① 含义

焊丝伸出长度是指焊接时焊丝伸出导电嘴的长度。

② 选择方法

焊丝伸出长度取决于焊丝直径。一般焊丝伸出长度约等于焊丝直径的10倍。

（6）CO_2气体流量

① 选择依据

CO_2气体流量应根据焊接电流、焊接速度、焊丝伸出长度及喷嘴直径来选择。

② 选择方法

细丝CO_2气体焊时，CO_2气体流量为5～15L/min。

粗丝CO_2气体焊时，CO_2气体流量为15～25L/min。

（7）电源极性

① 选择依据

与直流正接相比，直流反接具有电弧稳定、飞溅少、熔深大的特点。

② **选择方法**

为了保证CO_2气体保护焊的焊接质量，一般采用直流反接法，即焊件接负极，焊枪接正极。

（8）回路电感

① **选择依据**

焊接回路中的电感应根据焊丝直径、焊接电流和电弧电压来选择。

② **选择方法**

当使用$\phi 0.6 \sim 1.2$mm细丝时，电感值为$0.01 \sim 0.16$mH。

当使用$\phi 1.6 \sim 2$mm粗丝时，电感值为$0.3 \sim 0.7$mH。

三、任务实施

在CO_2焊工艺中，为获得稳定的焊接过程，可采用短路过渡、细颗粒滴状过渡和潜弧射滴过渡三种形式，其中以短路过渡形式应用最为广泛。

短路过渡焊接的特点是焊丝细、电压低、电流小，适合于焊接薄板及进行全位置焊接。焊接薄板时，生产率高、变形小，而且操作简便，对焊工技术水平要求不高。另外，由于焊接参数小，焊接过程中光辐射、热辐射以及烟尘等都比较小，特别适合汽车车身板件的焊接，所以我们重点介绍CO_2焊的短路过渡焊接工艺。

1. 防辐射和灼伤

采用CO_2焊时，由于电流密度大，电弧温度高，弧光辐射比手工电弧焊时强得多，应特别注意加强安全防护，防止电光性眼炎及裸露皮肤灼伤。工作时应穿好帆布工作服，戴好焊工手套，以防止飞溅灼伤。使用表面涂有氧化锌油漆的面罩，配用9～12号滤光镜片，各焊接工位要设置专用遮光屏。

2. 防中毒

CO_2气体保护焊不仅产生烟雾和金属粉尘，而且还产生CO、NO_2等有害气体，应加强焊接场地通风。

[任务二　熔化极惰性气体保护焊]

一、任务分析

　　熔化极惰性气体保护焊，是以连续送进的焊丝作为熔化电极，采用惰性气体作为保护气体的电弧焊方法，简称MIG（ Metal Inertia Gas ）焊。在汽车钣金焊接维修作业中，熔化极惰性气体保护焊是最常用的方法之一，它主要应用于一些活性较强金属的焊接，例如不锈钢、耐热合金、铜合金及铝镁合金等。

二、相关知识

1. 熔化极气体保护焊的分类和应用

（1）熔化极气体保护焊的分类

　　熔化极气体保护焊，通常根据保护气体种类和焊丝形式的不同分类，如图2-7所示。按操方式，熔化极气体保护焊可分为自动焊和半自动焊两大类。

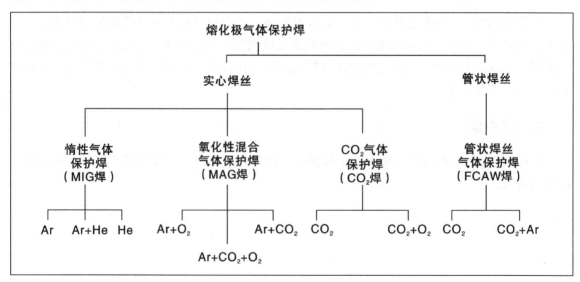

图2-7　熔化极气体保护焊分类

（2）熔化极气体保护焊的原理

　　熔化极气体保护焊采用可熔化的焊丝与焊件之间的电弧作为热源来熔化焊丝与母材金属，

并向焊接区输送保护气体，使电弧、熔化的焊丝、熔池及附近的母材金属免受周围空气的有害作用。连续送进的焊丝金属不断熔化并过渡到熔池，与熔化的母材金属融合形成焊缝金属，从而使工件相互连接起来。其示意图如图2-8所示。

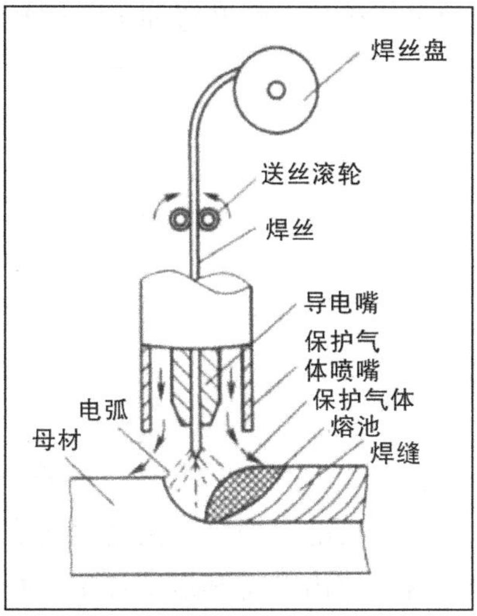

（3）熔化极气体保护焊的特点

熔化极气体保护焊与渣保护焊方法（如焊条电弧焊和埋弧焊）相比较，在工艺、生产率与经济效益等方面有下列优点：

① 熔化极气体保护焊是一种明弧焊。焊接过程中，电弧及熔池的加热熔化情况清晰可见，便于发现问题与及时调整，故焊接过程和焊缝质量易于控制。

② 熔化极气体保护焊在通常情况下不需要采用管状焊丝，所以焊接过程没有熔渣，焊后不需要清渣，省掉了清渣的辅助工时，降低了焊接成本。

③ 熔化极适用范围广，生产效率高，易进行全位置焊及实现机械化和自动化。

熔化极气体保护焊的不足之处有以下几点：

① 焊接时采用明弧和使用的电流密度较大，电弧光辐射较强。

② 熔化极气体保护焊比手工电弧焊的焊接设备更复杂，价格高；并且使用保护气体，增加了成本。

③ 熔化极气体保护焊焊枪（自动焊接）尺寸较大，焊接缆线比较僵硬、不灵活，因此不适合焊接密封舱体结构和一些空间狭小位置。焊丝伸出长度为12～25mm，不易观察焊接电弧和得到高质量的焊缝。

④ 采用熔化极气体保护焊进行室外焊接时，常常受到天气或防护措施的限制。为了避免焊接时保护气体发生爆炸，应对保护气体气瓶采取防护措施。当室外风速超过2.2 m/s时，不宜采用熔化极气体保护焊进行焊接。

图2-8　熔化极气保护焊示意图

（4）熔化极气体保护焊的应用范围

① 适用的焊材

熔化极气体保护焊适用于大多数金属和合金，最适于碳钢和低合金钢、不锈钢、耐热合金、铝及铝合金、铜及铜合金、镁合金。

对于高强度钢、超强铝合金、锌含量高的铜合金、铸铁、奥氏体锰钢、钛和钛合金及高熔点金属，熔化极气体保护焊要求将母材预热和焊后热处理，并采用特制的焊丝，控制保护气体要比正常情况更加严格。

低熔点的金属如铅、锡和锌等，不宜采用熔化极气体保护焊。表面包覆这类金属的涂层钢板也不适宜采用这类焊接方法。

② 板厚度

熔化极气体保护焊可焊接的金属板厚度范围很广，最薄约1mm，最厚几乎没有限制。

③ 焊接位置

熔化极气体保护焊适应性较强，平焊和横焊时焊接效率最高。

2. 熔化极气体保护焊的设备

熔化极气体保护焊的焊接设备主要由焊接电源、送丝系统、焊枪及行走系统（自动焊）、供气系统及冷却水系统和控制系统5部分组成，如图2-9所示。

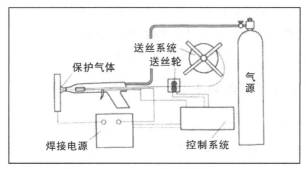

图2-9　熔化极气体保护焊焊接设备的组成

焊接电源提供焊接过程所需的能量，维持焊接电弧的稳定燃烧。送丝系统将焊丝从焊丝盘中拉出并将其送给焊枪。焊丝通过焊枪时，通过与铜导电嘴的接触而带电，铜导电嘴将电流由焊接电源输送给电弧。供气系统提供焊接时所需要的保护气体，将电弧、熔池保护起来。如采用水冷焊枪，则还配有冷却水系统。控制系统主要用于控制和调整整个焊接程序：开始和停止输送保护气体和冷却水，启动和停止焊接电源接触器，以及按要求控制送丝速度和焊接小车行走方向、速度等。

（1）焊接电源

熔化极气体保护焊通常采用直流焊接电源，目前生产中使用较多的是弧焊整流器式直流电源。近年来，逆变式弧焊电源的发展也较快。焊接电源的额定功率取决于各种用途所要求的电流范围。熔化极气体保护焊所要求的电流通常为100～500A，电源的负载持续率（也称暂载率）为60%～100%，空载电压为55～85V。

① 焊接电源的外特性

熔化极气体保护焊焊接电源的外特性可分为3种：平特性（恒压）、陡降特性（恒流）和缓降特性。

当保护气体为惰性气体（如纯Ar）、富Ar和氧化性气体（如CO_2），焊丝直径小于1.6mm时，在生产中广泛采用平特性电源。平特性电源配合等速送丝系统具有许多优点：可通过改变电源空载电压调节电弧电压，通过改变送丝速度来调节焊接电流，故焊接规范调节比较方便。使用这种外特性电源，当弧长变化时可以有较强的自调节作用；同时短路电流较大，引弧比较容易。实际使用的平特性电源其外特性并不都是真正平直的，而是带有一定的下倾，其下倾率一般不大于5V/100A，但仍具有上述优点。

当焊丝直径较大（大于ϕ2mm）时，生产中一般采用下降特性电源，配用变速送丝系统。由于焊丝直径较大，电弧的自身调节作用较弱，弧长变化后恢复速度较慢，单靠电弧的自身调节作用难以保证稳定的焊接过程，因此也像一般埋弧焊那样需要外加弧压反馈电路，将弧压（弧长）的变化及时反馈送到送丝控制电路，调节送丝速度，使弧长能及时恢复。

② 电源主要技术参数的调节

熔化极气体保护焊电源的主要技术参数有输入电压（相数、频率、电压）、额定焊接电流范围、额定负载持续率（%）、空载电压、负载电压范围、电源外特性曲线类型（平特性、缓降外特性、陡降外特性）等。通常要根据焊接工艺的需要确定对焊接电源技术参数的要求，然后选用能满足要求的焊接电源。

● **电弧电压**

电弧电压是指焊丝端头和工件之间的电压降，不是电源电压表指示的电压（电源输出端的电压）。电弧电压的预调节是通过调节电源的空载电压或电源外特性斜率来实现的。

平特性电源主要通过调节空载电压来实现电弧电压调节。缓降或陡降特性电源主要通过调节外特性斜率来实现电弧电压调节。

● **焊接电流**

平特性电源的电流大小主要通过调节送丝速度来调节，有时也可通过适当调节空载电压来进行电流的少量调节。对于缓降或陡降特性电源则主要通过调节电源外特性斜率来实现。

（2）送丝系统

送丝系统通常由送丝机（包括电动机、减速器、校直轮、送丝轮）、送丝软管、焊丝盘等组成。盘绕在焊丝盘上的焊丝经过校直轮和送丝轮送往焊枪。如图2-10所示，根据送丝方式的不同，送丝系统可分为4种类型。

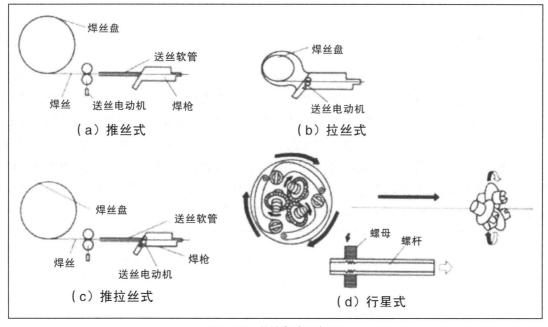

图2-10　送丝方式示意图

① 推丝式

推丝式是焊丝被送丝轮推送，经过软管而达到焊枪，是半自动熔化极气体保护焊的主要送丝方式。这种送丝方式的焊枪结构简单、轻便，操作维修都比较方便，但焊丝送进的阻力较大。随着软管的加长，送丝稳定性变差，一般情况下，送丝软管长度为3.5～4m，而用于铝焊丝的软管长度不超过3m。

② 拉丝式

拉丝式可分为3种形式。一种是将焊丝盘和焊枪分开，两者通过送丝软管连接。另一种是将焊丝盘直接安装在焊枪上。这两种方式都适用于细丝半自动焊，但前一种操作比较方便。还有一种是不但焊丝盘与焊枪分开，而且送丝电动机也与焊枪分开，这种送丝方式可用于自动熔化极气体保护焊。

③ 推拉丝式

这种送丝方式的送丝软管最长可以达到15m左右，扩大了半自动焊的操作距离。焊丝前进时既靠后面的推力，又靠前边的拉力，利用两个力的合力来克服焊丝在软管中的阻力。推拉丝式的两个动力在调试过程中要有一定的配合，尽量做到同步，但以拉为主。焊丝送进过程中，始终要保持焊丝在软管中处于拉直状态。这种送丝方式常被用于远距离半自动熔化极气体保护焊。

④ 行星式

行星式送丝系统根据"轴向固定的旋转螺母能轴向送进螺杆"的原理设计而成。3个互为120°的滚轮交叉地安装在一块底座上，组成一个驱动盘。驱动盘相当于螺母，通过3个滚轮中间的焊丝相当于螺杆，3个滚轮与焊丝之间有一个预先调定的螺旋角。当电动机的主轴带动驱动盘旋转时，3个滚轮即向焊丝施加一个轴向的推力，将焊丝往前推送。送丝过程中，3个滚轮一方面围绕焊丝公转，另一方面又绕着自己的轴自转。调节电动机的转速即可调节焊丝送进速度。这种送丝机构可一级一级串联起来而成为所谓的线式送丝系统，使送丝距离更长（可达60m）。若采用一级传送，可传送7～8m。这种线式送丝方式适合于输送小直径焊丝和钢焊丝，以及长距离送丝。

（3）焊枪

熔化极气体保护焊的焊枪分为半自动焊焊枪（手握式）和自动焊焊枪（安装在机械装置上）。在焊枪内部装有导电嘴（紫铜或铬铜等）。焊枪还有一个向焊接区输送保护气体的通道和喷嘴。喷嘴和导电嘴根据需要都可方便地更换。此外，焊接电流通过导电嘴等部件时产生的电阻热和电弧辐射热一起，会使焊枪发热，故需要采取一定的措施冷却焊枪。冷却方式有空气冷却、内部循环水冷却或两种方式相结合。空气冷却焊枪在CO_2气体保护焊时，断续负载下一般可使用高达600A的电流；在氩气或氦气保护焊时，通常只限于200A电流。半自动焊焊枪通常有两种形式：鹅颈式和手枪式，如图2-11所示。

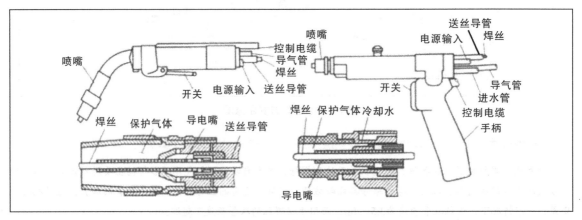

图2-11 半自动焊焊枪示意图

鹅颈式焊枪适合于小直径焊丝，使用灵活方便，特别适合于紧凑部位、难以达到的拐角处和某些受限制区域的焊接。手枪式焊枪适合于较大直径焊丝，它对冷却效果要求较高，因而常采用内部循环水冷却。半自动焊焊枪可与送丝机构装在一起，也可分离。

自动焊焊枪的基本构造与半自动焊焊枪相同，但其载流容量较大，工作时间较长，有时要采用内部循环水冷却。焊枪直接装在焊接机头的下部，焊丝通过送丝轮和导丝管送进焊枪。其结构如图2-12所示。

（4）供气系统和冷却水系统

供气系统通常由高压气瓶（气源）、减压阀、流量计和气阀组成。CO_2供气系统通常还需要安装预热器和干燥器，以吸收气体中的水分，如图2-13所示。熔化极活性气体保护焊还需要安装气体混合装置，先将气体混合均匀，然后再送入焊枪。

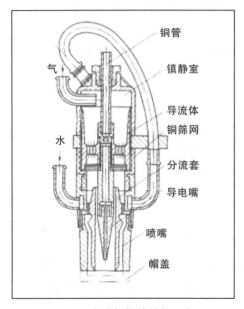

图2-12　自动焊焊枪结构示意图

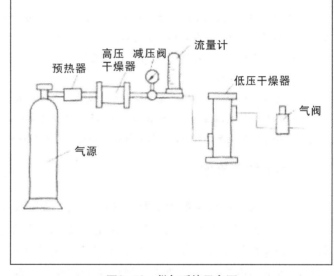

图2-13　供气系统示意图

① 高压气瓶

无缝钢质高压气瓶采用高强度合金钢压制而成，是公称压力等于或大于8MPa的气瓶，用于存储高压气体。在使用过程中，应注意轻拿轻放，并避免过热或过冷。

② 减压阀

减压阀可以用来调节气体压力，也可以用来控制气体的流量。一般情况下，可采用较低压力的乙炔压力表（压力调节范围为10～150kPa）或带有流量计的医用减压阀。

③ 流量计

流量计用来标定和调节保护气体的流量大小。通常采用转子流量计。转子流量计上的刻度是用空气作为介质来标定的，由于各保护气体的密度与空气不同，所以实际的流量与流量计标定的流量有些差异。实际气体的准确流量必须通过换算才能得到。

④ 气阀

气阀是用来控制保护气体通断的元件。根据不同的要求，可采用机械气阀的通断或电磁气阀开关控制系统来完成气体的准确通断。大部分手枪式、鹅颈式焊枪上都设置了手动机械球形气阀。这种气阀通断可靠，结构简单，使用方便。自动焊时，通常采用电磁气阀，由控制系统自动完成保护气体的通断。

⑤ 预热器

当打开 CO_2 钢瓶阀门时，瓶中的液态 CO_2 不断汽化成 CO_2 气体，这一过程会吸收大量的热量；另外，经减压后气体的体积会膨胀，也会使气体温度下降。为了防止 CO_2 气中的水分在钢瓶出口处及减压表中结冰，使气路堵塞，在减压之前要将 CO_2 气体进行预热。这种预热气体的装置称为预热器。预热器应尽量装在钢瓶的出气口处。

预热器的结构比较简单，一般采用电热式，将套有绝缘瓷管的电阻丝绕在蛇形纯铜管外即可。预热器采用36V交流电供电，功率为100～150W。在开气瓶之前，应先将预热器通电加热一段时间。

⑥ 干燥器

为了最大限度地减少 CO_2 气体中的水分含量，供气系统中一般设有干燥器。干燥器为装有干燥剂（如硅胶、脱水硫酸铜、无水二氯化钙等）的吸湿装置。干燥器分为装在减压阀之前的高压干燥器和装在减压阀之后的低压干燥器两种，可根据钢瓶中 CO_2 纯度选用其中之一，或二者都用。如果 CO_2 纯度较高，能满足焊接生产的要求，亦可不设干燥器。

冷却水系统一般由水箱、水泵和冷却水管及水压开关组成。水箱里的冷却水经水泵流经冷却水管，经水压开关后流入焊枪，然后经冷却水管再回流入水箱，形成冷却水循环。水压开关的作用是保证当冷却水未流经焊枪时，焊接系统不能启动焊接，以保护焊枪，避免由于未经冷却而烧坏焊枪。

（5）控制系统

控制系统由焊接参数控制系统和焊接过程程序控制系统组成。

焊接参数控制系统主要包括焊接电源输出调节系统、送丝速度调节系统、小车（或工作台）行走速度调节系统（自动焊）和气流量调节系统。它们的作用是在焊前或焊接过程中调节焊接电流或电压、送丝速度、焊接速度和气流量的大小。

焊接过程程序控制系统将焊接电源、送丝系统、焊枪和行走系统、供气和冷却水系统有机地组合在一起，构成一个完整的、自动控制的焊接设备系统，其主要作用如下：

① 控制焊接设备的启动和停止。

② 控制电磁气阀动作，实现提前送气和滞后停气，使焊接区受到良好保护。

③ 控制水压开关动作，保证焊枪受到良好的冷却。

④ 控制引弧和熄弧。熔化极气体保护焊的引弧方式一般有3种：爆断引弧（焊丝接触工件，通电使焊丝与工件接触处熔化，焊丝爆断后引燃电弧）、慢送丝引弧（焊丝缓慢送向工件直到电弧引燃，然后提高送丝速度）和回抽引弧（焊丝接触工件，通电后回抽焊丝，引燃电弧）。熄弧方式有两种：电流衰减（送丝速度也相应衰减，填满弧坑，防止焊丝与工件粘连）和焊丝返烧（先停止送丝，经过一定时间后切断焊接电源）。

⑤ 控制送丝和小车的（或工作台）移动（自动焊时）。当焊接启动开关闭合后，整个焊接过程按照设定的程序自动进行。程序控制的控制器由延时控制器、引弧控制器、熄弧控制器等组成。

3．MIG焊的特点

由于MIG焊使用的保护气体是惰性气体，这样就使它具有一些有别于其他熔化极气体保护焊的特点。

① 在氩或富氩气体保护下的焊接电弧稳定。

② 由于MIG焊熔滴过渡均匀和稳定，所以焊缝成形均匀、美观。

③ 电弧气氛的氧化性很弱，甚至无氧化性，几乎可以焊接所有金属，尤其适合焊接活泼

金属及其合金，如铝及铝合金、镁及镁合金等。

④ 由于用焊丝作为电极，可采用高密度电流，因而母材熔深大，填充金属熔敷速度快，与非熔化极惰性气体保护焊相比，大大提高了焊接工艺性和焊接效率。

MIG焊的不足之处与熔化极气体保护焊基本一致。

4. 保护气体和焊丝

（1）保护气体

① 氩气

氩气是一种无色、无味的惰性气体，其分子量为39.938，元素符号为Ar，在标准状态下，其密度为1.784kg/m³（约为空气的1.4倍），在空气中含有0.932%的氩。氩气的沸点为–185.7℃，介于氧、氮之间，是分馏液体空气制取氧气时的副产品。氩气都用瓶装供应，涂有灰色漆以示标记，并写有"氩气"字样。

氩气的密度比空气大，因而焊接时不易漂浮散失，在平焊和横向角焊缝位置施焊时，能有效地排除焊接区域的空气。氩气是一种惰性气体，焊接过程中不与液态和固态金属发生化学冶金反应，因而使焊接冶金反应变得简单和容易控制，为获得高质量焊缝提供了良好的条件，因此特别适用于活泼金属的焊接。但是氩气不像还原性气体或氧化性气体那样有脱氧或去氢作用，所以对焊前的除油、去锈、去水等准备工作要求严格，否则会影响焊缝质量。

氩气的另一个特点是导热系数很小，加上是单原子气体，不消耗分解热，所以在氩气中燃烧的电弧热量损失较少。氩弧焊时，电弧一旦引燃，燃烧就很稳定，是各种保护气体中稳定性最好的一种，即使在低电压时也十分稳定，一般电弧电压为8~15V。

② 氦气

同氩气一样，氦气也是一种惰性气体。氦气（He）很轻，其密度约为空气的1/7。它是从天然气中分离而得到的。它以液态或压缩气体的形式供应。氦的电离能很高，所以焊接时引弧性能较差。和氩气相比，由于氦的电离能高，导热系数大，所以在相同的焊接电流和电弧长度下，氦气保护时的电弧电压比氩气要高得多，如图2-14所示。因此，氦气保护时的电弧温度和能量密度高，母材的热输入量较大，熔池的流动性较强，焊接效率较高，适用于大厚度和高导热性金属材料的焊接。

氦气比空气轻，因此为了维持适当的保护效果就必须采用大的气体流量。在平焊位置焊接时，其气体流

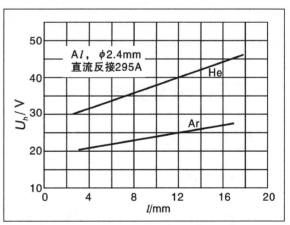

图2-14　Ar和He的电弧电压特征

量是氩气的2~3倍。氦气很适用于仰焊位置，因为氦气上浮能保持良好的保护效果，但纯氦价格昂贵，单独采用氦气保护，成本较高，因此应用很少。

③ 氩和氦混合气体

Ar和He按一定的比例混合使用时，可获得兼有两者优点的混合气体。其优点是电弧燃烧稳定，温度高，焊丝金属熔化速度快，熔滴易呈现较稳定的轴向喷射过渡，熔池金属的流动性得到改善，焊缝成形好，焊缝的致

密性高。这些优点对于焊接铝及其合金、铜及其合金等热敏感性强的高导热材料尤为重要。

如图2-15所示为分别采用Ar、He、He+Ar三种保护气体焊接大厚度铝合金时的焊缝剖面形状示意图，可见纯Ar保护时的"指状"熔深，在混合气体保护下得到了改善。

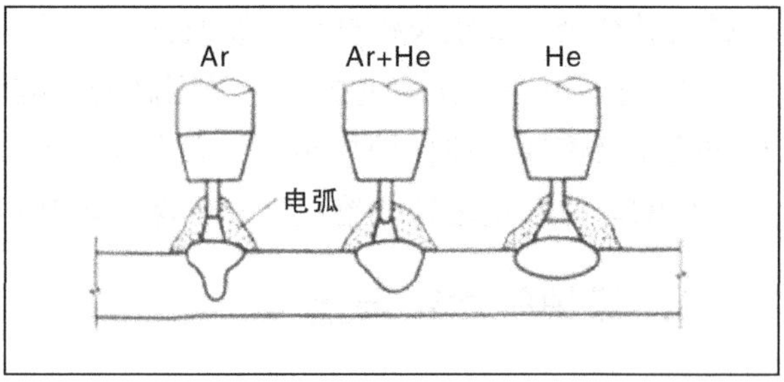

图2-15　Ar、He、He+Ar三种保护气的焊缝剖面形状

④ 氮气

氮（N_2）与铜及钢合金不起化学作用，因而对于铜及铜合金，N_2相当于惰性气体，因此可用于铜及其合金的焊接。N_2是双原子气体，热导率比Ar、He高，弧柱的电场强度亦较高，因此电弧热功率和温度可大大提高，焊铜时可降低或取消预热温度。N_2可单独使用，也常与Ar混合使用。与同样用来焊铜的Ar+He混合气体比较，N_2来源广泛，价格便宜，焊接成本低；但焊接时有飞溅，外观成形不如Ar+He混合气体保护时好。

（2）焊丝

熔化极惰性气体保护电弧焊使用的焊丝成分通常应与母材的成分相近，它应具有良好的焊接工艺性，并能提供良好的接头性能。在某些情况下，为了获得满意的焊缝金属性能，需要采用与母材成分完全不同的焊丝。例如，适用于焊接高强度铝合金和合金钢的焊丝，在成分上通常完全不同于母材，其原因在于某些合金元素在焊缝金属中将产生不利的冶金反应而导致产生缺陷或显著降低焊缝金属性能。

熔化极惰性气体保护电弧焊使用的焊丝直径一般为0.8～2.5mm。焊丝直径越小，焊丝的表面积与体积的比值越大，即焊丝加工过程中进入焊丝表面上的拔丝剂、油或其他的杂质相对较多。这些杂质可能引起气孔、裂纹等缺陷。因此，焊丝使用前必须经过严格的清理。另外，由于焊丝需要连续而流畅地通过焊枪送进焊接区，所以，焊丝一般以焊丝卷或焊丝盘的形式供应。

三、任务实施

1. MIG焊基本操作

（1）引弧

熔化极气体保护电弧焊都利用短路引弧法进行引弧，非熔化极气体保护焊大都采用非接触引弧法，但也有采用短路引弧法的。短路引弧法的原理如图2-16所示。

熔化极气体保护电弧焊引弧时首先送进焊丝，并逐渐接近母材。一旦与母材接触，电源将提供较大的短路电流，利用在A点附近的焊丝爆断，进行引弧。如果在B点爆断，则引弧失败。所以在A点爆断是引弧成功的必要条件。

在A点还是在B点爆断主要取决于焊丝在该点附近产生电阻热的大小，也就是其接触电阻的大小。B点为焊丝与导电嘴的接触处，其接触电阻R_B随时间变化很小，基本上不变。在A点却不同，A点为焊丝端头与母材的接触点。在焊丝与母材接触瞬间R_A为无穷大；随着短路电流的增加，A点迅速软化，使接触面积增加，于是R_A急剧减小。可见，为确保引弧成功，希望短路电流增长速度di_s/dt越大越好，R_A衰减速度越慢越好。也就是短路电流（i_s）增加到较高的值，使得在A点发生爆断（图2-17）。

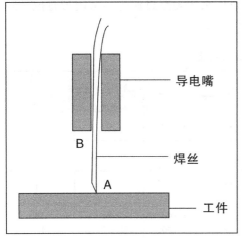

图2-16　短路引弧法的原理

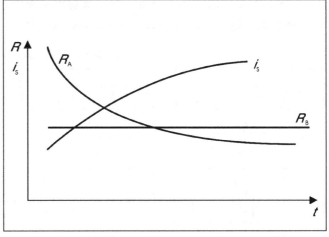

图2-17　A、B两点的接触电阻及引弧时的短路电流

提高引弧成功率的方法如下：

① 提高短路电流增长速度di_s/dt，主要是改善电源的工作状态。如整流焊机中往往利用电流电感调节焊机的动态特性，以便减小飞溅和改善成形，但是却降低了di_s/dt，从而降低了引弧成功率。为此，在引弧时常常利用旁路电路将直流电感短接，而引弧成功后再将该电感接入。此处，当逆变焊机出现后，充分利用电子电抗器调节电源动特性，而选用很小的直流电感，所以无须采用上述方法，就可以得到很可靠的引弧过程。

② 减小接触电阻R_A的衰减速度。引弧时令焊丝送进速度慢一些，以便减小焊丝与母材的压力增长速度，R_A衰减速度减缓。送丝速度太慢也不利，通常选用1.5～3m/min。引弧成功后应立刻转换为正常送丝速度。

③ 利用剪断效应引弧。一般情况下，焊接时都利用钳子剪断焊丝端头残留的金属熔滴小球以利于引弧。但这样做很麻烦，所以现在许多气体保护焊设备增加了去球功能，也就是剪断效应。在焊接结束时，适当降低电弧电压和送丝速度，从而实现自动去球功能。

④ 导电嘴磨耗较大时，将增大B点处的接触电阻R_B，不利于引弧。为此应及时更换导电嘴。

（2）施焊

MIG焊的施焊过程（包括定位、焊缝的起头、运条方法、焊缝的连接以及焊缝的收尾等）参照项目一中电弧焊的要求进行。

2. 铝制车身的焊接工艺

MIG焊虽然几乎可焊接所有的金属，但焊接低碳钢和低合金钢时，由于纯惰性气体保护成本较高，而且焊接质量也不理想，故一般情况下不采用。铝及其合金的焊接对保护气特别敏感，故只能用纯惰性气体保护。这里以铝及其合金的MIG焊为例，讨论MIG焊的常用焊接工艺。

采用MIG焊焊接铝时要求保护气纯度严格符合标准，同时要采用保护效果好的焊枪。对于质量要求较高的产品，还需要采取焊缝背面保护措施。送丝机构最好选用铝焊丝专用送丝机。

（1）短路过渡焊接工艺

1～2mm薄板的对接、搭接、角接及卷边接头等，可以采用短路过渡焊。采用带有拉丝式送丝装置的焊枪，焊丝直径为0.8～1.0mm。其焊接工艺见表2-1。

表2-1　铝合金短路过渡焊接的焊接工艺

板厚度/mm	接头形式/mm	焊接次数	焊接位置	焊丝直径/mm	焊接电流/A	电弧电压/V	焊接速度/(cm/min)	送丝速度/(cm/min)	氢气流量/(L/min)
2	0～0.5	1	全	0.8	70～85	14～15	40～60	–	15
		1	平	1.2	110～120	17～18	120～140	590～620	15～18
1	0～2	1	全	0.8	40	14～15	50	–	14
2		1	全	0.8	70 80～90	14～15 17～18	30～40 80～90	– 950～1050	10 14

（2）喷射过渡和亚射流过渡焊接工艺

使用的电流超过临界电流时可实现喷射过渡焊接。这种方法虽然也能够得到满意的焊接质量，但大量的实践经验证明，采用亚射流过渡可得到更好的质量和更高的焊接效率。采用亚射流过渡时可以采用平特性电源，也可用陡降特性电源。因为在亚射流过渡条件下电弧的固有弧长调节能力很强，即使采用陡降特性电源，弧长的变化仍能得到很好的自调节，焊接过程也很稳定，同时焊缝宽度和熔深也更均匀。喷射过渡和亚射流过渡焊接的焊接工艺见表2-2。

表2-2　铝合金喷射过渡及亚射流过渡焊接的焊接工艺

板厚度/mm	焊道顺序	焊接位置	焊丝直径/mm	电流/A	电压/A	焊速/(cm/min)	送丝速度/(cm/min)	氢气流量/(L/min)	备注
	1 1 2（背）	水平横、立、仰	1.6	200～250 170～190	24～27 （22～26） 23～26 （21～25）	40～50 60～70	590～770 （640～790） 500～560 （580～620）	20～24	使用垫板
8	1 2 1 2 3～4	水平横、立、仰	1.6	240～290 190～210	25～28 （23～27） 24～28 （22～23）	45～60 60～70	730～890 （750～1000） 560～630 （620～650）	20～24	使用垫板，仰焊时增加焊道数

续表

板厚度/mm	焊道顺序	焊接位置	焊丝直径/mm	电流/A	电压/A	焊速/(cm/min)	送丝速度/(cm/min)	氩气流量/(L/min)	备注
12	1 2 3（背） 1 2 3 1~8（背）	水平横、立、仰	1.6 或 2.4 1.6	230~300 190~230	25~28 （23~27） 24~28 （22~24）	40~70 30~45	700~930 （750~1000） 310~410 560~700 （620~750）	20~28 20~24	仰焊时增加焊道数
18	4道 4道 10~12道	水平横、立、仰	2.4 1.6 1.6	310~350 220~250 230~250	26~30 25~28 （23~25） 25~28 （23~25）	30~40 15~30 40~50	430~480 660~770 （700~770） 700~770 （720~790）	24~30	焊道数可适当增加或减少
25	6~7道 6道 15道	水平横、立、仰	2.4 1.6 1.6	310~350 220~250 240~270	26~30 25~28 （23~25） 25~28 （23~26）	40~60 15~30 40~50	430~480 660~770 （700~790） 730~830 （760~860）	24~30	正反两面交替焊接，以减少变形

注：括号所给值均为亚射流过渡时的参数值。

（3）大电流焊接工艺

铝合金厚件焊接（厚度大于20mm）可采用大电流熔化极气体保护电弧焊。焊丝直径采用3.2~5.6mm，电流范围为500~1 000A，焊件厚度为25~75mm，可以采用两面各焊一道的方法得到满意的焊接接头。为了实现可靠的保护，应采用大直径喷嘴，最好采用Ar+He混合保护气体。表2-3为铝合金大电流熔化极惰性气体保护电弧焊的焊接工艺。

表2-3　铝合金大电流焊接的焊接工艺

板厚度/mm	坡口尺寸			层数	焊丝直径/mm	焊接电流/A	电弧电压/V	焊接速度/(cm/min)	气体流量/(L/min)	保护气体[1]
	θ/（°）	a/mm	b/mm							
25	90	–	5	2	3.2	480~530	29~30	30	100	Ar
25	90	–	5	2	4.0	560~610	35~36	30	100	Ar+He
38	90	–	10	2	4.0	630~660	30~31	25	100	Ar
45	60	–	13	2	4.8	780~800	37~38	25	150	Ar+He
50	90	–	15	2	4.0	700~730	32~33	15	150	Ar
60	60	–	19	2	4.8	820~850	38~40	20	180	Ar+He
50	60	30	9	2	4.8	760~780	37~38	20	150	Ar+He
60	80	40	12	2	5.6	940~960	41~42	18	180	Ar+He

① Ar+He：内喷嘴Ar50%+He50%，外喷嘴Ar100%。

任务三 钨极惰性气体保护焊

一、任务分析

钨极惰性气体保护焊（Tungsten Inert Gas Weiding，TIG焊），是以高熔点的纯钨或钨合金作为电极，用惰性气体（氩气、氦气）或其混合气体作为保护气的一种非熔化极电弧焊方法。

目前，TIG焊广泛用于航空航天、原子能、化工、纺织、锅炉、压力容器、医疗器械及炊具等的生产中。TIG焊几乎可以焊接所有的金属及合金。但从经济性及生产率考虑，TIG焊主要用于焊接不锈钢，高温合金，铝、镁、铜、钛等金属及其合金，以及难熔金属（如锆、钼、铌）与异种金属。对于低熔点和易蒸发金属（如铅、锡、锌等），焊接较困难。

由于受承载能力的限制，TIG焊一般适宜于焊接薄件，钨极氩弧焊焊接厚度小于6mm的构件，钨极氦弧焊的焊接板厚度可适当大些。因此其非常适合汽车板材的焊接，特别是一些有色金属的焊接。

二、相关知识

1. TIG焊的分类和特点

（1）TIG焊的分类

① 按操作方式分类

TIG焊接操作方式可分为手工TIG焊和自动TIG。手工TIG焊焊接时焊丝的填加和焊枪的运动完全是靠手工操作来完成的，而自动TIG焊的焊枪运动和焊丝填充都是由机电系统按设计程序自动完成的。在实际生产中，手工TIG焊应用更广泛。

② 按电流种类分类

TIG焊按电流种类可分为直流TIG焊、交流TIG焊和脉冲TIG焊。一般情况下，直流TIG焊用于焊接除铝、镁及其合金以外的各种金属材料；交流TIG焊又分为正弦波交流、矩形波交流等，用于焊接铝、镁及其合金；脉冲TIG焊用于焊接热敏感的金属材料和薄板、超薄板构件，以及薄壁管子的全位置焊接等。

为了适应新材料（如热敏感性大的金属、难熔金属等）和新结构（如薄壁零件的单面焊成形等）的焊接要求，钨极氩弧焊出现了一些新形式，如钨极氩弧点焊和热丝氩弧焊等。

（2）TIG焊的特点

TIG焊具有以下特点。

① 保护效果好

由于氩气和氦气是惰性气体，既不与金属起反应，又不溶于金属，所以能对钨极、熔池金属及热影响区进行很好的保护，以防止它们被氧化、氮化。

② 焊接过程稳定

在TIG焊电弧燃烧过程中，由于电极不熔化，易维持恒定的电弧长度，即使在很小的焊接电流（小于10A）下仍可稳定燃烧。氩气、氦气的热导率小，又不与液态金属反应或溶解在液态金属中，故不会造成合金元素的烧损。同时，填充焊丝不通过电弧区，不会引起很大的飞溅。所以整个焊接过程十分稳定，易获得良好的焊接接头质量。

③ 适宜于各种位置施焊

因为TIG焊时热源和送丝可以分别控制，能量容易调节，可进行各种位置的焊接，也是实现单面焊双面成形的理想方法。

④ 易于实现自动化

TIG焊是明弧，又没有熔滴过渡，焊接电弧稳定，焊缝成形好，故很容易实现机械化和自动化。现已有环缝自动钨极氩弧焊、管子对接自动钨极氩弧焊等自动TIG焊方法。

⑤ 应用范围广

由于TIG焊过程中电弧还有自动清除工件表面氧化膜的作用，因此TIG焊不但可以焊接普通的黑金属材料，而且可以成功地焊接易氧化、氮化、化学活泼性强的有色金属，不锈钢和各种合金。

⑥ 需要特殊的引弧措施

氩气和氦气的电离电压较高（15.7V、24.5V），钨极的逸出功又较高，且一般不允许钨极和工件接触，以防止烧损钨极，产生夹钨缺陷。所以，TIG焊引弧困难，通常须采用特殊的引弧措施。

⑦ 对工件清理要求高

TIG焊时没有脱氧去氢的能力，因此对焊前的除油、除锈工作要求严格，尤其是焊接易氧化的有色金属，如铝、镁及合金等。否则，会严重影响焊接质量。

⑧ 生产率低

由于钨极对电流的承载能力有限，过大的电流会引起钨极的熔化和蒸发，造成钨污染。同时，电流小也就限制了焊接熔深，使得TIG焊与各种熔化极电弧焊相比，生产率低。

⑨ 生产成本高

由于惰性气体（氩气、氦气）较贵，和其他电弧焊方法（如手工电弧焊、埋弧焊、CO_2气体保护焊等）比较，生产成本较高。

2. TIG焊的应用

钨极惰性气体焊可用于几乎所有金属和合金的焊接，但由于其成本较高，通常多用于焊接铝、镁、钛、铜等有色金属，以及不锈钢、耐热钢等。对于低熔点和易蒸发的金属（如铅、锡、锌），焊接较困难。钨极氩弧焊所焊接的板材厚度范围，从生产率考虑3mm以下为宜。对于某些黑色和有色金属的厚壁重要构件（如压力容器及管道），采用根部熔透焊焊接、全位置焊接和窄间隙焊接时，为了保证较高的焊接质量，有时也采用钨极氩弧焊。

3．TIG焊的电流类型

TIG焊使用的电流一般有直流、交流和脉冲电流三种。一般根据被焊材料的特点来进行选择。

（1）直流TIG焊

根据电源极性的接法不同，直流TIG焊可分为正极性和反极性两种。一般金属（除铝、镁及其合金外）选用直流正极性TIG焊为好，交流次之。铝、镁及其合金的薄件可选用直流反极性焊接。

① 直流正极性TIG焊

直流正极性TIG焊时焊件接电源正极，钨极接电源负极，其特点如下。

● **电弧稳定**

由于钨极接负极，且其熔点高，这时电弧阴极的导电机构以热阴极导电机构为主；钨极的热发射（电子）能力强，这一点有利于电弧的引燃和稳定燃烧。因此，在电流较小的情况下电弧也非常稳定，这对于焊接薄件非常有利。

● **钨极寿命长**

对于热阴极导电机构来说，阴极产热少。同时，阴极发射了大量的电子，这些电子要从阴极吸收大量的能量，从而对阴极具有强冷却作用，因而钨极上产生的热量较小，许用电流大，钨极的使用寿命也较长。表2-4为不同钨极直径所允许的电流范围。

表2-4　不同钨极直径所允许的电流范围

钨极直径/mm	焊接电流/A		
	交流	直流正极性	直流反极性
	W	W,W-Th	W,W-Th
0.5	5～15	5～20	-
1.0	10～60	15～80	-
1.6	50～120	70～150	10～20
2.4	100～180	150～250	15～30
3.2	150～250	250～450	25～40
4.0	200～300	400～500	40～55
4.8	250～350	500～800	55～80
6.4	325～252	800～1100	80～125

● **焊缝成形好**

直流正极性时焊件接正极，焊件要吸收电子，释放出的大量的动能和逸出功，产生大量的热，得到了深而窄的焊缝。焊缝成形好，焊件变形小，生产率较高。

其存在的问题有焊接铝、镁等易氧化的金属及其合金时，由于在熔池表面和坡口边缘存在一层致密的高熔点氧化膜（如A1203的熔点为2050℃，而铝的熔点为667℃），这层氧化膜如不被清理，就会妨碍焊接正常进行。钨极正极性氩弧焊不具有清理作用，所以只用于焊接除铝、镁等易氧化的金属以外的其他金属。

② 直流反极性TIG焊

直流反极性TIG焊时，焊件接电源负极，钨棒接电源正极。在实际生产中，这种方法很少被采用，原因是钨极易氧化烧损，焊缝宽而浅，电弧不稳定。但直流反极性TIG焊具有"阴极破碎"作用，有利于焊接铝、镁等金属及其合金。其特点如下。

● 热分配不利于焊接过程的进行

作为钨极，要接受大量电子释放出来的能量，很容易过热而氧化烧损，限制了其电流承载能力。而作为焊接对象的焊件，由于受熔点的限制，产热少，易形成熔深小而熔宽大的焊缝，大大降低了生产率。不同电流TIG焊的特点见表2-5，直流正极性TIG焊的钨极直径为3.2mm时，电流的承载能力可达400A；而反极性时，6.4mm直径的钨极的承载能力只有120A。

表2-5　不同电流TIG焊的特点

电流种类	直流		交流（对称的）
	正极性	反极性	
示意图			
两极热量比例（近似）	工件70% 钨极30%	工件30% 钨极70%	工件50% 钨极50%
熔深特点	深、窄	浅、宽	中等
钨极许用电流	最大 例如3.2mm，400A	小 例如6.4mm，120A	较大 例如3.2mm，225A
阴极破碎作用	无	有	有（工件为负的半周时）
适用材料	氩弧焊：除铝、镁合金、铝青铜以外其余金属	铝、镁及其合金	铝、镁合金、铝青铜等

● 易形成宽而浅的焊缝

反极性时，焊件产热很少，同时又受焊件熔点的限制，属于冷阴极型导电机构，阴极发射电子比较困难，往往只有表面温度较高的几个点才能发射电子，这些点被称为"阴极斑点"，而这些斑点往往出现在电子逸出功比较低的氧化膜存在处。焊接时，焊件上的阴极斑点是极不稳定的，因而造成电弧不集中，加热面广，形成宽而浅的焊缝。

● 阴极破碎作用

焊接铝、镁等金属及其合金时，焊件表面的氧化膜的逸出功都比较低，是形成阴极斑点的有利条件。在这些地方形成阴极斑点后，由于该处受到阳极高速运动过来的大质量的正离子的轰击作用，并释放出大量的动能，使该处温度升得很高，该处的氧化膜很快被破碎并汽化，达到了清理的目的。一处清理结束后，阴极斑点又迅速地再去寻找其他地方的氧化膜。随着电弧不断地寻找、迁移，熔池附近区域的氧化膜都被清理干净。这种阴极自动寻找并破碎清理阴极氧化膜的作用称为"阴极破碎"作用。氩弧焊的这种作用比较强，而氦弧焊则较弱。因此，直流反极性钨极氩弧焊可被用于铝、镁等易氧化金属及合金的焊接，但由于受到钨极载流能力的限制，只适宜于焊接薄件。表2-6为不同材料钨极氩弧焊时的电流种类和极性的选择。

表2-6　不同材料TIG焊时的电流种类和极性的选择

材料	直流		交流
	正极性	反极性	
铝（厚2.4mm以下）	×	○	△
铝（厚2.4mm以上）	×	×	△
铝青铜、镀青铜	×	○	△
铸铝	×	×	△
黄铜、铜基合金	△	×	○
铸铁	△	×	○
无氧铜	△	×	×
异种金属	△	×	○
合金钢堆焊	○	×	△
低碳钢、高碳钢、低合金钢	△	×	○
镁（厚3mm以下）	×	○	△
镁（厚3mm以上）	×	×	△

注：△最佳，○良好，×最差。

（2）交流TIG焊

交流TIG焊焊接时电流的极性呈周期性的变化。在交流正极性（焊件为正）半周，钨极承载能力较大，电弧稳定、集中，焊缝能得到足够的熔深。而在交流反极性（焊件为负）半周，利用"阴极破碎"作用，可以彻底清除熔池及附近区域的氧化膜，并使钨极得到冷却，因此它兼有直流正、反极性TIG焊的优点。此外，交流TIG焊设备简单，成本低，维修方便。因此，交流TIG焊被广泛用于铝、镁及其合金的焊接生产中。

4. 钨极惰性气体保护焊

TIG焊设备一般由焊接电源、引弧及稳弧装置、焊枪、供气系统、水冷系统和控制系统等部分组成。对于自动TIG焊还应增加焊车行走机构及送丝装置。图2-18为手工TIG焊设备系统示意图，其中引弧及稳弧装置、控制系统等都位于控制箱内。

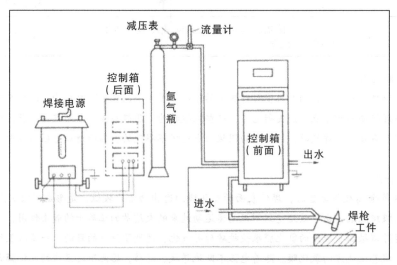

图2-18　手工TIG焊设备系统示意图

（1）焊接电源

TIG焊焊接电源有直流、交流或交直流两用三种形式。钨极氩弧焊机可采用上述三种电源形式，而钨极氦弧焊机一般采用直流电源。不论是直流还是交流电源，都采用陡降外特性或垂直陡降外特性电源，其目的是保证在弧长变化时尽量减小焊接电流的波动，保证焊缝的熔深均匀。

常见的电源包括动圈漏磁式弧焊变压器、晶闸管整流式电源、磁饱和电抗器式硅整流电源，表2-7为部分国产钨极氩弧焊机的主要技术数据。

表2-7　部分国产钨极氩弧焊机的主要技术数据

技术数据 ＼ 型号	自动钨极氩弧焊机				手工钨极氩弧焊机			
	NZA6-30	NZA2-300	NZA3-300	NZA-500	WSM-63	NSA-120-1	WSE-160	NSA-300
电源电压/V	380	380	380	380	220	380	380	220/380
空载电压/V						80		
工作电压/V							16	20
额定焊接电流/A	30	300	300	500	63	120	160	300
电流调节范围/A		35～300		50～500	3～63	10～120	5～160	50～300
钨极直径/mm		2～6	2～6	1.5～4			0.8～3	2～6
焊丝直径/mm	0.5～1	1～2	0.8～2	1.5～3				
送丝速度/（m/min）		0.4～3.6	0.11～2	0.17～9.3				
焊接速度/（m/min）	0.13～1.7	0.2～1.8	0.22～4	0.17～1.7				
氩气流量/（L/min）								20
冷却水流量/（L/min）		3～16						1
负载持续率/%	60	60	60	60		60		60
电流种类	脉冲	交、直流两用	交、直流两用	交、直流两用	直流脉冲	交流	交、直流脉冲	交流
适用范围	不锈钢、合金、合金钢薄板（0.1～0.5mm）	铝、镁及其合金，不锈钢，耐热铜、钛、铜及其合金	不锈钢、镁、钛、铑等	不锈钢，耐热铜、钛、铝、镁及其合金	不锈钢、合金钢薄板	厚度为0.3～3mm的铝、镁及其合金	铝、镁及其合金，不锈钢，钛等金属	铝及铝合金

（2）引弧及稳弧装置

TIG焊常用的引弧方法有下列三种。

● 接触引弧

接触引弧是指钨极与引弧板或焊件接触引燃电弧的方法。其缺点是钨极易磨损，并可能在焊缝中产生夹钨现象。

● 高频引弧

该方法利用高频振荡器产生的高频高压击穿钨极与焊件之间的气体间隙（约3mm）而引燃电弧。

●高压脉冲引弧

该方法在钨极与焊件之间加一个高压脉冲，使两极间气体介质电离而引燃电弧。

三、任务实施

1. 焊前准备

（1）接头及坡口形式

接头和坡口形式一般是根据被焊材料、板厚度及工艺要求等来确定的。TIG焊常采用的接头形式有对接、搭接、角接、T形接和端接五种基本形式，如图2-19所示。

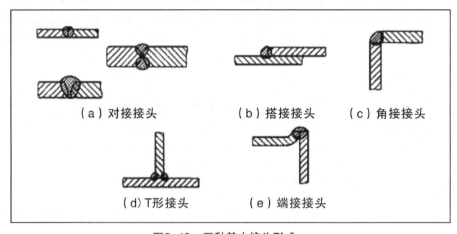

（a）对接接头　　（b）搭接接头　　（c）角接接头

（d）T形接头　　（e）端接接头

图2-19　五种基本接头形式

一般薄板（＜3mm）对接接头常用卷边焊接的形式，不加填充金属一次焊透；板厚度6～25mm对接，建议采用V形坡口；板厚度大于12mm时，则可采用双Y形坡口的双面焊接。对接接头的坡口形式如图2-20所示。

（2）焊前清理

因为TIG焊采用惰性气体保护，而惰性气体既无氧化性，也无还原性，因此焊接时对油污、水分、氧化皮等比较敏感。这样，焊前必须对焊丝、焊件坡口及坡口两侧至少20mm范围内的油污、水分等进行彻底清理。如果使用工艺垫板，也应该进行清理。这是保证焊缝质量的前提条件。对于不同去除物，清理方法也不相同。常用的清理方法有以下几种。

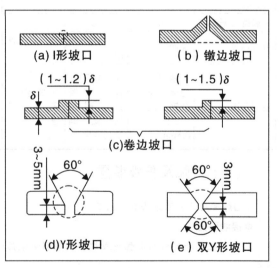

(a) I形坡口　　（b）镦边坡口

（1~1.2）δ　　（1~1.5）δ

(c)卷边坡口

(d)Y形坡口　　（e）双Y形坡口

图2-20　TIG焊对接接头的坡口形式

① 清除油污

可用汽油、丙酮等有机溶剂浸泡和擦洗焊件与焊丝表面。也可用自制溶剂去除油污，例如，用Na_3PO_4、Na_2CO_3各50g，Na_2SiO_3 30g，加入水1L，并加热到65℃，清洗5～8min，然后用30℃清水冲洗，最后用流动的清水冲净，擦干或烘干。

② 去除氧化膜

●机械法

此法简单方便，但效率低，一般只用于焊件。它包括机械加工、磨削及抛光等方法。不锈钢等可用砂布打磨或抛光；铝及铝合金材质比较软，常用细钢丝刷（用直径小于0.15mm或0.1mm的钢丝制成）或用刮刀将焊件接头两侧一定范围的氧化膜除掉。

●化学法

该法适用于铝、镁、钛及其合金等有色金属的焊件（比较重要或批量大）与焊丝表面氧化膜的清理，效果好，效率高。但应注意，对不同的材料，清理的方法及所用的清理剂也不相同。

不论是机械法或化学法清理的焊件，都应在清理后尽快施焊，放置时间不应超过24h。

2. 气体保护效果

（1）影响气体保护效果的主要因素

① 气体种类

TIG焊时采用的保护气体有氩气、氦气或它们的混合气体等。它们虽都属于惰性气体，但氩气比氦气的密度大，且比空气重1/4，作为保护气体时不易飘散，保护效果好。为了获得同样的保护效果，氦气流量必须比氩气大1～2倍。

② 气体流量和喷嘴直径

如图2-21所示，只有气体流量和喷嘴直径获得良好的匹配关系（也就是说，对于一定直径的喷嘴，有一个获得最佳保护效果的气流量），才能获得最好的保护效果。流量过小，从喷嘴中喷出气体的挺度差，排除周围气体的能力减弱，抗干扰能力差，保护效果不好；流量过大，易使层流层减薄，空气易混入，保护效果降低。

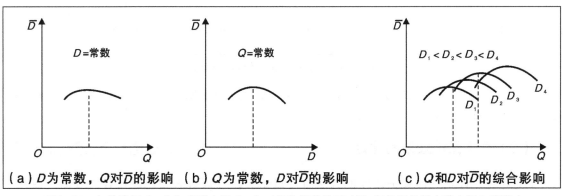

（a）D为常数，Q对$\overline{D}$的影响　（b）Q为常数，D对$\overline{D}$的影响　（c）Q和D对$\overline{D}$的综合影响

图2-21　气体流量（Q）和喷嘴内径（D）对气体保护效果（$\overline{D}$-气体保护的有效直径）的影响

③ 喷嘴端面到焊件表面的距离

如图2-22所示，在电极外伸长度不变的情况下，喷嘴到焊件表面的距离越小，其喷出的气体挺度越大，抗外界干扰的能力越强，有效保护直径越大。但距离太小，易影响焊接操作的进行并造成飞溅堵塞喷嘴的现象。因此，在不产生不良影响的前提下应尽量采用短弧焊。

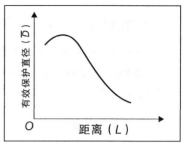

图2-22　距离的影响

④ 焊接速度

焊接时，焊接速度对保护效果影响不大。在高速焊时，由于受到空气的阻碍，保护气层偏离，就有可能使电极末端、部分电弧和熔池暴露在空气中，如图2-23所示，从而使保护条件恶化。所以在TIG焊时，一般采用较低的焊速，特别是焊接不锈钢、耐热合金和钛及钛合金的情况下。

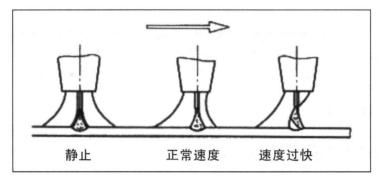

静止　　　　正常速度　　　　速度过快

图2-23　焊接速度对气体保护效果的影响

⑤ 焊接接头形式

对于不同的接头形式来说，即使采用同样的喷嘴和保护气流量来进行焊接，其保护效果也不同。通常进行平对接和内角接接头焊接时，保护效果好；外角接和端接接头焊接时，保护效果差，必须采取一定的措施，如图2-24所示。

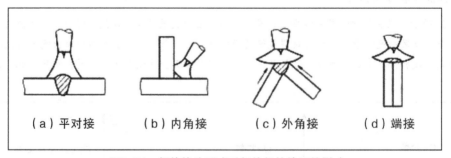

（a）平对接　　　（b）内角接　　　（c）外角接　　　（d）端接

图2-24　焊接接头形式对气体保护效果的影响

另外，焊接电流、电弧电压等因素对保护效果也有影响，通常焊接电流、电弧电压增大时，应该相应增大气流量和喷嘴直径，以保持良好的保护效果。

（2）气体保护效果的评定

TIG焊时，评定气体保护效果的方法有焊点试验法、焊缝表面色泽比较法和激光纹法，用得最多的是焊点试验法和焊缝表面色泽比较法。前者是在铝板上引弧并固定焊距不动5～10s，然后熄弧。如果铝板上有明显的光亮圆圈，则氩气保护效果好，否则为不好，后者是根据焊缝表面颜色来判断气体的保护效果。表2-8为在不锈钢和钛合金上焊接时保护效果的判断方法。

表2-8　氩气保护效果的判断方法

效果 材料 表面颜色	最好	良好	较好	不良	最坏
不锈钢	银白、金黄	蓝	红灰	灰色	黑色
钛合金	亮银白色	橙黄色	蓝紫	青灰	白色粉末

（3）加强气体保护效果的措施

因为TIG焊的焊接对象往往是一些对氧化性较敏感的金属及合金，或者是一些散热慢、高温停留时间长的高合金材料。因此，有必要加强气体保护作用，具体措施如下。

① 加挡板

如图2-25所示，这种方法主要用于焊接端接和外角接接头。

② 扩大正面保护区

在焊接喷嘴后面安装附加喷嘴，又称拖斗。附加喷嘴可以另外供气，也可不另外供气，如图2-26所示。

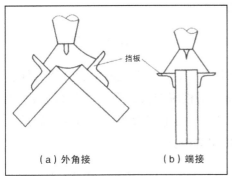

（a）外角接　　（b）端接

图2-25　加临时挡板时的保护效果

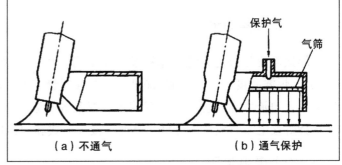

（a）不通气　　　　　　（b）通气保护

图2-26　附加喷嘴（拖斗）的结构示意图

③ 反面保护

在焊缝背面采用可通氩气保护的垫板（图2-27）、反面充气罩（图2-28）等，以达到在焊接过程中对焊缝背面保护的目的。

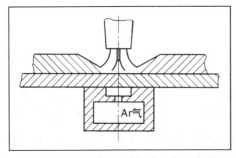

图2-27　开槽通保护气的垫板示意图

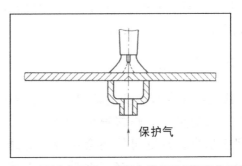

图2-28　采用充气罩充入保护气进行局部保护的示意图

3. 工艺参数的选择

TIG焊的工艺参数有焊接电流、电弧电压（电弧长度）、焊接速度、钨极直径及端部形状、填丝速度与焊丝直径、保护气流量及喷嘴孔径等。TIG焊焊接时可采用填充焊丝或不填充焊丝的方法形成焊缝，其焊缝截面形状如图2-29所示。一般不填充焊丝法主要适用于薄板焊接。

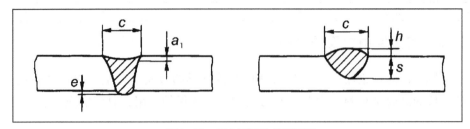

图2-29 TIG焊焊缝截面形状

焊接参数的选择方法如下：

① 根据焊件的材料性质、板厚度和结构特点确定焊接电流和焊接速度。

② 根据焊接电流的大小选择合适的钨极直径。

③ 根据喷嘴口径（D）与钨极直径（d）之间的关系[$D=2d+$（ $2\sim5$ ）mm]确定喷嘴尺寸。

④ 根据喷嘴与气体流量之间的配合关系，即保护效果来确定气体流量的大小。

（1）焊接电流

焊接电流是决定焊缝熔深的最主要工艺参数。一般来说，随焊接电流的增大，熔透深度（ s ）、焊漏高度（ e ）、凹陷深度（ a_1 ）及焊缝熔宽（ c ）都相应增大，而焊缝余高（ h ）相应减小。电流太大，易造成焊缝咬边、焊漏等缺陷；反之，焊接电流太小，易造成未焊透。在选择焊接电流时应考虑母材、厚度、接头形式和焊接位置等因素。

（2）电弧电压

电弧电压是随着弧长的变化而变化的。电弧拉长，则电弧电压增大，焊缝的熔宽和加热面积都略有增大。但电弧长度增大到一定值以后，会因电弧热量的分散而造成熔宽和熔化面积减小。同时，考虑到电弧长度过长，气体保护效果会变差的因素，一般在不短接的情况下，尽量采用较短电弧进行焊接。不加填充焊丝焊接时，弧长一般控制在1～3mm；加填充焊丝焊接时，弧长为3～6mm。

（3）焊接速度

在其他焊接参数不变的情况下，焊接速度的大小决定了单位长度焊缝热输入量的大小（焊接线能量）。焊接速度选择越大，线能量越小，焊接凹陷深度、熔透深度、熔宽都相应越小，焊缝可能还会出现未焊透、气孔、夹渣和裂纹等；同时气体保护效果可能会变差。反之，焊接速度越小，上述成形参数都增大，焊缝易出现咬边和焊穿的缺陷。

（4）钨极直径和端部形状

钨极直径的选择取决于焊件的厚度、焊接电流大小、电源种类和极性。表2-9为不同钨极直径所允许的电流范围。通常焊件厚度越大，焊接电流越高，所采用的钨极直径越大。此外，从表2-9中还可以看出对相同直径的钨极，采用不同的电源种类或极性时，所允许的电流范围也不同。其中直流正极性时电流值最大，交流次之，直流反极性最小。焊接时，钨极直径一定要选择适当，否则会影响焊缝质量。

表2-9　不同钨极直径所允许的电流范围

钨极直径/mm	直流/A		交流/A
	正极性	负极性	
1～2	65～150	10～20	20～100
3	140～180	20～40	100～160
4	250～340	30～50	140～220
5	300～400	40～80	200～280
6	350～500	60～100	250～300

钨极端部的形状对电弧的稳定性和焊缝成形也有很大影响。一般在焊接薄板和焊接电流较小时，可采用小直径的钨极并将其末端磨成尖锥角（约20°），这样电弧容易引燃和稳定。但在焊接电流较大时若仍采用尖锥角电极，则会因电流密度过大而使电极末端过热熔化、加剧烧损，同时电弧斑点也会扩展到钨极末端的锥面上，如图2-30所示，使弧柱明显地扩散飘荡不稳，而影响焊缝成形。所以大电流焊接时要求钨极末端磨成钝角（大于90°）或带有平顶的锥角形，这样可使电弧燃烧稳定，焊缝成形均匀，并减小钨极烧损。如图2-31所示为常见的电极端部形状。

另外，钨极尖锥角度的大小对焊缝熔深和熔宽也有一定影响。一般来说，减小锥角，焊缝熔深减小，熔宽增大；反之，熔深增大，熔宽减小。如图2-32所示为在不同的焊接电流下尖锥角（θ）的变化对焊缝成形尺寸的影响。

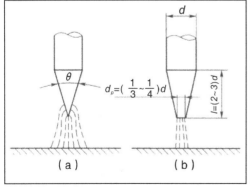

图2-30　大电流焊接时钨极端部形状对弧态的影响

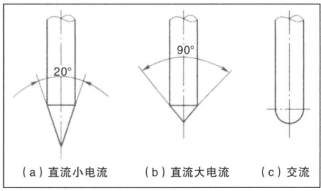

图2-31　常见的电极端部形状

（5）填丝速度与焊丝直径

焊丝的填丝速度受焊丝直径、焊接电流、焊接速度和接头间隙等因素的影响。通常焊接电流、焊接速度和接头间隙大时，填丝速度要快；焊丝越粗，填丝速度越慢。如果填丝速度选择不合理，就可能造成焊缝出现未焊透、烧穿、凹陷、堆高过大以及成形不光滑等缺陷。

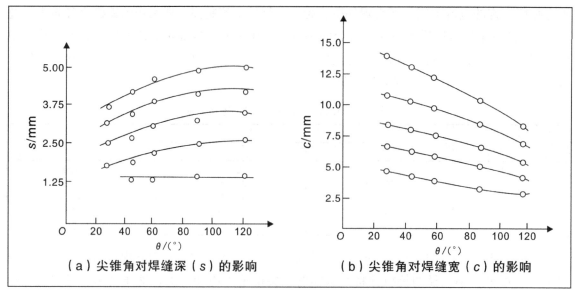

（a）尖锥角对焊缝深（s）的影响　　　（b）尖锥角对焊缝宽（c）的影响

图2-32　钨极末端尖锥角的变化对焊缝成形尺寸的影响

焊丝直径的选择与母材的板厚度、间隙有关。当板厚度、间隙大时，焊丝可选粗一点的；反之，则选细一些的。假如选择不当，就有可能造成焊缝成形不好等缺陷。

（6）保护气体流量和喷嘴孔径

保护气体流量和喷嘴之间的选择主要考虑气体保护效果的好坏，同时也要考虑焊接电流和电弧长度的影响。

项目三 电阻焊

任务一 电阻点焊

一、任务分析

点焊（电阻点焊）是在电极压力作用下，通过电阻热来加热熔化金属，断电后在压力下结晶而形成焊点焊接方法。汽车制造时，车辆各类钢板制件大多使用点焊方式连接。在对汽车车身进行板件更换、挖补等方式修理时，也应使用点焊。

二、相关知识

1. 电阻点焊特点

（1）电阻焊的优点

电阻焊具有以下优点。

① 焊接生产率高

例如，点焊时，通用点焊机的生产率约为每分钟60点，若用快速点焊机则可达到每分钟500点以上；对焊直径为400mm的棒材每分钟可焊一个接头；缝焊厚度为1～2mm的薄板时，其焊速可达每分钟0.5～1mm。因此，电阻焊非常适用于大批量生产。

② 焊缝质量好

电阻焊冶金过程简单，焊缝金属的化学成分均匀，并且基本上与母材一致。热作用集中，受热范围小，热影响区很小，焊接变形较小，且容易控制。

③ 焊接成本比较低

电阻焊不使用填充材料，焊接也不需要保护气体，所以在正常情况下除必要的电力消耗外，几乎没有其他消耗，因此焊接成本比较低。

④ 焊接操作比较规范

电阻焊易于实现机械化和自动化，焊接过程中即没有较强的弧光辐射，也没有有害气体的侵蚀，劳动条件比较好。

（2）电阻焊的缺点

电阻焊具有以下缺点。

① 无易行的检测手段

由于焊接过程进行的比较快，若焊接过程中某些工艺因素发生波动，对焊接过程的稳定性产生较大影响时，往往来不及调整；同时焊后也没有简便易行的无损检测手段，因此重要结构使用电阻焊应慎重。

② 价格高

电阻焊设备比较复杂，除了必要的电力系统外，还需要精度较高的机械系统、液压系统，因而其整套设备的价格比一般焊机要高许多。

③ 焊件的厚度、形状和接头形式受到一定程度的限制

例如，点焊、缝焊一般只适用于薄板搭接；若厚度太大，则受到设备功率的限制。对焊主要适用于紧凑截面的对接接头，而对薄板类零件的焊接比较困难。

2. 电阻点焊的原理

电阻点焊是利用电流通过接触点加热，并在外加压力作用下使接触点附近的金属熔化，经冷凝形成焊点的一种焊接方法。电阻点焊机如图3-1所示，图中左端有两个电极，通过上面的加压手柄即可获得所需的压力。将两块金属板夹持在电极之间，通电，加压一段时间，即可形成电阻焊点。

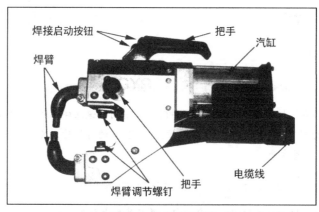

图3-1　电阻点焊机

电阻点焊机的焊接质量受压力大小、电流大小和加压时间三个要素的影响。

（1）加压

电阻点焊的焊接强度与电极施加在金属件上的压力有直接的关系。压力太小，会产生焊接溅出物；压力太大，会使焊点过小，降低焊接强度，如图3-2所示。具体操作时应遵守设备使用规程规定的压力范围。

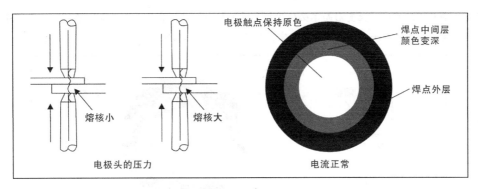

图3-2　加压

（2）电流强度

① 给金属件加压后通电，一股很强的电流流经两金属接触区，利用电阻作用发热，使温度上升，使金属熔化并且熔合在一起，如图3-3所示。如果电流强度太大或压力太小，将会产生内部溅出物，减小电流强度或增加压力，可以使焊接溅出物降低到最小程度，形成良好的焊点。电阻点焊时电流与压力之间是相互关联的，必须注意同时调节，焊接质量才能得以保证。

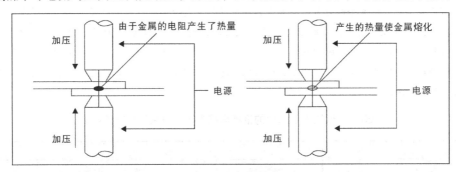

图3-3　电流强度

② 通过观察焊点部位的颜色变化就可以判断电流的大小；焊接电流正常时焊点中间电极触头接触部分的颜色不会发生变化，与未焊接之前的颜色相同；焊接电流大时焊点中间电极触头接触部分的颜色变深呈蓝色。

（3）加压时间

加压时间是电阻点焊极为重要的因素。在加压时间内，金属通过电流，熔化和熔合在一起。加压完毕，电流停止，熔化部位开始冷却凝固成圆而且平的焊点。加压时间不可少于用户使用说明书上的规定值（图3-4）。

3. 金属材料的点焊

（1）常用金属材料点焊

① 低碳钢点焊

低碳钢具有很好的点焊焊接性。由于碳的质量分数低，其电阻率和热导率适中，需要焊机的功率不大；塑性温度区宽，易获得所需的塑性变形而不必使用很大的电极力；碳和其他合金元素含量低，无高熔点氧化物，一般不产生淬火组织或夹杂物；结晶温度区间窄，高温强度低，热膨胀系数小，因而开裂倾向小。

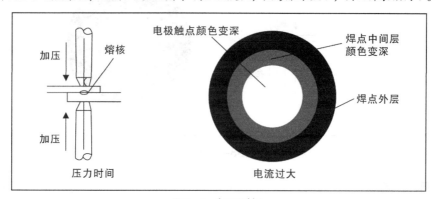

图3-4　加压时间

低碳钢可以在通用交流点焊机上焊接，采用简单焊接循环。在较大范围内调节各焊接参数，也能获得满意的焊接质量。表3-1为低碳钢板点焊的推荐焊接参数（单相工频交流电）。

② 易淬火钢点焊

易淬火钢是指加热后快速冷却时易产生马氏体组织的钢，其含碳量一般都较高。由于点焊冷却速度很快，焊接这类钢时必然产生硬脆的马氏体组织，当应力较大时，就会产生裂纹。为了消除淬火组织、改善接头性能，通常采用电极间焊后回火的双脉冲点焊工艺。采用双脉冲点焊工艺时须注意：两脉冲之间的间隔时间一定要保证使熔核冷却到马氏体转变点温度以下；回火电流脉冲的幅值要适当，以避免焊接区的金属重新超过奥氏体相变点而引起二次淬火。

表3-1　低碳钢板点焊的推荐焊接参数（单相工频交流电）

板厚度 (mm)	电极				最佳条件（A类）					中等条件（B类）				
	最大 (mm)	最小 (mm)	最小点距 (mm)	最小搭接量 (mm)	电极力 (kN)	焊接时间（周波）	焊接电流 (A)	熔核直径 (mm)	抗剪强度（±14%）(kN)	电极力 (kN)	焊接时间（周波）	焊接电流 (A)	熔核直径 (mm)	抗剪强度（±17%）(kN)
0.4	3.2	10	8	10	1.15	4	5.2	4.0	1.8	0.75	8	4.5	3.6	1.6
0.5	4.8	10	9	11	1.35	5	6.0	4.3	2.4	0.90	9	5.0	4.0	2.1
0.6	4.8	10	10	11	1.50	6	6.6	4.7	3.0	1.00	11	5.5	4.3	2.85
0.8	4.8	10	12	11	1.90	7	7.8	5.6	4.4	1.25	13	6.5	4.8	4.0
1.0	6.4	13	18	12	2.25	8	8.5	5.8	4.4	1.25	13	6.5	4.8	4.0
1.2	6.4	13	20	14	2.70	10	9.8	6.2	7.8	1.75	19	7.7	5.8	6.8
1.6	6.4	13	27	16	3.60	13	11.5	6.9	10.6	2.40	25	9.1	6.7	10.0
1.8	8.0	16	31	17	4.10	15	12.5	7.4	13.0	2.75	28	9.7	7.1	11.8
2.0	8.0	16	35	18	4.70	17	13.3	7.9	14.5	3.00	30	10.3	7.6	
2.3	8.0	16	40	5.80	20	15.0	8.6	18.5	3.70	37	11.3	8.4	17.7	
3.2	9.5	16	50	22	8.20	27	17.4	10.3	31.0	5.00	50	12.9	9.9	28.5

注：工频50Hz，1周波=0.02s。

易淬火钢不宜采用单脉冲点焊，因为单脉冲点焊虽然可以采用长的焊接时间延缓冷却速度，但仍不能避免产生淬火组织。表3-2为中碳钢点焊的焊接参数，表3-3为两种低合金钢双脉冲点焊的焊接参数。

表3-2　中碳钢点焊焊接参数

| 板厚度 (mm) | 电极端部直径 (mm) | 工艺参数 | | | | | | 熔核直径 (mm) | 最大拉剪力 (kN) |
| | | 电极力 (kN) | 焊接 | | 冷却时间 | 回火 | | | |
			时间 (ms)	电流 (A)		时间 (ms)	电流 (A)		
0.5	3.8	1.9	60	12.9	140	60	10.8	3	2.5
0.8	4.8	3.9	80	13.6	220	80	11.6	4.2	4.5
1.0	5.8	5.35	100	13.9	340	100	12.0	5.1	6.9
1.2	6.8	6.85	120	14.3	500	160	12.2	5.9	9.75
1.6	8.6	9.65	180	15.1	860	360	12.8	8.5	16.75
2.0	10.5	12.5	320	16.3	1460	500	13.9	9.2	25.3
2.6	13.5	16.8	560	18.9	2760	1020	16.0	11.6	39.3
2.9	14.2	18.8	640	20.6	3420	1260	17.4	12.9	48.8
3.5	15.8	21.7	880	24.3	4740	1840	20.4	15.3	64.5
4.0	16.0	23.0	1060	26.3	5860	2420	21.0	17.3	77.5

表3-3　25CrMnSiA和30CrMnSiA钢双脉冲点焊的焊接参数

板厚度 (mm)	电极端面直径 (mm)	电极力 (kN)	焊接时间 (周波)	焊接电流 (kA)	间隙时间 (周波)	回火时间 (周波)	回火电流 (kA)
1.0	5～5.5	1～1.5	22～32	5～6.5	25～30	60～70	2.5～4.5
1.5	6～6.5	1.8～2.5	24～35	6～7.2	25～30	60～80	3～5
2.0	6.5～7.0	2～2.8	25～37	6.5～8	25～30	60～85	3.5～6
2.5	7.0～7.5	2.2～3.2	30～40	7～9	30～35	60～90	4～7

注：按工频50Hz，1周波＝0.02s。

③ 镀层钢点焊

● 焊接特点

镀层钢通常是指表面镀锌或铝的钢板。点焊这类钢板有如下特点：

· 表层极易破坏而失去镀层的保护作用。

· 电极易与镀层黏附，使用寿命缩短。

· 与低碳钢点焊相比，适用的点焊焊接参数范围较窄，特别对焊接电流的波动极敏感。

· 镀层金属的熔点通常低于钢板，加热时先熔化的镀层金属使两板间的接触面扩大，电流密度减小。因此，焊接电流应比无镀层钢大；为了将已熔化的镀层金属排挤于接合面，电极力应比无镀层钢高。

● 镀锌钢板点焊

镀锌钢板大致分为电镀锌钢板和热浸镀锌钢板，前者的镀层较后者薄。

镀锌钢板点焊比低碳钢点焊困难，除上述一些特点外，黏附到电极上的锌原子易向电极扩散，使铜电极合金化，使其导电、导热性能变坏。连续点焊时，电极头将迅速过热变形，熔核强度逐渐降低，直至产生未焊透。

推荐用锥头平面电极，用表3-4中2类电极材料制成，电极锥角为120°～140°，考虑到装配等特殊情况，也可用较小的锥角。电极端面直径取两焊件中薄件厚度的4～5倍。若使用焊钳时，建议采用端面球半径为25～50 mm的球面电极。为了提高电极使用寿命，可采用嵌有钨块的复合电极，以表3-4中1类电极材料作为电极基体，如图3-5所示。

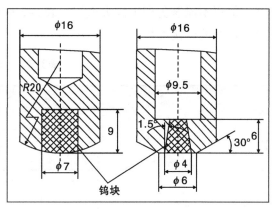

图3-5　嵌钨复合电极

表3-4　镀层钢板点焊电极和附件用材料的成分和性能

类	编号	名称	成分（质量分数，%）	材料形式	硬度HV（30kgf）（最小值）	电导率（mS/m）（最小值）	软化温度（℃）（最低值）
1	1	Cu-ETP	Cu99.9（+Ag微量）	棒≥25mm 棒<25mm 锻件 铸件	85 90 50 40	56 56 56 56	150
	2	CuCd1	Cd=0.7～1.3	棒≥25mm 棒<25mm 锻件	85 90 90	43 43 45	250
2	1	CuCr1	Cr=0.3～1.2	棒≥25mm 棒<25mm 锻件 铸件	125 140 100 85	43 43 43 43	475
	2	CuCrZr	Cr=0.5～1.4 Zr=0.02～0.2	棒≥25mm 棒<25mm 锻件	130 140 100	43 43 43	500

注：材料的成分供参考，应按照本表所列性能加工。

焊镀锌钢板的焊接电流比无镀锌层低碳钢板增大约50%，镀层越厚，越不均匀，所需电流越大。焊接时间也应增加25%～50%，以使两焊件间的熔化锌层能均匀地挤于焊接区周围。焊后锌层均布于熔核周围，仍可保持原有保护作用。

由于所用焊接电流较大、焊接时间又较长，为了避免产生飞溅，在增加焊接电流和通电时间的同时，也应增加电极力，这也有利于把熔化的镀层挤到焊接区周围。一般电极力应增加10%～25%。表3-5为镀锌钢板点焊的焊接参数。

表3-5　镀锌钢板点焊的焊接参数

镀层种类		电镀锌			热浸镀锌		
镀层厚（μm）		2～3	2～3	2～3	10～15	15～20	20～25
焊接工艺参数	级别	板厚度					
		0.8	1.6	2.0	0.8	1.6	2.0
电极力（kN）	A	2.6	4.7	5.9	2.3	4.6	5.8
	B	1.8	3.6	4.5	2.0	3.9	4.9

续表

镀层种类		电镀锌			热浸镀锌		
镀层厚（μm）		2～3	2～3	2～3	10～15	15～20	20～25
板厚度							
焊接时间（周波）	A	11	22	28	11	22	28
	B	16	32	40	16	32	40
焊接电流（kA）	A	10.5	14.8	16.5	16.5	15.8	17.7
	B	8.5	12.0	13.4	13.4	13.0	14.6

④ **不锈钢点焊**

不锈钢含有大量Cr、Ni等合金元素，按含合金成分不同分为奥氏体不锈钢、铁素体不锈钢和马氏体不锈钢。在点焊结构上用得最多的是奥氏体不锈钢，其次为马氏体不锈钢。奥氏体不锈钢的电阻率大，常温时约为低碳钢的5倍，热导率小，仅为低碳钢的1/3，具有很好的焊接性，可采用较小的焊接电流，较短的通电时间。由于电阻率大，减少了通过已焊焊点的分流，故可适当减小点距。不锈钢线膨胀系数大，焊接薄壁结构时，易产生翘曲变形。不锈钢的高温强度高，故须提高电极力，否则会出现缩孔及结晶裂纹。推荐采用表3-6中硬度较高的电极合金，以提高电极的使用寿命。若加热时间延长，热影响区扩大并有过热时，近缝区晶粒粗大，甚至出现晶界熔化现象。冷轧钢板则出现软化区，使接头性能降低，故宜采用偏硬的焊接条件。表3-7为奥氏体不锈钢点焊的推荐焊接参数。

表3-6　不锈钢的点焊电极和附件用材料的成分和性能

编号	名称	成分（质量分数，%）	板料形式	硬度HV（30kgf）（最小值）	电导率（mS/m）（最小值）	软化温度（℃）（最低值）
1	$CuCo_2Be$	Co=2.0～2.8 Be=0.4～0.7	棒≥25mm 棒<25mm 锻件 铸件	180 190 180 180	23 23 23 23	475
2	$CuNi_2Si$	Ni=1.6～2.5 Si=0.5～0.8	棒≥25mm 棒<25mm 锻件 铸件	200 200 168 158	18 17 19 17	500

注：材料的成分供参考，应按照本表所列性能加工。

表3-7　奥氏体不锈钢点焊的推荐焊接参数

材料厚度（mm）	电极直径（mm）	焊接时间（s）	电极力（kN）	焊接电流（kA）
0.3+0.3	3.0	0.04～0.06	0.8～1.2	3.0～4.0
0.5+0.5	4.0	0.06～0.08	1.5～2.0	3.5～4.5
0.8+0.8	5.0	0.10～0.14	2.4～3.6	5.0～6.5
1.0+1.0	5.0	0.12～0.16	3.6～4.2	5.8～6.5
1.2+1.2	6.0	0.14～0.18	4.0～4.5	6.0～7.0
材料厚度（mm）	电极直径（mm）	焊接时间（s）	电极力（kN）	焊接电流（kA）
1.5+1.5	5.5～6.5	0.18～0.24	5.0～5.6	6.5～8.0
2.0+2.0	7.0	0.22～0.26	7.5～8.5	8.0～10.0
2.5+2.5	7.5～8.0	0.24～0.32	8.0～10.0	8.0～11.0
3.0+3.0	9.0～10.0	0.26～0.32	10.0～12.0	11.0～13.0

注：点焊2Cr13Ni4Mn9不锈钢时，电极力应比表中的值大50%～60%。

马氏体不锈钢多在淬火后低温或高温回火状态下使用。这种钢点焊后将再次淬硬，使接头塑性下降。为了改善接头力学性能，应采用焊后在电极间回火处理的双脉冲点焊工艺。一般不采用电极的外部水冷，以免因淬火而产生裂纹。表3-8为马氏体不锈钢双脉冲点焊焊接参数。

表3-8　马氏体不锈钢（2Cr13、1Cr11Ni2W2MoVA）双脉冲点焊焊接参数

薄件厚度 (mm)	焊接		脉冲间隔时间 (s)	回火处理		电极力（kN）
	电流（A）	时间（s）		电流（kA）	时间（s）	
0.3	5～5.5	0.06～0.08	0.08～0.18	3～4	0.08～0.1	1.5～2
0.5	4.5～5	0.08～0.12	0.08～0.2	2.5～3.7	0.1～0.16	2.5～3
0.8	4.5～5	0.12～0.16	0.1～0.24	2.5～3.7	0.14～0.2	3～4
1	5～5.7	0.16～0.18	0.12～0.28	3～4.3	0.18～0.24	3.5～4.5
1.2	5.5～6	0.18～0.2	0.18～0.32	3.2～4.5	0.22～0.26	4.5～5.5
1.5	6～7.5	0.2～0.24	0.2～0.32	4～5.2	0.2～0.3	5～6.5
2	7.5～8.5	0.26～0.3	0.24～0.42	4.5～6.4	0.3～0.34	8～9
2.5	9～10	0.3～0.34	0.28～0.46	5.8～7.5	0.34～0.44	10～11
3	10～11	0.34～0.38	0.3～0.5	6.5～9	0.42～0.5	12～14

⑤ 铝合金点焊

用于焊接结构的铝合金一般是变形铝合金，它分冷作强化和热处理强化两大类。冷作强化铝合金通过冷加工硬化的办法提高其高温强度，耐腐蚀性能好，通称防锈铝合金，又称软铝，如5A02、SA03、3A21等，这类铝合金具有较好的塑性，点焊性能较好；热处理强化铝合金通过热处理来提高其强度，如2A11、2A12等，又称硬铝，7A04超硬铝，这类铝合金含Cu，耐腐蚀性能降低，一般采用表面包覆纯铝层或阳极化处理进行表面保护。

铝合金与钢铁材料相比，具有导电、导热性好，线膨胀系数大，表面易氧化而形成较大的接触电阻等共同特性。进行点焊时，有如下特点。

● 因电阻率小、热导率大，故要求采用大电流、短时间的焊接条件。焊接电流为同等厚度的低碳钢点焊的4～5倍，因此须使用大功率焊机。

● 表面易过热，导致电极铜离子向纯铝包覆层扩散，降低保护作用，也引起电极与焊件相互黏结，电极磨损加剧，使熔核表面质量下降。

● 焊接时易产生飞溅，由于表面极易氧化而形成较高的接触电阻，瞬间通以强大电流就会使接触面上局部电流密度过大，瞬时熔化而产生早期飞溅；由于线膨胀系数大，在加热过程中熔核形成并不断扩大，若这时焊机加压机构随动性不好，则造成后期飞溅，影响熔核质量和电极使用寿命。

● 塑性温度区窄，易出现缺陷。对于硬铝合金，裂纹倾向大，因含有铜，铜与铝生成低熔点共晶体分布于晶界上。在熔核冷凝结晶时，如果没有足够电极力，则形成较大的收缩变形和应力，使熔核产生热裂纹。对此，宜采用阶梯形或马鞍形的电极力。

● 接头强度波动大，其原因主要是焊件表面氧化膜清理不彻底或清理后存放时间过长，又重新产生不均匀的氧化薄膜。鉴于铝合金点焊有上述特点，所用的点焊机须具有如下特性。

• 能在短时间内提供大电流。

• 电流的波形最好有缓升缓降的特点。

• 能提供阶梯形或马鞍形电极力。

• 机头的惯性和摩擦力小，电极的随动性好。

• 能精确控制焊接参数，且不受电网电压波动的影响。

当前国内使用最多的是容量为300～600 kV·A的直流脉冲、三相低频和二次整流焊机，个别容量高达1000 kV·A。也有使用单相交流焊机的，但仅用于不重要的焊件。

应采用导电、导热性好的球面状电极，以利于压固熔核和散热。由于电流密度大和不可避免有氧化膜存在，焊接时电极易黏着，故须经常修整电极。修整与可焊点数及焊接条件、焊件材质、表面清理情况、有无电流波形调制、电极材料及其冷却情况等因素有关。通常点焊纯铝焊5～10点修整一次，焊接SA06、2A12时为25～30点。

按材料电阻率和高温屈服点不同，常把铝合金分成A、B两类。A类铝合金具有较高的电阻率和高温屈服点，如5A06、2A12T3、T4、7A04T6等，焊接时裂纹和飞溅倾向大，焊接性较差，通常要求采用缓升缓降的电流波形和较高的锻压力；B类铝合金电阻率与高温屈服点较低，如5A030、3A210、2A120、7A040等，焊接性稍好，当焊接厚度不大的焊件时，可不用提高锻压力。

采用阶梯形电极力时，锻压力滞后于断电的时间很重要，通常是0～2周波，若加得过早，就等于增大了焊接压力，影响加热，导致焊点强度下降；若加得过迟，则熔核在冷却结晶时早已形成裂纹，加压已无济于事。

表3-9为上述A、B两类铝合金用交流焊机点焊的焊接参数，表3-10为用直流脉冲焊机点焊铝合金的焊接参数。

表3-9　交流焊机点焊铝合金的焊接参数

材料厚度（mm）	A类铝合金			B类铝合金		
	电极力（kN）	焊接电流（kA）	焊接时间（s）	电极力（kN）	焊接电流（kA）	焊接时间（s）
0.5+0.5	2.2	17	0.08	1.3	16	0.08
0.8+0.8	3.5	19	0.10	1.9	18	0.10
1.0+1.0	4.5	24	0.12	2.5	22	0.12
1.5+1.5	6.5	30	0.16	3.5	27	0.14
2.0+2.0	8.0	35	0.20	5.0	32	0.18

表3-10　直流脉冲焊机点焊铝合金的焊接参数

材料厚度（mm）	参数特点	A类铝合金								B类铝合金				
		加压方式	电极力参数			电流脉				加压方式	电极力 F_w(kN)	焊接电流(kA)	焊接时间(s)	锻压力 F_f(kN)
			F_w(kN)	F_f(kN)	t_w(s)	主脉冲 I_w(kA)	主脉冲 t_w(s)	缓冲脉冲 I_{po}(kA)	缓冲脉冲 t_{po}(s)					
0.8+0.8	硬规范	Ⅱ	3.5	5	0.06	26	0.04			Ⅰ	2	25	0.04	
1.0+1.0		Ⅱ	4	8	0.06	29	0.04			Ⅰ	2.5	29	0.04	
1.5+1.5		Ⅱ	5	14	0.08	41	0.06			Ⅰ	3.5	35	0.06	F_f=22 t_f=0.2s
2.0+2.0		Ⅱ	7	19	0.12	51	0.10			Ⅰ	5	45	0.10	
2.5+2.5		Ⅱ	9	26	0.16	59	0.14			Ⅰ	6.5	49	0.14	
3.0+3.0		Ⅱ	12	32	0.20	64	0.16			Ⅰ	8	57	0.18	
0.5+0.5	硬规范	Ⅱ	2	7	0.06	20	0.02	12	0.04					
0.8+0.8		Ⅱ	3	7	0.06	25	0.04	15	0.08					
1.0+1.0		Ⅱ	4	8	0.08	29	0.04	18	0.08					
1.5+1.5		Ⅱ	5	11	0.12	40	0.06	20	0.12					
2.0+2.0		Ⅱ	8	18	0.14	55	0.08	25	0.16					
2.5+2.5		Ⅱ	12	28	0.18	64	0.10	32	0.2					
3.0+3.0		Ⅱ	15	36	0.20	73	0.12	37	0.24					
1.56+1.2	软规范	Ⅱ	4	10	0.16	31	0.12							
2.0+2.0		Ⅱ	6	16	0.24	34	0.20							
2.5+2.5		Ⅱ	8	22	0.28	40	0.24							
3.0+3.0		Ⅱ	10	30	0.34	45	0.28							

注：加压方式Ⅰ为不变压，Ⅱ为阶形变化的压力。

为了最大限度减小分流的影响，铝合金板熔核的最小间距一般不小于板厚度的8倍，表3-11为推荐的尺寸。

表3-11 铝合金点焊最小搭边宽度、点距和排间距离（mm）

板厚度	最小搭边宽度	最小点距	排间最小距离
0.8	9.5	9.5	6
1.0	13	13	8
1.6	19	16	9.5
2.0	22	19	13
3.2	29	32	16

⑥ 铜合金点焊

铜合金点焊的焊接性几乎与其电阻率成正比变化，电阻率小的铜合金很难焊，而电阻率大的则较容易焊。

铜的电阻率很小（$0.015×10^{-6}\Omega\cdot m$）不宜用点焊方法焊接。铜合金的种类很多，每一类合金中随着加入合金元素及其含量的不同，其电阻率在很大范围内变动，例如各种黄铜中硅黄铜（HSi80-3）电阻率为$0.20×100^{-6}\Omega\cdot m$，比锰黄铜（HMn58-2）约高一倍，而锰黄铜的电阻率又比普通黄铜（H80）高一倍，显然点焊硅黄铜要比普通黄铜容易。其他各种青铜、白铜等铜合金也有类似情况。

铜合金点焊要求使用具有足够容量和适当电极力的点焊机。由于这类合金的塑性范围窄，故最好使用机头惯性小的焊机，而且须精确控制焊接电流和通电时间。最好采用强焊接条件进行焊接，以防止飞溅和电极与焊件粘连，焊接高电阻率的黄铜、青铜和铜镍合金时，可采用2类电极材料作为电极；焊接低电阻率的黄铜（如铜锌合金等）和青铜（如铬青铜等）时，可用表3-4中1类电极材料，也可采用镶嵌钨块的复合电极，以减少向电极散热。

表3-12为H75黄铜点焊的焊接参数，表3-13为0.9 mm厚度各种铜合金点焊的焊接参数。

表3-12 H75黄铜点焊的焊接参数

板厚度（mm）	电极力（kN）	焊接时间（周波）	焊接电流（kA）	拉剪力（kN）
0.8	2	6	23	1.5
1.2	4	8	23	2.3
1.6	4	10	25	2.9
2.3	5	14	26	5.3
3.2	10	16	43	8.5

表3-13 0.9mm厚度各种铜合金点焊的焊接参数

牌号	名称	电极力（kN）	焊接时间（周波）	焊接电流（kA）
H85	85黄铜	1.82	5	25
H80	80黄铜	1.82	5	24
H70	70黄铜	1.82	4	23
H60	60黄铜	1.82	4	22
H50	50黄铜	1.82	4	19
QSn7-0.2	7-0.2锡青铜	2.12	5	19.5
QA110-3-1.5	10-3-1.5铝青铜	2.32	4	19.0
QSi3-2	3-1硅青铜	1.82	5	16.5
HMn58-2	58-2锰青铜	1.82	5	22
HA177-2	77-2铝黄铜	1.82	4	22

注：用表3-4中1类电极材料作为电极，锥角为30°，锥形平面，电极端面直径为5mm。

（2）不等厚板点焊

当点焊材料相同而厚度不等的焊件时，若用相同尺寸的电极，则由于接合面与强烈散热的两电极距离不同，使上、下两焊件散热条件不同，所以其温度场分布不对称，熔核偏向厚板侧，如图3-6所示。

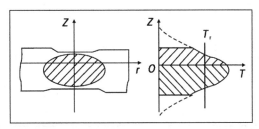

图3-6　不同厚度焊件点焊时Z轴温度分布与熔核的位置

偏移结果使接合面上熔核尺寸小于核心最大尺寸，降低了熔核强度，严重时会造成未焊合。产生熔核偏移现象，随两焊件厚度比增大而加剧，焊接条件（规范）越软，其散热作用越强，偏移也越大。

为了保证接头强度，一般要求薄板一侧的焊透率不小于10%，厚板侧应达到20%～30%。为此，应设法控制焊接区析热和散热条件，调整焊接区的温度场，使加热最高温度区接近焊件的接合面。具体措施有以下几点。

① 提高接触面上电流密度，增强发热

如图3-7所示，在薄件或零件上预制凸点，或在接触面上放工艺垫片，使接触面上电流密度增大，析热集中于接触面附近，从而使熔核形成在接合面上。凸点尺寸可参考凸焊接头设计部分；垫片材料、厚度由薄件厚度和材质而定，一般用厚0.2～0.3 mm的箔片。导热性差而熔点较高的不锈钢箔可用于焊接铜或铝合金；坡莫合金箔片可用于焊接耐热合金。

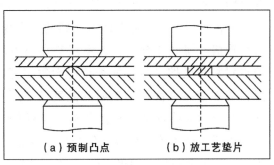

（a）预制凸点　　　（b）放工艺垫片

图3-7　提高接触面上电流密度

② 调节散热条件

尽量使接触面两侧散热均衡。可以采用不同直径的电极，在厚件侧用较大直径的电极以增大厚件的散热，在薄件侧用小直径电极以减少薄件的散热，如图3-8所示；或者上、下电极采用不同的电极材料，在薄件侧用热导率较厚件侧为小的电极材料，或者增加薄板侧电极端面至其内部冷却水孔底部的距离，均能起到减小薄件的散热条件的作用，使熔核恰好在接合面上形成。

③ 采用强条件（硬规范）焊接

强条件是电流大、通电时间短，能充分利用接合面处接触电阻的集热作用，而且加热时间短，热损失相对减少，使接合面上的温度较高，核心偏移较小。所以电容储能点焊不同厚度板时，其熔核偏移小。

表3-14为不同厚度零件点焊的焊接参数。

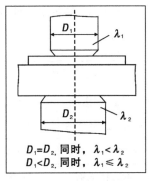

$D_1 = D_2$ 同时，$\lambda_1 < \lambda_2$
$D_1 < D_2$ 同时，$\lambda_1 \leqslant \lambda_2$

图3-8　调节点焊散热条件

表3-14 不同厚度零件点焊的焊接参数

| 材料 | 厚度（mm） | 焊接电流（A） | 通电时间（s） | 电极力（kN） | 电极端面直径（mm） | | 备注 |
					薄件侧	厚件侧	
1Cr18Ni9Ti	0.2+1.0 1.0+14 0.2+14	6 7.5 7.5	0.1 0.1 0.1	1.7 1.7 1.7	5 5 5	10 10 10	用厚0.1~0.2mm 1Cr18Ni9Ti钢垫片
黄铜	0.8+6.5 0.8+20 0.15+8 0.15+8 0.15+6.5	10 11 12 7.5 10	0.1 0.1 0.1 0.1 0.1	1.0 1.0 1.0 2.2 0.7	5 5 5 5 5	7 7 10 5 7	用厚0.1~0.2mm黄铜垫片 用厚0.2mm不锈钢垫片 用厚0.1~0.2mm黄铜垫片
2A12	0.5+2 1.0+4.0	12 18	0.1 0.1	1.0 1.5	5 6	10 12	– –

（3）异种材料点焊

当焊接两种导电和导热性能不同的金属材料时，焊接区热量的产生、散失与不同厚度板件点焊特点类似。当厚度相同时，导热性好而电阻率低的材料就相当于薄件，熔核总是偏向导热性差、电阻率大的材料一侧。因此，调整熔核偏移所采取的措施与上述板厚度不等的点焊类似。

如果是不等厚的异种材料点焊，导热性差的材料为薄件时，核心偏移可得到一定改善；导热性差的材料为厚件时，核心偏移就更为严重，必须采取措施。

异种材料点焊还需要注意材料的冶金焊接性问题。两种材料能否很好地熔合在一起；是否会形成金属间化合物；在室温与高温下塑性变形能力如何；在同一焊接工艺条件下，高熔点材料与低熔点材料能否获得大致相当的塑性变形等，都须综合考虑解决。一般应把注意力放在使接合面两边金属的温度及变形程度接近，并能互溶且生成固溶体，形成良好的交互结晶而无脆性金属间化合物。当两者性质相差很远难以组合时，可用中间材料作为过渡层，以避免产生脆性金属间化合物。例如铝合金和低合金钢组合点焊时，可以在低合金钢待焊面预先镀上一层（厚度以μm计）铜或银；碳钢与黄铜组合点焊时，可在低碳钢表面先镀一层锡等。

表3-15为部分异种金属材料点焊的焊接参数。

表3-15 部分异种金属材料点焊的焊接参数

| 材料 | 板厚度（mm） | 电极端直径（mm） | | 电极力（kN） | 通电时间（周波） | 焊接电流（kA） |
		导电性差侧	导电性好侧			
镍铬合金+不锈钢	1.0+1.0	7	5	2.5	5	5
不锈钢+低碳钢	1.0+1.0	10	5	2.0	5	6
不锈钢+黄铜	1.0+0.8	7	5	1.8	5	9
低碳钢+黄铜	1.0+0.8	7	5	1.0	5	7

三、任务实施

1. 挤压式电阻点焊机的操作

（1）焊前准备

点焊机完成一个焊点，仅需1s时间，由于整个过程进行得很快，稍不留意，就可能造成不良后果，故在施焊前应做好充分的准备。

① 清除焊接金属表面层的油漆、油污、锈斑、灰尘等杂物，保持良好的导电性能。

② 对需要防锈处理的部位，焊接之前要涂上一层导电系数较高的防锈剂，方可进行焊接；整平被焊接的金属表面，并用夹紧装置夹紧，消除表面间的间隙，否则点焊质量会明显下降，如图3-9所示。

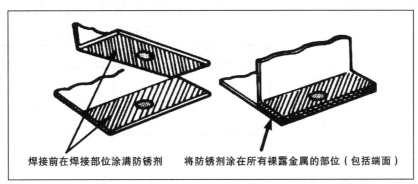

焊接前在焊接部位涂满防锈剂　　　　将防锈剂涂在所有裸露金属的部位（包括端面）

图3-9 焊前准备

（2）点焊操作要点

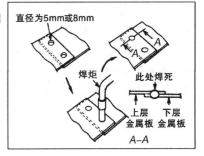

图3-10 双面点焊法施焊

操作要点如下：

① 尽量采用双面点焊法施焊。对无法实施双面点焊的部位，可采用气体保护焊的塞焊法，以保证良好的焊接强度，如图3-10所示。

② 保持电极与金属板之间夹角为90°，如图3-11所示。否则，电流强度会减小，直接影响焊接质量。

③ 当三层或多层金属重叠在一起时，如图3-12所示，应进行两次点焊。

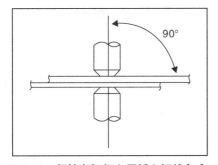

图3-11 保持电极与金属板之间的角度

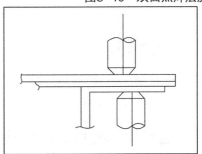

图3-12 进行两次点焊

④ 考虑到修理厂的点焊机功率一般都小于制造厂点焊机的功率，因此在修理时，焊点数目应多于原来的焊点数目，通常以增加30%为宜，如图3-13所示。

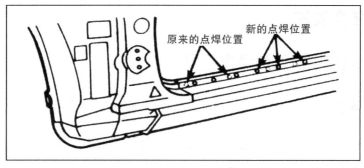

图3-13　增加焊点数目

⑤ 确定最小焊接间距。两金属板间焊接强度取决于点焊间距和边缘距离。两板之间结合力随焊接间距减小而增大，但间距小到一定数值，结合力不再增大，反而有害。如图3-14所示为两焊点间距离变小时，往复电流增加，而不会使焊点处被加热升温，导致焊接质量下降。故两焊点间距必须大于某一数值，见表3-16。

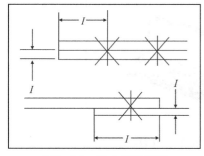

图3-14　最小焊接间距

表3-16　点焊的位置

板厚/mm	间隙s/mm	边缘距离p/mm	图　例
0.4	≥12	≥6	
0.5	≥15	≥6	
<1.5	≥18	6	

⑥ 焊点到金属板的端部距离不能太小，一般以不小于12mm为宜，参见图3-14中最小焊接间距I。

⑦ 点焊顺序如图3-15所示。当电极头发热并改变颜色时，应停止焊接，待冷却后重新施焊。

⑧ 对于有过渡圆角的板件焊接，一般不应在圆角过渡区施焊，否则将导致开裂等缺陷，其焊点分布应如图3-16所示。只有采取了专门的措施，才允许对圆角过渡区施焊。

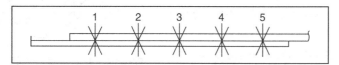

图3-15　正常的焊接顺序

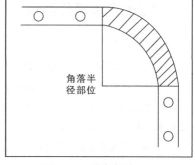

角落半径部位

图3-16　圆角焊点分布

2. 点焊的检验

点焊的检验可采用外观目测检验和破坏性检验。除非特殊需要，一般采用外观检验法判定点焊质量，具体要求见表3-17。

3. 电阻点焊焊接质量的检验

电阻点焊焊接质量的检验如下。

（1）外观检验

① 焊接位置。

表3-17 点焊的检验说明

序 号	项 目	点焊的检验说明	检修记录
1	焊接位置	焊接位置应在凸缘的中心线上，且不允许产生电极头孔，焊点不超过边缘，修理时，应避免在原焊点施焊	
2	焊点数量	修理时焊点数量应大于出厂焊点数量的1.3倍，如原制造厂的焊点为4个，则修理焊点应不少于5个	
3	焊点间距	修理时焊点间距应略小于制造出厂的焊距，但不小于所规定的数值，且焊点分布要均匀	
4	压痕（电极头压痕）	焊接表面的压痕深度不得超过金属板厚度的一半	
5	气孔	不允许有肉眼能看得见的气孔	
6	溅出物	用手套在焊接表面上擦过时，没有被刺卡住产生拉丝现象	

② 焊点的数量。

③ 焊点间距。

④ 压痕（即电极头压痕）。

⑤ 气孔。

⑥ 溅出物。

扭曲试验如图3-17所示。

（2）破坏性检验

① 取一块和需要焊接的金属板同种材料、同样厚度的试验板，进行焊接，然后进行分离，使焊点处分开，根据焊接处是否整齐地断开，可以判断出焊接质量的好坏。

② 如果焊接处被整齐地分开，就像从瓶口拔出一个软木塞一样，便可以判断焊接的质量好。

③ 实际进行焊接时，不可能完全重复这种试验，所以，试验的结果只能作为参考，如图3-18所示。

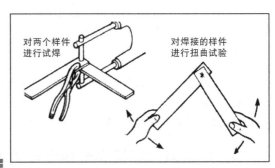
图3-17 扭曲试验

（3）撕裂试验

① 撕裂后在其中一个焊片上留有一个大于焊点直径的孔，如图3-19所示。

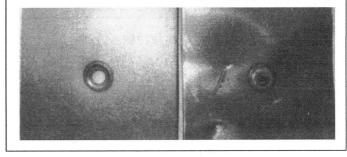
图3-18 破坏性检验

② 如果留下的孔过小或根本没有孔，说明焊点的焊接温度太低，需要重新调整焊接参数。

（4）目测检查

① 目测检查焊疤为4mm。

② 经目测检查每件样品上不得有超过1mm的焊接缺陷、洞或焊渣。

③ 经扭曲试验后，其中一片焊片上留有4mm的孔洞。

④ 经撕裂试验后，其中一片焊片上留有5mm的孔洞，如图3-20所示。

图3-19 撕裂试验

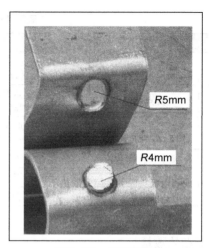

图3-20 目测检查

提示：

① 如果两层金属板的厚度不同，操作时两层金属板之间的间隙限制在1.5～2mm范围内。如果进一步凿开金属板，将会变成破坏性试验。

② 检验完毕后，一定要将金属板上的变形处修好。

4．电阻点焊焊接安全操作注意事项

（1）腿、脚的防护

① 工作时穿安全鞋。

② 焊接时最好穿绝缘鞋。

③ 佩戴护腿和护脚。

④ 跪在地上操作时最好佩戴护膝。

（2）手的防护

① 焊接时佩戴焊接手套。

② 接触有机溶剂时佩戴橡胶手套。

5．电极头的修整以及冷却和时间控制

（1）电极头的修整

如果电极头端部损坏，要用电极头端部清理工具进行整形，如图3-21所示。

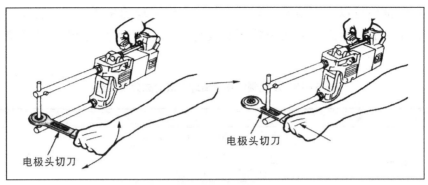

电极头切刀

电极头切刀

图3-21　电极头的修整

（2）电极的冷却

连续焊接一段时间以后，电缆线和电极头端部会因为散热不好而造成过热。这将使电极头端部过早地损坏而增大电阻，并引起焊接电流急剧下降。在使用没有强制冷却（循环水冷却）的电极操作时，可在焊接5~6次后，让电极头端部冷却后再进行焊接。

（3）电流流过的时间

电流流过的时间也和点焊的形成有关。当电流流过的时间延长时，所产生的热量增加，点焊直径和焊接熔深随之增大。焊接部位散发出的热量随着通电时间的延长而增加。经过一定的时间后，焊接温度将不会增加，即使使通电时间超过这一时间，点焊直径也不会再增大，但有可能产生焊丝端部的压痕和热变形。

许多简易点焊机都无法调整压力和焊接电流，而且其电流强度值可能很低，不过可通过延长通电时间（即让低强度的电流流过较长的时间）来保证焊接的强度。

6. 电阻电焊应用范围

① 点焊主要用于车身总成、地板、车门、侧围、后围、前桥和小零部件等。

② 多点焊用于车身底板、载货车车厢、车门、发动机舱盖和行李厢盖等。

③ 凸焊及滚凸焊用于车身零部件、减振器阀杆、制动蹄、螺钉、螺帽和小支架等。

④ 缝焊用于车身顶盖雨檐、减振器封头、油箱、消声器和机油盘等。

⑤ 对焊用于钢圈、排进气阀杆、刀具等。

7. 低碳钢薄板点焊

（1）焊前准备

点焊前，应该清除焊件表面的油污、氧化皮、锈垢等不良导体，因为它们的存在，既影响了电阻热量的析出，影响焊核形成，并导致熔核缺陷产生，使接头强度与焊接生产率降低，又会减少电极寿命。所以，焊件表面清理是焊前十分关键的工作。

表面清理有两种，即机械清理和化学清理。机械清理是用旋转钢丝刷清扫，金刚砂毡轮抛光，小的零部件可以采用喷砂、喷丸处理。化学清理的主要工艺过程是焊件去油、酸洗、钝化等，用于成批生产或氧化膜较厚的碳钢。冷轧碳钢化学清理溶液的成分及工艺见表3-18。

表3-18　冷轧碳钢化学清理溶液的成分及工艺

溶液成分及温度		工艺
脱脂用	工业用磷酸三钠 Na_3PO_4 50kg/m³	先在70%～80%热水中，后在冷水中冲净
	燃烧苏打 Na_2CO_3 25kg/m³	
	苛性钠 $NaOH$ 40kg/m³	
	温度 60～70℃	
酸洗用	硫酸 H_2SO_4 0.11m³	常温下在50～70kg/m³苛性钠或苛性钾熔液中中和
	氯化钠 $NaCl$ 10kg	
	KCl填充剂 1kg	
	温度 50～60℃	

① 焊机

选用直压式点焊机DN-63，其主要技术数据见表3-19。

表3-19　直压式点焊机DN-63主要技术数据

型号	电流特性	额定功率（kV·A）	负载持续率（%）	二次空载电压（V）	电极臂长（mm）	可焊接板厚度（mm）
DN-93	工频	63	52	3.22～6.67	600	钢：4+4

② 焊件

Q235钢板尺寸（长×宽×厚）为150 mm×30 mm×2 mm，共两块板条，如图3-22所示。焊件用剪板机下料。

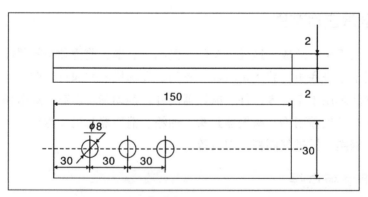

图3-22　低碳钢薄板（2mm+2mm）焊件

③ 焊接辅助工具和量具

活扳手、150 mm卡尺、台虎钳、锤子、点焊试片撕裂卷棒、抛光机、砂纸、焊点腐蚀液、低倍放大镜、钢丝钳等。

（2）焊前装配定位焊用焊接

首先，用锉刀和砂纸进行电极的修磨，尽量使电极表面光滑；按试件调整电极钳口，使两个钳口的中心线对准；同时，调整好钳口的距离，把两焊件按图3-22标注的尺寸进行点焊定位焊，其焊接参数见表3-20。

表3-20　低碳钢薄板（2mm+2mm）点焊的焊接参数

板厚度（mm）	电极直径（mm）	焊接通电时间（周波）	电极力（kN）	焊接电流（A）	熔核直径（mm）	抗剪强度（kN）
2+2	8	20	4.7	13.3	7.9	14.5

在焊接过程中，应该注意如下几点。

① 焊件要在电极下放平，防止出现表面缺陷。

② 要随时观察点焊焊点的表面质量，及时对电极表面的端头进行修理。

③ 对焊接表面的要求应比较严格，要求焊后无压痕或压痕很小时，可以把表面要求比较高的一面放在下电极上，同时，尽可能地加大下电极表面直径。

④ 在焊接过程中以及焊接结束之前，应该分阶段地进行点焊试验件的焊接质量鉴定，及时调整焊接参数；焊接结束后，关闭电源、气路和冷却水。

（3）焊点表面清理

检查焊点表面在焊接过程中的飞溅情况，及时清除表面飞溅物的残渣。

（4）焊点质量检验

① 用合理的焊接参数焊接的焊点，其熔核直径随焊件厚度的增大而增大，但要满足如下关系式：

$$d_m = 2\delta + 0.003$$

式中，d_m——熔核直径（mm）；

　　　δ——两个焊件中较薄的焊件厚度（mm）。

② 在电极力作用下，焊件表面会形成凹陷。

焊接过程中，若焊件表面形成的凹陷较深，那是熔核核心金属溢出过多所致。

低碳钢薄板点焊的焊点质量检验见表3-21。

表3-21　低碳钢薄板点焊的焊点质量检验

项目	熔核直径（mm）	表面凹陷（mm）	裂纹	烧穿	飞溅	X射线检测	金相检验
质量	6.5～7.5	0.2～0.3	不允许	不允许	只要熔深足够，稍有飞溅也算合格	X射线照片显示暗环淡时，熔深不够；暗环深时，熔深较大	无多孔性缺陷

[任务二　电阻对焊]

🔵 一、任务分析

对焊用来完成对接接头，生产效率高，并且容易实现焊接过程自动化，适用于批量生产。其具体应用场合大致有接长焊件或毛坯，焊接环形或闭合焊件，制造锻焊、冲焊联合结构。对焊分为电阻对焊和闪光对焊两类。

电阻对焊（以下简称对焊）是利用电阻热将两工件沿整个端面同时焊接起来的一类电阻焊方法，用于对接截面较小（一般小于250mm²、形状紧凑的棒料、厚壁管等）、氧化物易于挤出的工件的对焊。

🔵 二、相关知识

1. 对焊的应用

对焊的生产率高，易于实现自动化，因而获得了广泛应用。其应用范围可归纳如下。

（1）工件的接长

如带钢、型材、线材、钢筋、钢轨、锅炉钢管、石油和天然气输送等管道的对焊。

（2）环形工件的对焊

如汽车轮辋和自行车、摩托车轮圈的对焊，各种链环的对焊等。

（3）部件的组焊

将简单轧制、锻造、冲压或机加工件对焊成复杂的零件，以降低成本。如汽车方向轴外壳和后桥壳体的对焊，各种连杆、拉杆的对焊，以及特殊零件的对焊等。

（4）异种金属的对焊

异种金属的对焊可以节约贵重金属，提高产品性能。如刀具的工作部分（高速钢）与尾部（中碳钢）的对焊，内燃机排气阀的头部（耐热钢）与尾部（结构钢）的对焊，铝铜导电接头的对焊等。

2. 电阻对焊的特点

电阻对焊是先加压力后通电。焊件电阻的析热占很大比例，温度沿轴向分布较平缓；最高温度始终低于熔点。只有变形而几乎无烧损，焊件焊后收缩量较小。获得高质量接头的关键在于保证端面加热均匀及彻底挤出接口内的氧化物，前者由端面焊前准备来保证，后者由加热时防止氧化及增加塑性变形量来保证。电阻对焊对工件的端面加工要求较高，且局限于焊接延伸率较好的材料，有时还需要在保护气氛中加热。

3. 焊接循环

电阻对焊时，两工件始终压紧，当端面温度升高到焊接温度时，两工件端面的距离小到只有几个埃，端面间原子发生相互作用，在接合上产生共同晶粒，从而形成接头。电阻对焊时的焊接循环有两种：等压的和加大锻压力的。前者加压机构简单，便于实现。后者有利于提高焊接质量，主要用于合金钢、有色金属及其合金的电阻对焊。为了获得足够的塑性变形和进一步改善接头质量，还应设置电流顶锻程序。

4. 对焊的接头形式

常用对焊的接头形式如图3-23所示。

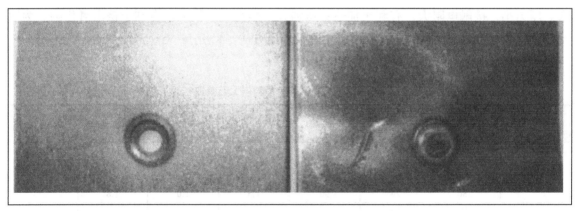

图3-23 常用对焊的接头形式

◕ 三、任务实施

1. 工艺参数的选择

电阻对焊的主要工艺参数有伸出长度、焊接电流（或焊接电流密度）、焊接通电时间、焊接压力和顶锻压力。

（1）伸出长度$2L_0$（即工件伸出夹钳电极端面的长度）

选择伸出长度时，要考虑两个因素：顶锻时工件的稳定性和向夹钳的散热。如果L_0过大，则顶锻时工件会失稳旁弯。L_0过小，则由于向钳口的散热增强，使工件冷却过于强烈，会增加塑性变形的困难。对于直径为d的工件，低碳钢$L_0=$（0.5~1）d，铝和黄铜$L_0=$（1~2）d，铜$L_0=$（1.5~2.5）d。

（2）焊接电流密度（J）

碳素钢取9000～70 000A/cm^{2}或比功率取10～50kVA/cm^2。

（3）通电时间（t_w）

碳素钢一般取0.02～3.0s。电流密度和通电时间可以在一定范围内相应地调配，可以采用大电流密度、短时间（强条件），也可以采用小电流密度、长时间（弱条件）。但条件过强时，容易产生未焊透缺陷；过弱时，会使接口端面严重氧化，接头区晶粒粗大，影响接头强度。可按下列经验公式确定电流密度和通电时间：

$$Jt_w^{1/2}=K\times 10^3$$

式中，K为常数，碳素钢K=8～10，铝K=20，铜K=27。

（4）焊接压力（p）

低碳钢一般取10～30MPa，有色金属则视其物理化学性能不同而在4～45MPa范围内选取。压力小，接触电阻大，有利于加热；压强大，塑性变形量大，有利于挤出氧化物。为兼顾两者，尤其是对塑性好的材料，可采用两极加压方法。

常用材料电阻对焊工艺参数见表3-22。

表3-22　常用材料电阻对焊工艺参数

焊件材料	截面积/mm^2	伸出长度/ 2L_0/mm	电流密度/ （A/mm^2）	焊接时间/s	顶锻量/mm		压力/MPa
					有　电	无　电	
低碳钢	25	12	200	0.6	0.5	0.9	10～20
	50	16	160	0.8	0.5	0.9	
	100	20	140	1.0	0.5	1.0	
	250	24	90	1.5	1.0	1.8	
铜	25	15	70～200		1	1	30
	100	25			1.5	1.5	
	500	60			2.0	2.0	
黄铜	25	10	50～150		1	1	
	100	15			1.5	1.5	
	500	30			2.0	2.0	
铝	25	10	40～120		2	2	15
	100	15			2.5	2.5	
	500	30			4	4	

2. 工件准备

电阻对焊时，两工件的端面形状和尺寸应该相同，以保证工件的加热和塑性变形一致。工件的端面以及与夹钳接触的表面必须进行严格清理。端面的氧化物和脏物将会直接影响到接头的质量。与夹钳接触的工件表面的氧化物和脏物将会增大接触处电阻，使工件表面烧伤、钳口磨损加剧，并增大功率损耗。

清理工件可以用砂轮、钢丝刷等机械手段，也可以用酸洗。

电阻焊接头中易产生氧化物夹杂。对于焊接质量要求高的稀有金属、某些合金钢和有色金属，常采用氩、氦等保护气体来解决。

电阻对焊虽有接头光滑、毛刺小、焊接过程简单等优点，但其接头的力学性能较低，对工件端面的准备工作要求高，因此仅用于小断面（小于250mm²）金属型材的对接。

3. 附加措施

① 中碳钢及合金钢丝对焊后，在同一台设备上进行回火，以提高韧性。回火时的伸出长度约为焊接时的10～40倍。

② 直径小于0.5mm的钢丝或直径小于1mm的铜、铝丝对焊时，常套上一段内径比焊件直径大0.2～0.5mm的玻璃或陶瓷管，以增加刚度，防止错位。

③ 管子对焊时、特别是重要零件和有色金属管，应在管内通入保护气体以防止氧化，从而减小为排除氧化物所需的塑性变形量。

项目四　等离子弧焊与切割

[　任务一　等离子弧焊　]

🔵 一、任务分析

按焊缝的成形原理，等离子弧焊有3种基本方法，即穿透型等离子弧焊，熔化透型等离子弧焊和微束等离子弧焊。上述3种方法均可采用脉冲电流，以提高焊接过程稳定性，此时该方法可称为脉冲等离子弧焊。此法适于位置焊接，并且焊接热影响区和焊接变形都较小。本任务重点讲述等离子弧焊接工艺。

🔵 二、相关知识

1. 等离子弧基础知识

等离子弧焊与切割是在钨极氩弧焊的基础上形成的，是焊接领域中较有发展前途的一种先进工艺。利用等离子弧的高温，它可以焊接电弧焊所能焊接的金属材料，甚至解决了氩弧焊所不能解决的极薄金属焊接问题；可以切割氧乙炔焰不能切割的难熔金属和非金属。等离子弧具有高能量密度的压缩电弧，等离子弧焊与切割已经成为合金钢及有色金属的又一重要的加工工艺。目前，这项技术已经得到了广泛的应用。

（1）等离子弧的形成

一般焊接电弧都是在未受到外界约束的情况下产生的，弧柱的直径随电弧电流及电压的变化而变化，能量不高度集中，温度限制在5730～7730℃，故称为"自由电弧"。如果对自由电弧的弧柱进行强迫"压缩"，就能将导电截面收缩得比较小，从而使能量更加集中，弧柱中气体充分电离，如图4-1所示，这样的电弧称为等离子弧。

等离子体是除固体、液体、气体之外物质的第四种存在形态，由气态物质电离而成，是由带正电的离子、带负电的电子和部分未电离的中性原子等粒子组成的，具有良好导电性的类似气体的物质。等离子弧是一种压缩的电弧，弧柱横切面减小，电流密度加大，电离程度提高。等离子弧比一般自由电弧能量更集中，弧柱温度更高，选取适当规范可以使等离子弧焰流具有很高的流速，产生很大的机械冲刷力，因此它成为焊接、切割等加工中一种更为理想的能源。

对自由电弧的弧柱进行强迫压缩通称压缩效应。压缩效应有如下三种形式。

① 机械压缩效应

如图4-2（a）所示，在钨极（负极）和工件（正极）之间加上一较高的电压，通过激发使气体电离形成电弧。此时，用一定压力的气体作用于弧柱，强迫其通过水冷喷嘴细孔，弧柱便受到机械压缩，使弧柱截面积缩小，称为机械压缩效应。

② 热收缩效应

当电弧通过水冷喷嘴，同时又受到不断送给的高速等离子气体流（氩气、氮气、氢气等）的冷却作用，使弧柱外围形成一个低温气流层，电离度急剧下降，迫使弧柱导电截面进一步缩小，电流密度进一步提高，弧柱的这种收缩称为热收缩效应［图4-2（b）］。

③ 磁收缩效应

电弧弧柱受到机械压缩和产生热收缩效应后，喷嘴处等离子弧的电流密度大大提高。若把电弧看成一束平行的同向电流线，则其自身磁场所产生的电磁力，使之相互吸引，由此而产生电磁收缩力，这种磁收缩作用迫使电弧更进一步受到压缩，如图4-2（c）所示。

在以上三种效应的作用下，弧柱被压缩到很细的程度，弧柱内气体也得到了高度的电离，温度高达16 000～33 000℃，能量密度剧增，而且电弧挺度好，具有很强的机械冲刷力，形成高能束的等离子弧。

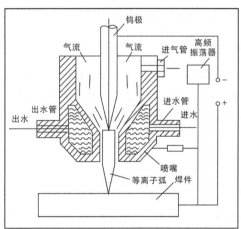

图4-1 等离子弧产生装置原理示意图

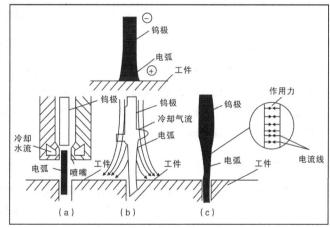

图4-2 等离子弧的压缩效应

（2）等离子弧的特点

等离子弧的特点主要有以下几点。

① 温度高、能量集中

由于等离子弧的弧柱被压缩，使气体达到高度的电离而产生很高的温度，弧柱中心温度为18 000～24 000 K。等离子弧的能量集中，其能量密度可达105～106 W/cm²。而自由状态的钨极氩弧弧柱中心温度为14 000～18 000 K，能量密度小于105 W/cm²。因此，等离子弧用于切割，可切割任何金属，如导热性好的铜、铝等，以及熔点较高的铂、钨、各种合金钢、铸铁、低碳钢及不锈钢等。

② 导电及导热性能好

等离子弧的弧柱内，带电粒子经常处于加速的电场中，具有高导电及导热性能。所以在较小的断面内能够通过较大的电流，传导较多的热量。

③ 电弧挺度好，稳定性强

经过压缩之后的等离子弧，形状发生了很大的变化，变成圆柱形。与一般电弧相比，弧柱发散角度仅为50°，而自由状态的钨极氩弧为45°，因而等离子弧具有较好的稳定性，弧长变化敏感性小，并且等离子弧的挺度好，外界气流和磁场对等离子弧的影响较小，较少发生电弧偏吹和漂移现象。

④ 冲击力大

等离子弧在机械压缩、热收缩及磁收缩三种压缩效应的作用下，断面缩小，电流密度大，温升高，内部具有很大的膨胀力，迫使带电粒子从喷嘴高速喷出，焰流速度可达300 m/s以上。因此，可以产生很大的冲击力，用于焊接，可以增加熔深；用于切割，可以吹掉熔渣；用于喷涂，可以喷出粉末等。

（3）等离子弧的类型

根据电源的不同接法，等离子弧可以分为非转移弧、转移弧、联合型弧三种。

① 非转移弧

钨极接电源负极，喷嘴接电源正极。等离子弧在钨极与喷嘴内表面之间产生［图4-3（a）］，连续送入的等离子气体穿过电弧空间，形成从喷嘴喷出的等离子焰。这种等离子弧产生于钨极与喷嘴之间，工件本身不通电，而是被间接加热熔化，其热量的有效利用率不高，故不宜用于较厚材料的焊接和切割。

② 转移弧

钨极接电源负极，工件和喷嘴接电源正极。首先在钨极和喷嘴之间引燃小电弧，随即接通钨极与工件之间的电路，再切断喷嘴与钨极之间的电路，同时钨极与喷嘴间的电弧熄灭，电弧转移到钨极与工件间直接燃烧，这类电弧称为转移弧［图4-3（b）］。这种等离子弧可以直接加热工件，提高了热量有效利用率，故可用于中等厚度以上工件的焊接与切割。

③ 联合型弧

转移弧和非转移弧同时存在的等离子弧称为联合型弧［图4-3（c）］。联合型弧的两个电弧分别由两个电源供电。主电源加在钨极和工件间产生等离子弧，是主要焊接热源。另一个电源加在钨极和喷嘴间产生小电弧，称为维持电弧。维持电弧在整个焊接过程中连续燃烧，其作用是维持气体电离，即在某种因素影响下，等离子弧中断时，依靠电弧可立即使等离子弧复燃。联合型弧主要用于微弧等离子焊接和粉材料的喷焊。

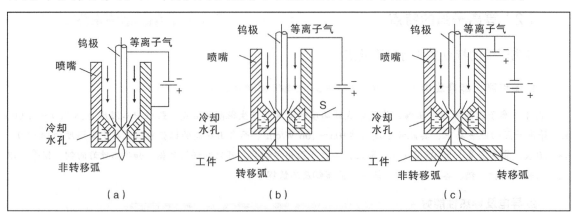

图4-3　等离子弧的形式

（4）等离子弧的应用

等离子弧的应用有很多，随着等离子弧技术的不断成熟与发展，它将广泛地被应用在生产的各个方面。目前其主要的应用有以下几方面。

① 等离子弧焊接

等离子弧可以焊接高熔点的合金钢、不锈钢、镍及镍合金、钛及钛合金、铝及铝合金等（图4-4）。充氩箱内的等离子弧焊还可以焊接钨、钼、铌、钽、锆及其合金。

图4-4 等离子弧焊接

② 等离子弧切割

等离子弧可以切割不锈钢、铸铁、钛、钼、钨、铜及铜合金、铝及铝合金等难以切割的材料（图4-5）。采用非转移等离子弧，还可以切割花岗石、碳化硅等非金属。

③ 等离子弧堆焊

等离子弧堆焊可分为粉末等离子弧堆焊和填丝等离子弧堆焊（图4-6）。等离子弧堆焊是用等离子弧做主热源，用非转移弧做二次热源，其特点是堆焊的熔敷速度较高、堆焊层熔深小、稀释率低，并且稀释率及表面形状易于控制。

图4-5 等离子弧切割

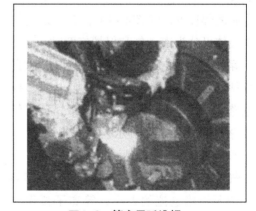

图4-6 等离子弧堆焊

④ 等离子喷涂

等离子喷涂是以等离子焰流（即非转移等离子弧）为热源，将粉末喷涂材料加热并加速，喷射到工件表面形成喷涂层的工艺方法（图4-7）。

⑤ 其他方面的应用

等离子弧的特点使其在冶金、化工以及空间技术领域中都有许多重要的应用。等离子弧温度高、能量集中、气流速度快，可使用各种工作介质，并且它的功率及各种特性均可调节，这些特点使等离子弧的实际应用有非常广阔的前景。

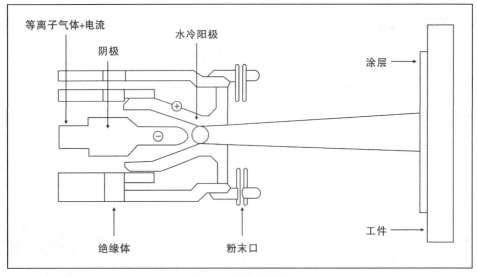

图4-7 等离子喷涂

2. 等离子弧焊接设备

等离子弧焊接是国内外近年来才发展起来的一项先进工艺。它几乎可以焊接电弧焊所能焊接的所有材料和多种难熔金属及特种金属材料,具有很多优越性。在极薄金属焊接方面,它解决了氩弧焊所不能进行的材料和焊件的焊接。借助水冷喷嘴对电弧的拘束作用,获得较高能量密度的等离子弧进行焊接的方法,称为等离子弧焊接。等离子弧焊接是利用特殊构造的等离子焊枪所产生的高温等离子弧来熔化金属的焊接方法(图4-8),它所采用的工作气体可分为离子气和保护气两种。

等离子弧焊接设备可分为手工焊和自动焊两类。手工焊设备包括焊接电源、控制电路、焊枪、气路及水路等部分,其外部线路连接如图4-9所示。机械化(自动焊)设备包括焊接电源、控制电路、焊枪、气路及水路焊接小车或转动夹具等部分。按照焊接电流的大小,等离子弧焊接设备可以分为大电流等离子弧焊接设备和微束等离子弧焊接设备两类。

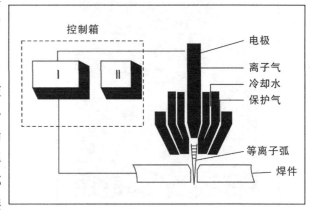

图4-8 等离子弧焊接示意图

(1)焊接电源

等离子弧焊接电源具有下降或垂降外特性。采用纯Ar或$\phi_{Ar}93\%+\phi_{H_2}7\%$的混合气体作为离子气时,电源空载电压为65～80 V。如果采用纯He或ϕ_{H_2}高于7%的H_2及Ar的混合气体时,为了可靠地引弧,则需要采用较高空载电压的焊接电源。

大电流等离子弧大都采用转移型。首先在钨极与喷嘴之间引燃非转移弧,然后再在钨极与工件之间引燃转移弧。转移弧产生之后随即切除非转移弧。因此，转移弧和非转移弧可以合用一个电源。

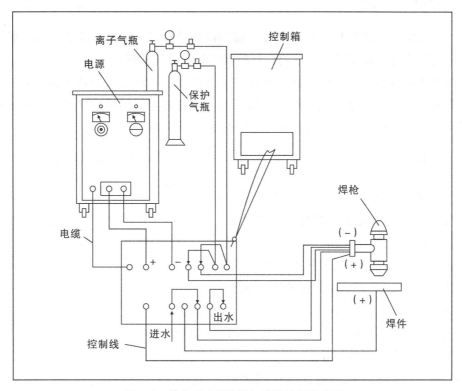

图4-9　等离子弧焊接外部线路连接示意图

电流低于30 A的微束等离子弧焊接，都采用联合型弧。因为焊接过程中需要同时保持非转移弧与转移弧，所以需要采用两个独立的电源。

（2）控制电路

控制电路的设计，就是使焊接设备按照焊件的焊接程序控制图的要求完成一系列的规定动作。图4-10为焊接程序控制图。控制电路应当保证焊接程序的实施，如调节离子气预通时间、保护气预通时间、焊件预热时间、电流衰减时间、离子气流衰减时间以及保护气滞后时间等。脉冲等离子弧焊接的控制电路，还应当能够调节基值电流、脉冲电流、占空比或脉冲频率等。对于微束等离子弧焊接设备的控制电路，还要能

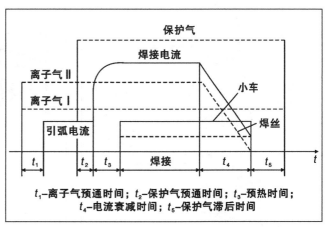

t_1-离子气预通时间；t_2-保护气预通时间；t_3-预热时间；
t_4-电流衰减时间；t_5-保护气滞后时间

图4-10　焊接程序控制图

够分别调节非转移弧和转移弧的电流。总之，控制电路应当保证全部焊接过程自动按规定的程序进行。此外，在焊接过程中发生故障时，可以紧急停车；若冷却水中断或堵塞时，焊接

过程立即自动停止。

（3）等离子弧引燃装置

对于大电流等离子弧焊接系统，可在焊接回路中叠加高频振荡器或功率高压脉冲装置。依靠产生的高频火花或高压脉冲，在钨极与喷嘴间引燃非转移弧。

微束等离子弧焊接系统引燃非转移弧的方法有两种：一种方法是利用焊枪上的电极移动机构（弹簧机构或螺钉调节）向前推进电极，当电极尖端与压缩喷嘴接触后，回抽电极即可引燃非转移弧；另一种方法是采用高频振荡器引燃非转移弧。

（4）焊枪

焊枪是等离子弧焊接时，产生等离子弧并且进行焊接的装置。等离子弧焊枪主要由上枪体、下枪体和喷嘴三部分组成。上枪体的作用是固定电口电极、导电、调节钨极内缩长度等。下枪体的作用是固定喷嘴和保护罩，对下枪体及喷嘴进行冷却、输送离子气与保护气，使喷嘴导电等。上、下枪体之间要求绝缘可靠，气密性好，并有较高的同轴度。

图4-11是手工等离子弧焊枪，图4-12是电流容量为300A、喷嘴采用直接水冷的大电流等

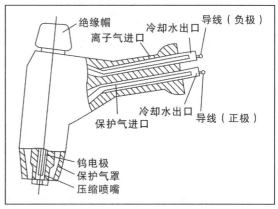

图4-11　手工等离子弧焊枪

离子弧焊枪，图4-13是电流容量为16 A、喷嘴采用间接水冷的微束等离子弧焊枪。

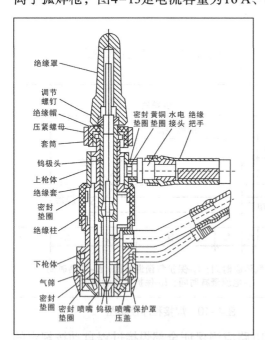

图4-12　大电流等离子弧焊枪

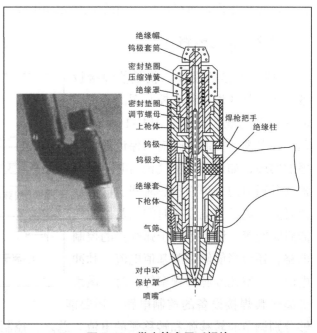

图4-13　微束等离子弧焊枪

① 喷嘴

喷嘴是等离子弧焊枪的关键零件，它的基本结构如图4-14所示。喷嘴的结构类型及尺寸对等离子弧的性能起决定性作用，它的主要尺寸是喷嘴孔径d、孔道长度z、压缩角a。

● 喷嘴结构

图4-14中前两种喷嘴为圆柱形压缩孔道，是等离子弧焊中应用广泛的类型。图4-14（c）为收敛扩散单孔型喷嘴，它减弱了对等离子弧的压缩作用，但是这种喷嘴适用于大电流、厚板的焊接。图4-14（b）所示的喷嘴为圆柱三孔型。三孔型喷嘴除了中心主孔外，其左右各有一个小孔，相互对称。从这两个小孔喷出的等离子气流可将等离子弧产生的圆形温度场改变成椭圆形。当椭圆形温度场的长轴平行于焊接方向时，可以提高焊接速度和减小焊缝热影响区宽度。例如，圆柱三孔型喷嘴比单孔型焊接速度可提高30%~50%。

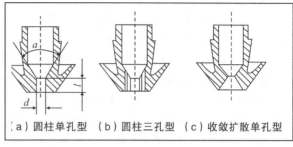

（a）圆柱单孔型 （b）圆柱三孔型 （c）收敛扩散单孔型

图4-14 喷嘴的基本结构

● 喷嘴孔径d

孔径d决定等离子弧的直径和能量密度。d的大小是由电流及离子气流量来决定的。表4-1列出了等离子弧电流与喷嘴孔径间的关系。对于一定的电流值和离子气流量，孔径越大，其压缩作用越小。如果孔径过大，失去压缩作用；孔径过小，则会引起双弧现象，破坏等离子弧的稳定性。

表4-1 等离子弧电流与喷嘴孔径间的关系

喷孔直径（mm）	0.8	1.6	2.1	2.5	3.2	4.8
等离子弧电流（A）	1~25	20~75	40~100	100~20	150~300	200~500
离子气流（Ar）（L/min）	0.24	0.47	0.94	1.89	1.89	2.83

● 喷嘴孔道长度l

当孔径d为定值时，孔道长度l增大，则对等离子弧的压缩作用也增强。通常以l/d表示喷嘴孔道的压缩特征，称为孔道比。常用的孔道比见表4-2。当孔道比超过一定值时，也会造成双弧现象。

表4-2 喷嘴孔道比

喷嘴直径（mm）	孔道比	压缩角（°）	等离子弧类型
0.6~1.2	2.0~6.0	25~45	联合型弧
1.6~3.5	1.0~1.2	60~90	转移弧

● 压缩角a

压缩角对等离子弧的压缩影响不大。考虑到与钨极端部形状的配合，通常选取a为60°~90°，其中应用较多的是60°。

● 喷嘴材料及冷却方式

一般选用纯铜为喷嘴材料。对于大功率喷嘴必须采用直接水冷方式，为提高冷却效果，喷嘴壁厚度应不大于2.5 mm。

② 电极

● 电极材料

等离子弧焊枪采用钍钨或铈钨电极。国外也有采用锆质量分数为0.15%~0.40%的锆钨电极。表4-3列出了钍钨电极的许用电流范围。

表4-3 钍钨电极直径与许用电流范围

电极直径（mm）	0.25	0.50	1.0	1.6	2.4	3.2	4.0	5.0～9.0
电流范围（A）	≤15	5～20	15～80	70～150	150～250	250～400	400～500	500～1000

● 电极端部形状

常用的电极端部形状如图4-15所示。为了便于引弧及保证等离子弧的稳定性，电极端部一般磨成30°～60°的尖锥角，顶端也可稍稍磨平。当钨极直径大、电流大时，电极端部也可磨成其他形状，以减慢烧损。

● 电极内缩长度l_g

图4-16（a）显示了电极内缩长度，它对于等离子的压缩与稳定性有很大的影响。一般选取$l_g=(1±0.2)$mm。l_g增大，压缩程度提高；l_g过大，则易产生双弧现象。

● 电极与喷嘴的同轴度

同轴度对于等离子弧的稳定性及焊缝形成有重要的影响。电极偏心会造成等离子弧偏斜、焊缝成形不良以及容易形成双弧。电极的同轴度可根据电极与喷嘴之间的高频火花分布情况进行检测［图4-16（b）］，焊接时一般要求高频火花布满圆周的75%～80%。

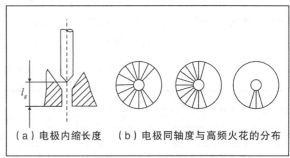

图4-15 电极的端部形状

（a）尖锥形 （b）圆台形 （c）圆台尖锥形 （d）锥球形 （e）球形

（5）气路和水路系统

气路系统如图4-17所示。手工等离子弧焊气路比氩弧焊多一条输送离子气流的气路。水路系统与氩弧焊相似。冷却水由焊枪下部通入，再由焊枪上部流出，以保证对焊嘴和钨极的冷却作用。一般进水压力不小于0.2 MPa。

（a）电极内缩长度 （b）电极同轴度与高频火花的分布

图4-16 电极的内缩长度和同轴度

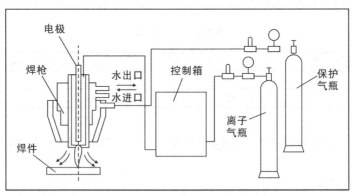

图4-17 等离子弧焊气路系统

（6）典型的等离子弧焊机

大电流等离子弧焊机的型号及技术数据见表4-4。微束等离子弧焊机的型号及技术数据见表4-5。

表4-4 大电流等离子弧焊机的型号及技术数据

焊机名称	自动等离子弧焊机	手工交流等离子弧焊机	自动等离子弧焊接切割机
电源电压（V）	380	380	380
相数	3	1	3
电源频率（Hz）	50	50	50
电源信号	–	BX1-160	ZX-315
额定负载持续率（%）	–	60	60
空载电压（V）	100	150、110、80	70
额定焊接电流（A）	100	160	315
电流调节范围（A）	10～100	15～200	40～360
维弧空载电压（V）	140	–	–
维弧电流（A）	3	–	–
提前送气时间（s）	35	0.2～10	–
滞后停气时间（s）	5	2～15	–
冷却水大耗量（L/h）	60	180	240
离子气（Ar）耗量（L/h）	0	10～800	–
保护气（Ar）耗量（L/h）	100～1000	100～800	–
控制器外形尺寸 A（mm）× B（mm）× C（mm）	720×510×1160	500×700×900	700×480×1610
控制器质量（kg）	250	75	–

表4-5 微束等离子弧焊机的型号及技术数据

焊机名称	自动等离子弧焊机	手工交流等离子弧焊机	自动等离子弧焊接切割机
电源电压（V）	220	220	220
频率（Hz）	–	50	50～60
空载电压（V）	60	120	80（主弧）
额定焊接电流（A）	16	16	16
焊接电流调节范围（A）	16	16	16
额定负载持续率（%）	60	–	60
维弧电流（A）	0.4～16	0.1～20	0.4～16
电流调节范围	≥80	100	–
冷却水耗量（L/min）	–	3	–
离子气（Ar）耗量（L/h）	–	0.5	–
提前送气时间（s）	–	60	–
保护气（Ar）耗量（L/h）	–	600	–
脉冲频率调节范围（Hz）	–	–	1～20
脉冲占空比调节	–	–	0.25～0.75
控制器外形尺寸 A（mm）× B（mm）× C（mm）	670×450×560	560×330×1020	570×280×440
控制器质量（kg）	85	–	33

三、任务实施

1. 等离子弧焊接工艺选择

等离子弧焊焊接工艺主要包括接头形式、焊件装配与夹紧、焊接气体的选择和焊接工艺参数的选择。

（1）接头形式

等离子弧焊的通用接头形式有：I形、单面V形及U形、双面V形及U形坡口。除对接接头外，等离子弧焊也适用于焊接角焊缝及T形接头。

厚度大于1.6 mm，但小于表4-6中厚度值的焊件，可采用I形坡口，使用小孔法单面一次焊成。对于厚度较大的厚件，可采用大钝边、小角度坡口对接形式。第一道焊缝采用穿透法焊接，填充焊道采用熔透法完成。

当焊件厚度为0.05～1.6 mm时，通常采用熔透法焊接，其接头形式如图4-18所示。

表4-6 各种材料一次焊透的厚度

材料	不锈钢	钛及钛合金	镍及镍合金	低合金钢	低碳钢
焊接厚度范围（mm）	≤8	≤12	≤6	≤7	≤8

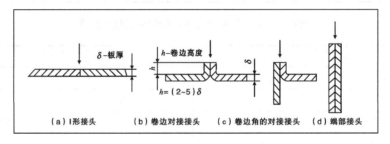

图4-18 等离子弧焊的薄板接头形式

（2）焊件装配与夹紧

小电流等离子弧焊的引弧处坡口边缘必须紧密接触，间隙不应超过金属厚度的10%，难以达到此项要求时，必须添加填充金属。对于厚度小于0.8 mm的薄板，焊接接头的装配、夹紧要求如表4-7、图4-19、图4-20所示。

表4-7 厚度小于0.8mm的薄板对接接头装配要求

焊缝形式	间隙b（最大）	错边E（最大）	压板间距C		垫板凹槽宽B	
			（最小）	（最大）	（最小）	（最大）
I形坡口焊缝	0.2δ	0.4δ	10δ	20δ	4δ	16δ
卷边焊缝	0.6δ	δ	15δ	30δ	4δ	16δ

（3）焊接气体的选择

进行等离子弧焊时，必须向焊枪压缩喷嘴输送等离子气，向焊枪保护气罩输送保护气体，以保护焊接熔池及近缝区金属。

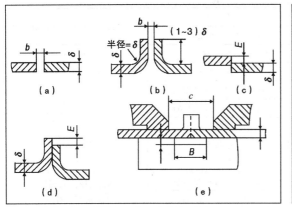

图4-19　厚度小于0.8mm的薄板对接
接头装配要求（一）

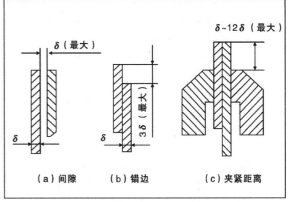

图4-20　厚度小于0.8mm的薄板对接
接头装配要求（二）

焊接中通常选用Ar作为离子气，它适用于所有金属。为了增加输入给焊件的热量，提高焊接生产率及接头质量，可在Ar中分别加入H_2、He等气体。例如，焊接不锈钢或镍合金时，可在Ar中加入体积分数为5%～7.5%的H_2；焊接钛及钛合金时，可在Ar中加入体积分数为50%～75%的He；焊接铜可以采用体积分数为100%的He或100%的N_2。

大电流等离子弧焊用气体选择见表4-8，其离子气和保护气体成分相同。如果不同，将影响等离子弧的稳定性。

小电流等离子弧焊用气体选择见表4-9。这种工艺采用Ar作为离子气，使非转移弧容易引燃及稳定燃烧。保护气的成分可以和离子气相同，也可以不同。

表4-8　大电流等离子弧焊用气体选择

金属	厚度（mm）	焊接方法	
		穿透法	熔透法
碳素钢（铝镇静）	<3.2	Ar	Ar
	>3.2	Ar	75%He+25% Ar
低合金钢	<3.2	Ar	Ar
低合金钢	>3.2	Ar	75%He+25% Ar
不锈钢	<3.2	Ar，92.5%Ar+7.5%H_2	Ar
	>3.2	Ar，95%Ar+5%H_2	75%He+25% Ar
铜	<2.4	Ar	75%He+25% Ar,He
	>2.4	不推荐	He
镍合金	<3.2	Ar，92.5%Ar+7.5%H_2	Ar
	>3.2	Ar，95%Ar+5%H_2	75%He+25% Ar
活性金属	<6.4	Ar	Ar
	>6.4	Ar+He（50%～75% He）	75%He+25% Ar

表4-9　小电流等离子弧焊用气体选择

金属	厚度（mm）	焊接方法	
		穿透法	熔透法
铝	<1.6	不推荐	Ar，He
	>1.6	He	
碳素钢（铝镇静）	<1.6	不推荐	Ar，75%He+25%Ar
	>1.6	Ar，75%He+25%Ar	
低合金钢	<1.6	不推荐	Ar，He，Ar+H$_2$（1%～5%H$_2$）
	>1.6	75%He+25%Ar	
不锈钢	所有厚度	Ar+H$_2$（1%～5%H$_2$）	Ar，He，Ar+H$_2$（1%～5%H$_2$）
		Ar，75%He+25%Ar	
		Ar+H$_2$（1%～5%H$_2$）	
铜	<1.6	不推荐	75%He+25%Ar
	>1.6	He，He	He
镍合金	所有厚度	Ar，75%He+25%Ar	Ar，He，Ar+H$_2$（1%～5%H$_2$）
		Ar+H$_2$（1%～5%H$_2$）	
活性金属	<1.6	Ar，75%He+25%Ar，He	Ar
	>1.6	Ar，75%He+25%Ar，He	Ar，75%He+25%Ar

（4）焊接工艺参数的选择

等离子弧焊接质量的影响因素很多，除工艺参数外，还与焊件材料性质、焊枪结构的合理性、枪体的加工精度等都有直接关系。如喷嘴对电极的同心度不能保证小于0.05 mm，则电弧不稳定，焊缝极易产生咬边等缺陷。下面专门讨论工艺参数对焊缝成形的影响。

等离子弧焊的工艺参数很多，其中重要的有焊接电流（$I_焊$）、焊接速度（$V_焊$）和离子气流量（$Q_离$）。另外，还有喷嘴孔径（d_c）、电极内缩长度（L_y）、喷嘴端面到焊件的距离（H）及保护气流量（$Q_保$）、孔道长度（L_c），如图4-21所示。下面就$I_焊$、$V_焊$、$Q_离$三个重要参数加以阐述。

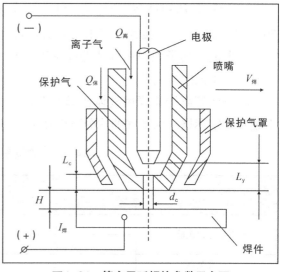

图4-21　等离子弧焊接参数示意图

① 焊接电流（$I_焊$）

$I_焊$增加，等离子弧穿透力强。$I_焊$据板材厚度或熔透要求来确定。$I_焊$过小，不能形成小孔；$I_焊$过大，则小孔直径过大，造成熔池金属坠落。

② 焊接速度（$V_焊$）

当其他等离子弧焊工艺参数不变的情况下，$V_焊$增加，小孔直径随之减小，甚至消失。反之，$V_焊$过低，造成焊件金属过热，背面焊缝金属下陷或熔池泄漏。$V_焊$的确定与$I_焊$有关。为了获得稳定的小孔效应和平滑焊缝的成形，当$Q_{离}$一定时，必须保证在$V_{焊}$提高的同时，提高$I_{焊}$；当$V_{焊}$一定时，在$Q_{离}$增加的同时降低$I_{焊}$。

③ 离子气流量（$Q_{离}$）

$Q_{离}$增加，则等离子流力和熔透能力增大。在其他条件不变的情况下，为了形成稳定的小孔效应，必须保证有足够的离子气流量。当喷嘴孔径确定后，$Q_{离}$随$I_{焊}$、$V_{焊}$而定。

小孔型等离子弧焊接和熔透型等离子弧焊接工艺参数见表4-10和表4-11。

表4-10　小孔型等离子弧焊接工艺参数

材料类型	厚度（mm）	接头及坡口形式	$I_{焊}$（直流正接）（A）	电弧电压（V）	$V_{焊}$（cm/min）	气体成分	气体流量（L/min）		备注
							$Q_{离}$	$Q_{保}$	
碳钢	3.2	I形对接	185	28	30	Ar	6.1	28	碳钢
不锈钢（焊缝反面采用保护气体）	3.2	I形对接	115	30	61	95%Ar+5%H$_2$	2.8	21	H=1.2mm（其他金属H=4.8mm）
	4.8	I形对接	165	36	41		6.1	21	
	9.5（根据焊缝加填充金属）	60°V形钝边高4.8mm	220	40	15		11.8	83	

表4-11　熔透型等离子弧焊接工艺参数

材料类型	板厚度	焊接电流（A）	电弧电压（V）	焊接速度（cm/min）	离子气流量（L/min）	保护气流量（L/min）	喷嘴直径（mm）	备注
不锈钢	0.025	0.3	–	12.7	0.2	8（95%Ar+5%H$_2$）	0.75	卷边
	0.25	5	30	30	0.5	7Ar	0.6	卷边
	0.2	4.3	25	–	0.4	5Ar	0.8	对接（反面垫铜）
	1.0	2.7	25	27.5	0.6	6Ar	1.2	手工对接
	3.2	100	–	25.4	0.7	12（95%Ar+5%H$_2$）	2.2	手工对接
钛	0.2	5	–	15.0	0.2	8（Ar）	0.75	手工对接
紫铜	0.075	10	–	15.0	0.28	9.5（95%Ar+75%He）	0.75	手工对接

2. 等离子弧焊接方法

（1）基本方法

等离子弧焊的基本方法主要包括穿透型等离子弧焊、熔透型等离子弧焊和微束等离子弧焊三种。

① 穿透型等离子弧焊

电弧在熔池前穿透形成小孔，随着热源移动在小孔后形成焊道的焊接方法称为穿透型等离子弧焊。由于等离子弧的能量密度大、等离子流力大的特点，将焊件熔透并产生一个贯穿焊件的小孔（图4-22）。被熔化的金属在电弧吹力、表面张力及金属重力相互作用下保持平衡。焊枪前进时，小孔在电弧后方锁闭，形成完全熔透的焊缝。

小孔效应只有在足够的能量密度条件下才能形成。当板厚度增大时所需的能量密度也要增加，然而等离子弧能量密度的提高受到一定限制，所以穿透型等离子弧焊只能在一定板厚度范围内实现。表4-6列出了各种材料一次焊透的厚度。

② 熔透型等离子弧焊

熔透型等离子弧焊，即在焊接过程中熔透焊件的焊接方法，简称熔透法。这种焊接方法在焊接过程中只熔透焊件而不产生小孔效应。当离子气流量较小、弧柱压缩程度较弱时，等离子弧的穿透能力也较低。这种方法多用于板厚度小于3 mm的薄板单面焊双面成形以及厚板的多层焊。

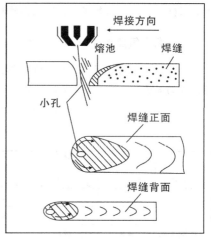

图4-22 穿透型等离子弧焊

③ 微束等离子弧焊

利用小电流（通常在30 A以下）进行焊接的等离子弧焊，通常称为微束等离子弧焊（图4-23）。它采用 $\phi 0.6\sim1.2$ mm的小孔径压缩喷嘴及联合型弧。微束等离子弧又称针状等离子弧，当焊接电流小于1A时，仍有较好的稳定性，其特点是能够焊接细丝及箔材。焊件变形量及热影响区的范围都比较小。

（2）双弧现象

在采用转移弧焊接时，有时除了在钨极和焊件之间燃烧的等离子弧外，还会产生在钨极-喷嘴-焊件之间燃烧的串列电弧，这种现象称为双弧，如图4-24所示。双弧现象使主弧电流降低，正常的焊接或切割过程被破坏，严重时会导致喷嘴烧毁。

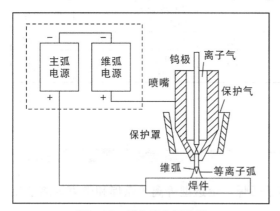

图4-23 微束等离子弧焊

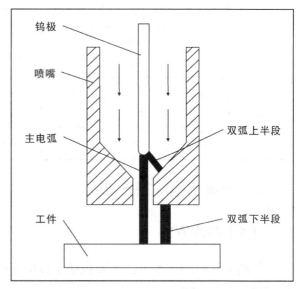

图4-24 双弧现象

防止产生双弧的措施有：

① 正确选择电流及离子气流量。

② 减小转弧时的冲击电流。

③ 喷嘴孔道不要太长。

④ 电极和喷嘴尽可能对中。

⑤ 喷嘴至焊件的距离不要太近。

⑥ 电极内缩量不要太小。

⑦ 加强对喷嘴和电极的冷却。

（3）常用金属的等离子弧焊焊接参数

碳素钢和低合金钢、不锈钢、钛合金、铜和黄铜等常用金属材料穿透型等离子弧焊的焊接参数见表4-12。熔透型等离子弧焊的焊接参数见表4-13。薄板端接接头等离子弧焊的焊接参数见表4-14。中、小电流（0.2～100 A）熔透型等离子弧焊通常采用联合型弧。由于维弧（非转移弧）的存在，使得主弧在很小的电流下（<1A）稳定燃烧。维弧电流一般选用2～5A，因为维弧的阳极斑点位于喷嘴孔壁上，所以维弧电流过大容易烧坏喷嘴。

表4-12　穿透型等离子弧焊的焊接参数

材料	厚度（mm）	接头形式及坡口形式	电流（直流正接）（A）	电弧电压（V）	焊接速度（cm/min）	气体成分（体积分数）	气体流量（L/min）		备注
							离子气	保护气	
碳素钢和低合金钢	3.1（1010）	I形对接	185	28	30	Ar	6.1	28	
	4.2（4130）		200	29	25		5.7	28	
	6.4（D6AC）		275	33	36		7.1	28	
不锈钢	2.4		115	30	61	95%Ar+5%H$_2$	2.8	17	小孔技术
	3.2		145	32	76		4.7	17	
	4.8		165	36	41		6.1	21	
	6.4		240	38	36		8.5	24	
	9.5　根部焊道	V形坡口	230	36	23		5.7	21	
	填充焊道	–	220	40	18	He	11.8	83	填充丝
钛合金	3.2	I形对接	185	21	51	Ar	3.8	28	小孔技术
	4.8		175	25	33		3.5	28	
	9.9		225	38	25	75%He+50%Ar	15.0	28	
	12.7		270	36	25	50%He+50%Ar	12.7	28	
	15.1	V形坡口	250	39	18		14.2	28	
铜和黄铜	2.4	I形对接	180	28	23	Ar	4.7	28	
	3.2		300	33	25	HE	3.8	25	一般熔化技术
	6.4		670	46	51		2.4	28	一般熔化技术
	2.0（Cu70-ZN30）		140	25	51		3.8	28	小孔技术
	3.0（Cu70-ZN30）		200	27	41		4.7	28	

表4-13　熔透型等离子弧焊的焊接参数

材料	板厚度 (mm)	焊接电流 (A)	电弧电压 (V)	焊接速度 (cm/min)	离子气Ar (L/min)	保护气（体积分 数）(L/min)①	喷嘴直径 (mm)	备注
不锈钢	0.025	0.3	–	12.7	0.2	8（Ar+1%H₂）	0.75	卷边焊
	0.075	1.6	–	15.2	0.2	8（Ar+1%H₂）	0.75	
	0.125	1.6	–	37.5	0.28	7（Ar+1%H₂）	0.75	
	0.175	3.2	–	77.5	0.28	9.5 （Ar+1%H₂）	0.75	
	0.25	5	30	32.0	0.5	7Ar	0.6	对接焊（背 后有铜垫）
	0.2	4.3	25	–	0.4	5Ar	0.8	
	0.2	4	26	–	0.4	6Ar	0.8	
	0.1	3.3	24	37.0	0.15	4Ar	0.6	
	0.25	6.5	24	27.0~27.5	0.6	6Ar	0.8	
	1.0	8.7	25	20.0	0.6	11Ar	1.2	
	0.25	6	–	12.5	0.28	9.5（1%H₂+Ar）	0.75	
	0.75	10	–	15.0	0.28	9.5（1%H₂+Ar）	0.75	
	1.2	13	–	25.4	0.42	7（Ar+8%H₂）	0.8	
	1.6	46	–	20.0	0.47	12（Ar+5%H₂）	1.6	手工对接
	2.4	90	–	25.4	0.7	12（Ar+5%H₂）	2.2	
	3.2	100	–	30.0	0.7	12（Ar+5%H₂）	2.2	
镍合金	0.15	5	22	15.0~20.0	0.4	5Ar	0.6	对接焊
	0.56	4~6	–	15.0~20	0.28	7（Ar+8%H₂）	0.8	
	0.71	5~7	–	12.5~17.5	0.28	7（Ar+8%H₂）	0.8	
	0.91	6~8	–	12.5~17.5	0.33	7（Ar+8%H₂）	0.8	
	1.2	10~12	–	15.0	0.38	7（Ar+8%H₂）	0.8	
钛	0.75	3	–	15.0	0.2	8Ar	0.75	手工对接
	0.2	5	–	12.5	0.2	8Ar	0.75	
	0.37	8	–	25.0~25.0	0.2	8Ar	0.75	
	0.55	12	–	20.0	0.2	8（Ar+8%H₂）	0.75	
哈斯特洛依合金	0.125	4.8	–	25.0	0.28	8Ar	0.75	对接焊
	0.25	5.8	–	50.0	0.28	8Ar	0.75	
	0.5	10	–	–	0.28	8Ar	0.75	
	0.4	13	–	–	0.66	4.2Ar	0.9	
不锈钢丝	φ0.75	1.7	–	–	0.28	7（Ar+15%H₂）	0.75	搭接时间1s
	φ0.75	0.9	–	–	0.28	7（Ar+15%H₂）	0.75	焊接时间 0.6s
镍丝	φ0.12	0.1	–	–	0.28	7Ar	0.75	接搭热电偶
	φ0.37	1.1	–	焊一点为 0.2s	0.28	7Ar	0.75	
	φ0.37	1.0	–	12.5	0.28	7（Ar+2%H₂）	0.75	
钽丝与 镍丝	φ0.5	2.5	–	15.0	0.2	9.5Ar	0.75	点焊
纯铜	0.025	0.3	–	–	0.28	9.5 （Ar+0.5%H₂）	0.75	卷边
	0.075	10	–	–	0.28	9.5 （Ar+75%H₂）	0.75	对接

注：① 是主要气体加其他气体。

表4-14 薄板端接接头等离子弧焊的焊接参数

材料	板厚度 （mm）	电流 （直流正接）（A）	焊接速度 （cm/min）	保护气体 （体积分数）
不锈钢	0.03	0.3	12	99%Ar+1%H$_2$
	0.13	1.6	36	99%Ar+1%H$_2$
	0.25	4.0	12	99%Ar+1%H$_2$
钛	0.08	1.6	12	Ar
	0.20	3.0	12	Ar
Ni21%Cr-19%Fe	0.13	1.5	24	99%Ar+1%H$_2$
	0.25	3.0	8	Ar
	0.51	6.5	18	Ar
Fe-18%Ni-18%Co	0.26	9.0	51	95%Ar+1%H$_2$

（4）等离子弧焊的基本操作

① 操作要点

要熟悉等离子弧焊的基本步骤，正确使用等离子弧焊机，要掌握等离子弧焊的引弧、收弧方法及熔透型等离子弧焊操作的基本技能。

② 焊前准备

设备：LH-30等离子弧焊机、氩气瓶、QD-1型单级反作用式减压表，LZB型转子流量计两个。

等离子弧焊枪。

铈钨极：直径1.0 mm。

焊件：不锈钢板长×宽×厚为200 mm×100 mm×1.0 mm。

不锈钢焊丝：直径1.0 mm。

保护用品：面罩、工作服、胶鞋、绝缘手套等。

铜垫板。

③ 操作准备

● 平敷焊

• 焊前检查

检查焊机气路、水路、电路系统接头位置是否正确、固定是否牢靠。

检查电极和喷嘴的同心度。接通高频振荡回路，让高频火花加于电极和喷嘴之间，若高频火花呈圆周状均匀分布，则同心度最佳；对于等离子弧焊来说，火花布满圆周80%以上，认为同心度合格。

将焊件上的油污清洗干净。

选择焊接工艺参数，见表4-15。

表4-15 熔透型等离子弧焊焊接工艺参数

焊接电流 （A）	电弧电压 （V）	焊接速度 （cm/min）	离子气Ar流量 （L/min）	保护气Ar流量 （L/min）	喷嘴直径 （mm）
2.6～2.8	25	27.5	0.6	11	1.2

· 引弧

打开气路、水路，合上电源闸刀开关，按操纵按钮，提前送气，接通高频振荡回路及电极与喷嘴的电源回路，非转移弧点燃；接着焊枪对准焊件，转移弧建立，主弧电流形成，可对焊件进行等离子弧施焊。此时维弧电路的高频电路自动断开，维弧电流消失。

另一种引弧方法是电极与喷嘴接触，即气路、水路、电路都进入开机状态后，按操纵按钮，维弧回路空载电压加上，调整电极向下，使其先与喷嘴短路，然后回抽向上，这样电极与喷嘴之间产生电弧，维弧建立。焊枪对准焊件，等离子弧建立，而维弧回路断开，起弧过程完成，进入等离子弧焊接过程。

采用熔透法焊接时，纵缝、环缝都在焊件上直接引弧。

对小孔型焊接电弧的引弧，板厚度小于3 mm的纵缝和环缝可直接在焊件上引弧。建立小孔的地方一般不会产生缺陷，但焊件厚度较大时，因等离子弧焊接电流较大，引弧处容易产生气孔、下凹等缺陷。对于纵缝可采用引弧板解决，先在引弧板上挖掘小孔，然后再过渡到焊件上去。但环缝必须在焊件上直接引弧，此时，要求电源和离子气流量都具有可控制性，即具有斜率递增控制手段，以完成在焊件上直接引弧的需要。

· 焊接

等离子弧焊接过程，无论手工与自动，其操作方法与氩弧焊相似。

· 收弧

采用熔透法焊接时，收弧可在焊件上进行，但要求离子气流量和焊接电流有衰减装置，焊接收弧时避免产生弧坑的缺陷。若衰减装置也不能满足收弧时的要求，允许适当加入与母材金属一致的焊丝熔化金属，以补足收弧弧坑。

采用小孔法焊接时，厚板纵缝采用引出板将小孔闭合在引出板上。而厚板环缝则与引弧时情况相似，在焊件上收弧，但采取斜率递减控制法，逐渐减小电流和离子气流量来闭合小孔。

● 平对接焊

· 接头形式

对低碳钢、低合金钢及不锈钢，焊件厚度大于1.6 mm且小于8 mm时，可不开坡口，采用小孔型单面焊一次成形；对于厚度较大的焊件，须开坡口对接焊。与钨极氩弧焊相比，应采用较大的钝边和较小的坡口角度（如10 mm厚度的焊件，钝边厚度为5 mm，坡口角度为60°）。

焊件厚度为0.05～1.6 mm，通常采用熔透型焊接，常用接头形式为I形、卷边对接接头、端接接头。

若焊件为不锈钢板，厚度为1.0 mm，则采用熔透型等离子弧焊接和I形对接接头，不留间隙对接焊，并控制根部间隙不超过板厚度的1/10，不出现错边。焊前将油污清理干净的焊件置于铜垫板上夹紧，如图4-25所示。

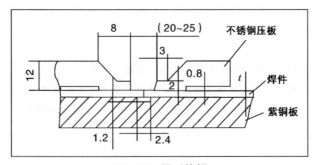

图4-25 平对接焊

焊接工艺参数，见表4-16。

表4-16　平对接焊焊接工艺参数

焊接电流（A）	电弧电压（V）	焊接速度 （cm/min）	离子气Ar流量 （L/min）	保护气Ar流量 （L/min）	喷嘴直径（mm）
2.6～2.8	25	27.5	0.6	11	1.2

· **焊接**

焊接时采取左焊法，焊枪与焊件夹角为80°左右，焊丝与焊枪的夹角为90°左右。焊枪始终对准焊件接口，并注意观察焊件的熔透情况，适时、有规律地添加焊丝。焊枪移动要平稳，速度要均匀，喷嘴与焊件距离保持在4～5 mm之间。当焊至焊缝末端时，适当添加焊丝，松开按钮，随电流衰减熄灭电弧。

[任务二　等离子弧切割]

● 一、任务分析

等离子弧切割是一种常用的金属和非金属材料切割的工艺方法。它利用高速、高温和高能的等离子气流来加热和熔化被切割材料，并借助内部的或者外部的高速气流或水流将熔化材料排开直至等离子气流束穿透背面而形成割口。等离子弧可以切割大部分金属材料（如不锈钢、铸铁、铝、镁、铜等）及部分非金属材料（如石块、耐火砖等）。

● 二、相关知识

等离子弧切割特点如下。

1. 应用范围广

与氧乙炔焰切割相比，等离子弧的切割过程不是依靠氧化反应而是靠熔化来切割材料，因而比氧乙炔切割的适用范围大得多，能够切割绝大部分金属和非金属材料。等离子弧除了可以切割碳钢及低合金钢外还可以切割氧乙炔焰不能切割的材料，如铝合金、不锈钢等。

2. 切割速度快，生产率高

它是目前采用的切割方法中切割速度最快的。

3. 切口质量好

此法产生的热影响区和变形都比较小，特别是切割不锈钢时能很快通过敏化温度区间，故不会降低切口处金属的耐蚀性能。切割淬火倾向较大的钢材时，虽然切口处金属的硬度也会升高，甚至会出现裂纹，但由于淬硬层的深度非常小，通过焊接过程可以消除，所以切割边可直接用于装配焊接。

● 三、任务实施

1. 等离子弧切割工艺参数的选择

等离子弧切割的主要工艺参数包括：工作气体的种类和流量、空载电压和工作（切割）电压、喷嘴孔径、电极内缩量、喷嘴与工件的距离（即喷嘴高度）、工作（切割）电流和切割速度等。

切割材料的类别及切割件的厚度是选择切割工艺参数的依据。如材料厚度大，就应选用较大的电弧功率和喷嘴孔径。厚度相同但材质不同的工件，其切割参数也不同。例如纯铜和不锈钢，纯铜熔点虽较不锈钢低，但其热导率是不锈钢的18倍，因此切割纯铜时，必须选用更大的电弧功率。

切割时，输入能量的大小主要取决于电弧功率及切割速度。电弧功率大，显然可以相应地提高切割速度，从而获得高生产率。电弧功率的提高，可以通过增加切割电流或工作电压来实现，但电流增加往往使电极、喷嘴的烧损加快，因此一般都希望通过提高电弧电压来提高电弧功率。但电弧电压也不是一个完全可以独立调节的参数，它也受其他参数的影响。通过下面分析，简要介绍各主要工艺参数的选定及对切割过程的影响。

（1）工作气体的种类和流量

工作气体种类对等离子弧切割过程的影响及选用已在等离子焊接中做了详述，此处不再赘述。

气体流量一般根据喷嘴孔径和材料的厚度确定。气体流量大，电弧的压缩程度增强，等离子弧的冲力也大，所能切割的厚度就大。但流量过大，会造成电弧不稳定，且冷气流过多地带走电弧的热量，反而使切割能力降低，切割口质量恶化。表4-17表明了氮气流量对切割质量的影响。

表4-17　氮气流量对切割质量的影响

序号	切割电流（A）	切割电压（V）	气体流量（L/h）	切口宽度（mm）	切口表面质量
1	240	84	2050	12.5	渣多
2	225	88	2000	8.5	有渣
3	225	88	2600	8.0	轻渣
4	230	90	2700	6.5	无渣
5	235	82	3300	10	有渣
6	230	84	3500	–	无渣

通常，某一种割炬在设计时已定好工作气体流量的大小，一般按规定值供给气体流量即可，不宜随意变动。当切割材料的厚度差别较大时，可适当做些调整。

（2）空载电压和切割电压

切割电压是切割过程中最主要的工艺参数之一，但它并不是一个独立的工艺参数，它除与电源空载电压大小有关外，还取决于工作气体种类和流量、喷嘴的结构、喷嘴与工件间的距离和切割速度等。这些参数确定后，切割电压也就自然地确定了。如气体流量增加、喷嘴与工件的距离加大，都会使切割电压相应升高。空载电压与使用的工作气体的电离度相关，根据预定使用的工作气体种类和切割厚度，在切割电源设计时已确定，但它会影响到切割电压。

一般来说，工作电压高，电弧功率增大，切割能力也就提高。国内在切割厚度大的不锈钢时，常采用提高切割电压，而不借助增大切割电流的方法。但电压高，特别是手工切割时，存在安全上的问题。

（3）喷嘴孔径

喷嘴孔径根据切割材料的厚度和工作气体的种类确定。当使用氩气或氩气与氢气混合气时，喷嘴孔径宜选用偏小值，而用氮气做工作气体时，则应选偏大值。小电流等离子弧切割，因所切割材料厚度范围小，通常割炬只配用一个孔径的喷嘴。

（4）电极内缩量

电极内缩量指电极端头至喷嘴内表面的距离 ΔL_y（图4-26）。由于 ΔL_y 不易测量，在已知喷嘴孔道长度的条件下，常用 L_y 表示。

电极内缩量是一个很重要的参数，它极大地影响电弧压缩效果及电极的烧损，因而极大地影响切割效果及切割的稳定性。内缩量越大，电弧的压缩效果越好，但太大，电弧稳定性就差，且易产生双弧而烧坏喷嘴。内缩量太小，电弧不能受到很好的压缩，电极也易烧损。如果电极端头伸进喷嘴孔，切割能力降低甚至无法实现切割。

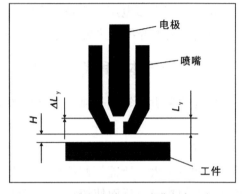

图4-26　电极内缩量和喷嘴高度示意图

电极端头的最佳位置应处于气流的射吸区，这种场合，端头处于相对真空状态，电极不易烧损，而且电弧也能受到良好的压缩。原则上，一般取8～11 mm为宜。

（5）喷嘴与工件的距离

喷嘴与工件的距离 H（图4-26）对切割效率和切口宽度有明显的影响。距离过大，电弧在空间穿过的时间过长，辐射热损耗加大，且弧柱扩散，切割速度必然降低，并且切口加宽。距离过小，虽能加快切割速度，但在大电流切割时易引起双弧。过小时还可能造成喷嘴与工件短路，通常在保证喷嘴与工件不短路的情况下，应尽量减小这一距离。对于一般厚度的工件，取6～8 mm为宜。当切割厚度更大的工件时，可增大到10～15 mm。割炬与切割工件表面应垂直。为了有利于排除熔渣，割炬也可以保持一定的后倾角度。

（6）切割电流

切割电流应根据喷嘴孔径大小而定，如图4-27（a）所示为切割电流与喷嘴孔径的关系。切割电流也可按下式选取：

$$I=（70～100）d$$

式中，I——切割电流（A）；

　　d——喷嘴孔径（mm）。

对已经确定的喷嘴而言，存在一个最有效的切割电流值，此时极限切割速度最大。若切割电流过大，切割速度反而下降，还易产生双弧。另外，选用切割电流时还须考虑工件的厚度和材质［图4-27（b）］。显然工件厚度大，电流也应增大，但喷嘴孔径也须相应增大。材质不同，如切割等厚的铜，因铜的热导率大，切割电流就应增加。

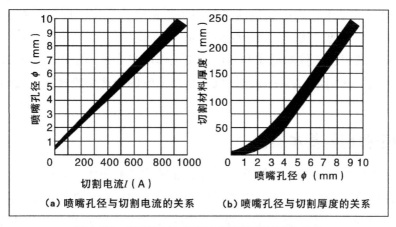

图4-27　喷嘴孔径与切割电流及切割厚度的关系

为了防止喷嘴严重烧损，对各种孔径的喷嘴都规定了允许使用的极限电流值，见表4-18。不同孔径喷嘴在切割时的适应工作电流见表4-19。

表4-18　防止喷嘴严重烧损的极限电流

喷嘴孔径（mm）	2.4	2.8	3.0	3.2	3.5	>4.6
许用最大工作电流（A）	200	250	300	340	360	>400

表4-19　不同孔径喷嘴在切割时的适应工作电流

喷嘴孔径（mm）	2.4	2.8	3.0	3.2	3.5	>4.6
许用最大工作电流（A）	135~160	185~215	210~245	240~280	290~340	275~440

（7）切割速度

切割速度不仅是反映切割生产率的一个重要指标，而且极大地影响切割质量。切割速度高，则切口区受热小、切口窄、热影响区小。但速度过高，切口下缘乃至切割面上会粘渣，甚至割不穿工件。切割速度过低，不仅切割效率降低，而且切口加宽、切割面倾斜度增大、切口底部粘渣形成熔瘤（图4-28），切割质量变差。表4-20列出了切割电流和电压基本相同的条件下切割速度对切割质量的影响。

图4-28　熔瘤

表4-20　切割速度对切割质量的影响

序号	切割电流（A）	切割电压（V）	切割速度（m/h）	切口宽度（mm）	切口表面质量
1	160	110	60	5.0	略有渣
2	150	115	80	4.0~5.0	无渣
3	160	110	104	3.4~4.0	光洁无渣
4	160	110	110	-	有渣
5	160	110	115	-	切不透

通常，以切口下缘无粘渣或少量挂渣时的切割速度为适宜，即使稍有后拖量也是允许的。另外，当手工切割薄金属时，由于受到手动速度的限制，切割速度一般只能达到1m/min左右。因此，要注意根据工件的材质和厚度选用工作电流合适的割炬，以获得良好的切割质量。如选用功率偏大的割炬，因手动速度低于该功率时的合适切割速度，反而会使切割质量变差。

2．等离子弧切割基本操作

等离子弧切割分为转移型和非转移型两种。非转移等离子弧切割的操作方法与氧乙炔气体火焰切割的操作方法相似。而转移等离子弧切割时，割炬和工件构成电回路，工件是等离子弧存在的不可缺少的一极，在切割过程中，如果割炬与工件距离过大（大于10mm），就可能发生断弧。

由于等离子弧割炬的结构较大，切割时可见性差，操作起来不太方便，因此其操作难度要比氧乙炔气割大。

（1）切割前的准备工作

① 钨极材料、直径、形状的确定

等离子弧切割过程中，如果钨极的烧损少，则切割过程稳定。通常采用钍的质量分数为1.5%～2.5%的WTh-15和WTh-30钍钨棒作为电极，其烧损量比纯钨电极小，电弧也较稳定。

等离子弧切割时，通常是根据工件厚度来选择切割电流，再根据切割电流来确定钨极直径。钍钨极的电流密度控制在20A/mm^{2}以内较合适。

若电流密度太高，钨极发热很大，烧损严重；若电流密度过小，电弧不稳定，影响切割质量。钍钨极直径与最大工作电流的关系见表4-21。

表4-21　钍钨极直径与最大工作电流的关系

钍钨极直径（mm）	4	5	6
最大工作电流（A）	250	360	550

钨极端部的形状影响电弧的稳定性。使用时，钨极端部磨成一定角度所产生的焰流比平面形状时稳定，如图4-29所示。

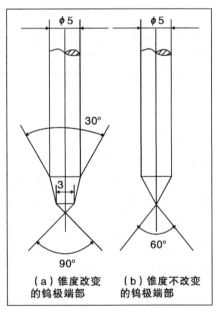

（a）锥度改变的钨极端部　（b）锥度不改变的钨极端部

图4-29　钨极端部的形状

② 电源极性的选择

为了使等离子弧能稳定燃烧并减少钨极烧损，等离子弧切割时均采用直流正接，即钨极接负极，工件接正极。

③ 调整钨极与喷嘴的同心度

钨极与喷嘴的同心度不良，会严重影响切割能力、切割质量和喷嘴寿命。为了保证在切割时钨极与喷嘴的同心度，在切割之前应进行细致的调节，然后再引燃电弧。检查同心度的方法是：观察高频振荡在钨极与喷嘴

间产生的电火花在喷嘴孔四周是否分布均匀。电火花布满喷嘴四周时，同心度最好。若电火花只占喷嘴圆周不足1/2，说明同心度不好，应调整好后再继续使用。

（2）起切点

切割前，应把切割工件表面的起切点清理干净，使之导电良好。对厚大工件或表面不清洁的工件最好用小电弧把起切点预热一下，然后再闭合大电流开关，使转弧顺利。

切割时应从工件边缘起切，等到工件边缘切穿后再移动割炬。如果被切工件不允许这样做，可先在被切工件上钻一个直径15 mm左右的小孔，作为切割的起切点，以避免在等离子弧的强大吹力下，熔渣四周飞溅，便于操作。尤其在严重的飞溅情况下，熔渣堵塞喷嘴，或堆积在喷嘴上与工件形成双弧，会使喷嘴烧坏。工件厚度不大时，也可不预先钻孔，切割时将割炬在切缝垂直平面内后倾一个角度，或将割件放在倾斜或垂直的位置，使熔渣容易排开，直至切割时再恢复正常的切割姿势和位置。

（3）切割速度

切割过程开始后，割炬移动的快慢对切割质量有很大的影响。速度过大和过小都得不到质量满意的切口，割炬移动过快，在切口前端有熔融金属上翻的现象，不能切透；移动过慢，除了切口宽而不齐、热影响区加大外，往往还因工件已经切透，把电弧拉得过长而熄灭，使切割过程中断。在保证切透的前提下，割炬移动速度应尽量大一些。此外，由小电弧转为切割电弧时的移动速度尤为重要，因为一方面转弧过程本身对电弧连续燃烧不利；另一方面刚起弧时工件是冷的，对维持电弧燃烧也很不利，因此转弧前应利用小电弧在起切点稍稍停顿一下，待电弧已经稳定燃烧并开始切透时，立即向前移动。

（4）割炬的角度

在整个切割过程中，割炬应与切口平面保持垂直，否则切口发生偏斜，切口不光洁，会在切口底面造成熔瘤。为了提高切割速度进而提高生产率，通常可将割炬在切口所在平面内向与切割方向相反的方向倾斜一个角度（0°～45°），如图4-30所示。当切割厚板、采用大功率时，后倾角应小些；切割薄板、采用小功率时，后倾角应大些。

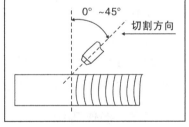

图4-30　割炬的角度

（5）大厚度工件切割的特点

大厚度工件切割有以下几个特点。

① 大厚度工件的散热能力强，热量耗损增加，所以要求等离子弧有较大的功率，所用喷嘴孔径和钨极直径均应相应增大。

② 等离子弧应具有较大的吹力，弧柱应拉得较长。其主要方法是调节气体流量，使等离子弧白亮的部分长而挺直有力。

③ 切割厚的工件时，电弧的不稳定性增加，因此必须采用较大的气体流量和空载电压较高的电源。专用等离子弧切割电源的空载电压达400 V，可满足切割厚工件的要求。采用直流

弧焊机串联时，常需要3台以上的焊机进行串联。

④ 切割厚的工件时，等离子弧的功率较大，由小弧转为切割弧时，电流突变，往往会引起电弧中断和喷嘴烧坏的现象。对此，可以采取分级转弧的办法，在切割回路中串入限流电阻（约0.4Ω），降低转弧时的电流值，然后再把电阻短路掉，使等离子弧转入正常切割规范，其电路图如图4-31所示。

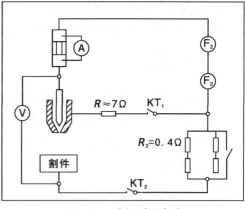

图4-31　分级引弧电路

（6）操作练习

练习件采用不锈钢板，长×宽×厚为500 mm×200 mm×12 mm。

按前述切割要点对练习用割件表面仔细进行清理，并沿500 mm方向每隔25 mm划一割线，沿线打上样冲眼。切割时具体参数可参考如下：

电极直径	5.5 mm
电极尖端到喷嘴孔外端面距离	10 mm
喷嘴口到割件表面距离	8 mm
切割用气体	工业纯氮气，纯度为99.9%
引弧用气流	0.4 m³/h
切割用气流	3m³/h
非转移弧电流	30～50 A
工作电压	100～120 V
喷嘴孔径	3.5 mm
切割电流	300 A
切割电压	130 V
切割速度	120 m/h

操作时要反复练习起割和正常等离子弧切割。通过练习，达到起割准确，并且由非转移弧过渡到转移弧要稳，不产生熄弧，没有未割透和熔瘤，割缝沿线平直，割口表面光洁。

（7）操作实例

法兰的外径为219 mm，内径为60 mm，厚度为20 mm。切割机型号为LG-400 -1，工作台采用多柱式支架，如图4-32所示，以防止切割时将支架割断，避免工件切割到最后时由于被切下部分的重力作用，使工件下垂而发生错口。

① 切割方法

切割方法为手工切割。

② 切割工艺参数

切割电流为320 A，切割电压为160 V，气体流量为2400 L/h，切割速度为25～30 m/h，铈钨棒直径为

5.8 mm，喷嘴孔径为5.0 mm，喷嘴与工件的距离为8～10 mm。

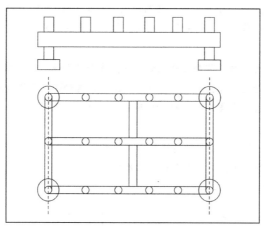

图4-32　多柱式支架

③ 操作步骤

● 将LG-400-1型等离子弧切割机安装好，由于采用手工切割，故把连接小车的控制电缆多芯插头"Z"断开，将手动切割的控制电缆多芯插头"S"接通（图4-33中的虚线所示）。

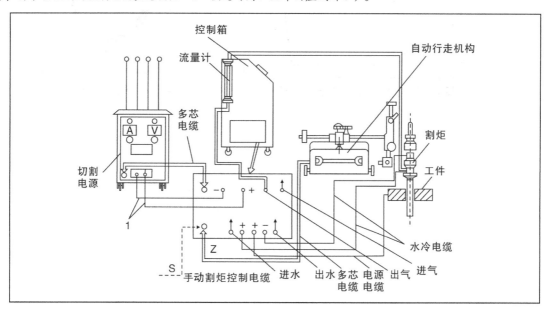

图4-33　LG-400-1型等离子弧切割机外部安装接线图

● 检查切割机安装接线无误，再进行水、电、气以及高频引弧等的检测。检测完毕即可准备切割。

按待切割零件的图纸设计工艺尺寸，在不锈钢板上先划好线，如图4-34所示。划线时要留出切口余量，余量按下列经验公式计算：

$$b=\frac{\delta}{5}+8$$

式中，b——切口宽度（mm）；

　　　δ——被切工件厚度（mm）。

在离法兰内圆切割线一定距离钻一个ϕ12 mm的孔，作为切割内圆的起弧孔。

将已划好线的钢板放在多柱式支架上，注意放平。

先切割法兰的内圆。接通电源，手持割炬，使割炬喷嘴距离工件8～10 mm，将割炬上的开关扳向前，这时电路被接通，切割机各部分动作程序与自动切割相同。起弧从起切点开始，由小电弧转到大电弧后进入正常切割。

若电弧引燃后因故不能进行切割，需要在电弧断开时，将手动割炬远离切割工件，将拨动开关从前面的位置上扳回来，随即推向前，然后再扳回，电弧即被切断。注意在这种断开引弧过程中，开关的拨动按钮第一次扳回后所停留的时间必须短，否则会烧坏割炬的喷嘴和水冷电阻。停止切割时，将拨动开关推向前，随后再扳回，即可停止切割。

可不必钻孔，而从离被切工件一定距离的边缘起切，如图4-35所示。

切割完毕，关掉电源开关和气源，关闭冷水和总电源开关。

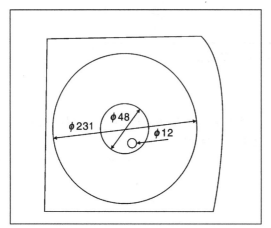

图4-34　法兰盘切割工艺尺寸设计

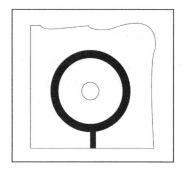

图4-35　切割法兰外圆示意图

项目五　气焊与气割

任务一　气焊

一、任务分析

气焊是利用可燃气体与助燃气体混合燃烧后，产生的高温火焰对金属材料进行熔化焊的一种方法。在汽车钣金作业中，气焊是最常用的方法之一。

二、相关知识

1. 气焊特点

（1）气焊原理

如图5-1所示，将乙炔和氧气在焊炬中混合均匀后，从焊嘴喷出燃烧火焰，将焊件和焊丝熔化，形成熔池，待冷却凝固后形成焊缝连接。

气焊所用的可燃气体很多，有乙炔、氢气、液化石油气、煤气等，而最常用的是乙炔气。乙炔气的气热量大，燃烧温度高，制造方便，使用安全，焊接时火焰对金属的影响最小，火焰温度高达3 100～3 300℃。氧气作为助燃气，其纯度越高，耗气越少。因此，气焊也称为氧乙炔焊。

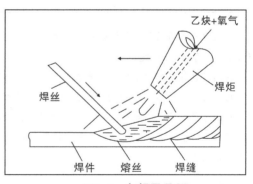

图5-1　气焊原理图

（2）气焊的特点及应用

① 火焰对熔池的压力及对焊件的热输入量调节方便，故熔池温度、焊缝形状和尺寸、焊缝背面成形等容易控制。

② 设备简单，移动方便，操作易掌握，但设备占用生产面积较大。

③ 焊炬尺寸小，使用灵活，但气焊热源温度较低，加热缓慢，生产率低，热量分散，热影响区大，焊件有较大的变形，接头质量不高。

④ 气焊适于各种位置的焊接，适于焊接3mm以下的低碳钢、高碳钢薄板、铸铁焊补以及

铜、铝等有色金属的焊接。在无电或电力不足的情况下，气焊则能发挥更大的作用，常用气焊火焰对工件、刀具进行淬火处理，对紫铜皮进行回火处理，并矫直金属材料和净化工件表面等。此外，由微型氧气瓶和微型溶解乙炔气瓶组成的手提式或肩背式气焊气割装置，在旷野、山顶、高空作业中应用是十分简便的。

2. 气焊设备

（1）氧气瓶

氧气瓶是存储和运输氧气的一种高压容器。瓶体用42Mn2低合金钢锭经反复挤压、扩孔、拉伸、收口等工序，制造成圆柱形容器，底部呈凹面形状，使气瓶直立时保持平稳；瓶体外部装有两个防振胶圈；瓶体上部的瓶口内有螺纹，用以旋装瓶阀。瓶口外部旋装瓶帽，保护瓶阀不受意外碰撞而损坏。氧气瓶的形状和构造如图5-2所示。

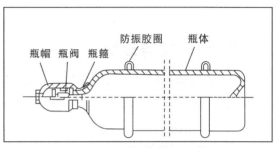

图5-2　氧气瓶的构造

氧气瓶外表涂天蓝色油漆，并用黑色漆写上"氧"字，氧气瓶的规格见表5-1。

表5-1　氧气瓶规格

瓶体表面漆色	工作压力/MPa	容积/L	瓶体外径/mm	瓶体高度/mm	质量/kg	水压试验压力/MPa	采用瓶阀
天蓝	15.0	33	219	1150±20	45±2	22.5	QF-2铜阀
		40		1370±20	55±2		
		44		1490±20	57±2		

工业中最常用的氧气瓶规格是：瓶体外径为219mm，瓶体高度为1 370mm，容积为40L。当瓶内灌入压力为15MPa时，存储6m³氧气。

我国对氧气瓶有严格的材质要求和质量制造标准，为保证安全，氧气瓶在出厂前都必须经水压试验。水压试验的压力是工作压力的1.5倍。试验合格后，在瓶的上部用钢印标明瓶号、工作压力、试验压力、下次试压日期、瓶的容量和质量、制造工厂、制造年月、检验员钢印、技术检验部门钢印等。氧气瓶经过三年使用期后，应进行水压试验。如果因腐蚀等原因，使质量减轻超过2kg，应进一步用无损检测或射线探伤测定其壁厚，确定其能否使用。

（2）乙炔气瓶

乙炔气瓶是一种存储和运输乙炔的压力容器，又称溶解乙炔气瓶。乙炔气瓶主要由瓶体、多孔性填料、丙酮、瓶阀、石棉、瓶座等组成，如图5-3所示。

乙炔气瓶内装有浸满丙酮的多孔性填料。使用时，溶解在丙酮内的乙炔就会分解出来，而丙酮仍留在瓶内。

目前，生产中最常用的乙炔气瓶规格是：工作压力为1.47MPa，设计压力为3MPa，水压试验压力为6MPa。瓶外径为250mm，容积为40L，充装丙酮量为13.2～14.3kg，充装乙炔量为6.2～7.4kg，体积

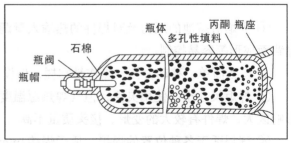

图5-3　乙炔气瓶的结构

为5.3～6.3m^3。

乙炔瓶的上部标明容积、质量、制造年月、最高工作压力和水压试验压力等。在使用期间，每三年进行一次技术检验。使用中的乙炔瓶，不再进行水压试验，只做气压试验。气压试验的压力为3.5MPa，所用的气体为纯度不低于97%的干燥氮气。试验时，把乙炔瓶浸入水槽中，静放5min后，如发现气瓶壁处渗漏，就应报废。乙炔瓶内若出现填料下沉现象，应更换填料。

乙炔瓶体由优质碳素钢或低合金钢板材轧制后焊接而成。乙炔瓶外部涂白色油漆，并用红色油漆写上"乙炔不可近火"字样。

图5-4　液化石油气钢瓶

（3）液化石油气钢瓶

液化石油气钢瓶如图5-4所示。

钢瓶的壳体采用气瓶专用钢焊接而成。根据钢瓶的大小，瓶体中间有一道或二道焊缝。

按用户用量及使用方式，气瓶容量分为15kg、20kg、30kg、50kg多种。一般民用大多为15kg，工业上目前常采用30kg。气瓶最大压力为1.6MPa，水压试验压力取3.2MPa。气瓶外表面涂银灰色油漆，并用红色漆写上"液化石油气"字样。

（4）瓶阀

● 氧气瓶阀的构造和故障排除

氧气瓶阀是控制氧气瓶内氧气进出的阀门。使用时，如将手轮逆时针方向旋转，则可开启瓶阀；顺时针方向旋转，则关闭瓶阀。目前国产氧气瓶阀有活瓣式和隔膜式两种。隔膜式密封性好，但易损坏，使用寿命短，所以主要采用活瓣式氧气瓶阀，其构造如图5-5所示。

氧气瓶阀由于长期使用，会发生漏气（可用肥皂水涂在瓶阀上检验）或阀杆空转等故障。这些故障在开启瓶阀时很容易被发现。瓶阀的常见故障及排除方法如下。

· 瓶阀漏气

如果发现瓶阀漏气，可在瓶内压力低于0.2MPa时，用扳手拧紧压紧螺母，若无效，可按顺时针方向旋转手轮，关紧瓶阀，然后卸掉手轮和压紧螺母，取出损坏的密封垫圈，随后安装上新的密封垫圈（图5-6），并用扳手将压紧螺母和手轮装好。

· 阀杆空转不出气

当发现阀杆空转，不能排气时，可将手轮卸掉，检查手轮的方套孔和阀杆的方棱是否磨成圆形。若磨损，应更换手轮或阀杆。如果空转不能排除，可待瓶内压力低于0.2MPa时，分别卸除手轮和压紧螺母、密封垫圈、阀杆，取出断裂的开关板，然后换上新的开关板，最后装好阀杆等件，如图5-7所示。

· 瓶阀内冻结

发现瓶阀内冻结时，应关闭阀门，用热水或水蒸气缓慢加热，使之解冻，严禁用火烘烤。

· 排除氧气瓶故障

在排除氧气瓶故障时，应特别注意，一定要在氧气阀门关闭后，才能进行修理或更换零件，以防止发生意外事故。

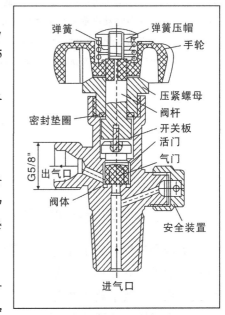

图5-5　活瓣式氧气瓶阀的构造

（图中标注：弹簧　弹簧压帽　手轮　压紧螺母　阀杆　开关板　活门　气门　安全装置　阀体　出气口　G5/8"　密封垫圈　进气口）

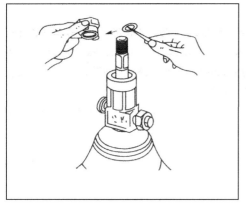

图5-6　更换密封垫圈

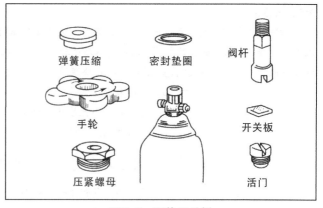

图5-7　更换开关板

● 乙炔瓶阀的构造与使用

乙炔瓶阀是控制乙炔气瓶内乙炔气进出的阀门。乙炔瓶阀主要由阀体、阀杆、压紧螺母、活门和过滤件等组成，如图5-8所示。乙炔瓶阀与氧气瓶阀不同，它没有旋转手轮，活门的开启和关闭均利用方孔套筒扳手转动阀杆上端方形头，使嵌有尼龙密封垫的活门向上（或向下）移动而实现。方孔套筒扳手逆时针方向旋转，活门向上移动，瓶阀开启；相反则关闭瓶阀。溶解在丙酮内的乙炔，不能从乙炔瓶中随意大量放出，一般每小时放出量不应超过瓶装容量的1/7。

由于乙炔气瓶的阀杆旁侧设有连接减压器的侧接头，因而，必须使用带有夹环的乙炔瓶专用减压器。

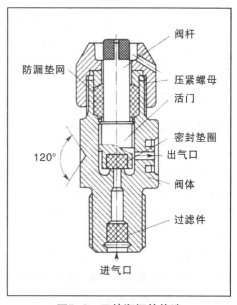

图5-8　乙炔瓶阀的构造

3. 焊炬

（1）焊炬的型号和作用

焊炬是气焊时用于控制气体混合比、流量和火焰并进行焊接的工具。按可燃气体与助燃气体混合的方式不同，可分为射吸式和等压式两种。目前，国内使用的焊炬多为射吸式。射吸式焊炬主要技术数据见表5-2。

射吸式焊炬的型号由汉语拼音字母与数字表示，例如：

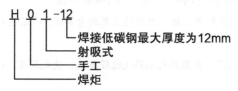

表5-2　射吸式焊炬主要技术数据

焊炬型号	H01-6					H01-12				
焊嘴号	1	2	3	4	5	1	2	3	4	5
焊嘴孔径/mm	0.9	1.0	1.1	1.2	1.3	1.4	1.6	1.8	2.0	2.2
氧气压力/MPa	0.2	0.25	0.3	0.35	0.4	0.4	0.45	0.5	0.6	0.7
乙炔压力/MPa	0.001~0.1					0.001~0.1				
氧气消耗量/(m³/h)	0.15	0.20	0.24	0.28	0.37	0.37	0.49	0.65	0.86	1.10
乙炔消耗量/(L/h)	170	240	280	330	430	430	580	780	1050	1210
焊接厚度/mm	1~2	2~3	3~4	4~5	5~6	6~7	7~8	8~9	9~10	10~12
焊嘴号	1	2	3	4	5	1		2		3
焊嘴孔径/mm	2.4	2.6	2.8	3.0	3.2	0.5		0.7		0.9
氧气压力/MPa	0.6	0.65	0.7	0.75	0.8	0.1		0.15		0.2
乙炔压力/MPa	0.001~0.1					0.001~0.1				
氧气消耗量/(m³/h)	1.25	1.45	1.65	1.95	2.25	0.016~0.018		0.045~0.05		0.10~0.12
乙炔消耗量/(L/h)	1500	1700	2000	2300	2600	20~22		55~65		110~130
焊接厚度/mm	10~12	12~14	14~16	16~18	18~20	0.2~0.4		0.4~0.7		0.7~1.0

（2）焊炬的构造和工作原理

现以H01-6型射吸式焊炬为例介绍，它主要由主体、乙炔调节阀、氧气调节阀、喷嘴、射吸管、混合气管、焊嘴、手柄、乙炔管接头和氧气管接头等部分组成，如图5-9所示。

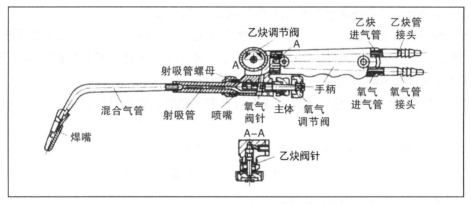

图5-9　H01-6型射吸式焊炬

H01-6型焊炬的主体由黄铜（HPb59-1）制成。在手柄下侧装有氧气调节阀、阀针和喷嘴，手柄前端装有乙炔调节阀及阀针。旋拧上述调节阀，可使阀针前后移动，从而控制氧气和乙炔的开放和关闭，同时也调节了流量，以便控制焊接火焰能率。喷嘴根据射吸式原理，将氧气和乙炔按一定比例混合，并以一定的流速从射吸管射出，然后进入混合气管，再从焊嘴喷出。每个焊炬都配有不同规格的5个焊嘴，在焊嘴上刻有不同数字1、2、3、4、5，数字小的焊嘴孔径小，数字大的孔径大，焊接时可根据材料、板厚度选用所需的焊嘴。

射吸式焊炬的工作原理是：当打开氧气调节阀，氧气立即从喷嘴快速射出，这样，在喷嘴的外围形成真空，即产生了负压和吸力。这时再打开乙炔调节阀，乙炔就会积聚在喷嘴的外围。由于氧气射流的负压作用，喷嘴外围的乙炔很快被氧气吸入射吸管，进入混合气管后再从喷嘴喷出。

H01-6型焊炬利用射吸作用，使高压（0.1～0.8MPa）氧与压力较低的乙炔，均匀地按一定比例（体积比约为1:1）混合，并以相当高的流速喷出。无论是低压乙炔，还是中压乙炔，都能保证焊炬的正常工作。

（3）射吸式焊炬的安全使用

射吸式焊炬应符合《射吸式焊炬》（JB/T 6969—1993）标准的要求。

① 使用前，必须检查其射吸情况。先将氧气橡胶管紧接在氧气接头上，使焊炬接通氧气。此时，先开启乙炔调节阀手轮，再开启氧气调节阀手轮，用手指按在乙炔接头上，如果手指感到有吸力，则表明射吸作用正常。如果没有吸力，甚至氧气从乙炔接头中倒流出来，则说明其没有射吸能力，必须进行修理。

② 焊炬的射吸检查正常后，再把乙炔橡胶管接在接头上。一般要求连接牢固，以不漏气并容易拔下为准。

③ 焊炬经检查合格后，才能点火。点火时应把氧气调节阀稍微打开，然后再打开乙炔调节阀。点火后应立即调整火焰，使火焰达到正常状态。如果调整不正常或有灭火现象，应检查是否存在漏气或管路阻塞，并进行修理。

点火时，也可以先打开乙炔调节阀，点燃乙炔并使其冒烟灰，此时立即打开氧气调节阀调节火焰。这种方法可避免点火时的鸣爆现象，并在送氧后一旦发生回火，可立即关闭氧气，防止回火爆炸。另外还能较容易地发现焊炬是否有阻塞。

④ 停止使用时，应先关闭乙炔调节阀，然后再关闭氧气调节阀，以防止火焰倒流。

在使用过程中，若发生回火，应迅速关闭乙炔调节阀，同时关闭氧气调节阀。等回火熄灭后，再打开氧气调节阀，吹除残留在焊炬内的烟灰。

⑤ 在使用过程中，如发现气体通道或阀门有漏气现象，应立即停止工作，待消除漏气后才能使用。

⑥ 焊炬的气体通道均不能沾染油脂，以防氧气遇到油而爆炸。

⑦ 焊炬停止使用后，应挂在适当场所或拆下焊炬放在工具箱中。

（4）焊炬常见故障及排除

① 出现"叭、叭"响声（放炮）和连续灭火现象

这是焊炬使用时间过长，乙炔中的杂质特别是氢氧化钙等，在射吸管内壁附着太厚所致。排除时，用比射吸管细的齐头钢丝刮除，尤其是在射吸管孔端部10mm范围内，更要清除干净。

② 射吸能力小，火焰较小

原因是氧气阀针积灰较厚或氧气阀针弯曲，射吸管孔与氧气调节阀孔不同轴。应清除积灰或修理、调直阀针。

③ 没有射吸能力，同时出现逆流现象

因射吸管孔处有杂质或焊嘴阻塞。应把橡胶管拿下来，用手指堵住焊嘴并开启氧气调节阀使氧气倒流，将

杂质从乙炔管接头吹出。必要时可把混合气管卸下，清除内部杂质。如果是焊嘴阻塞，可用通针及砂布清除飞溅物。

④ 点燃后火焰忽大忽小

因氧气阀针杆上的螺纹磨损，配合间隙过大，使阀针和针孔不同轴从而引起点燃后火焰忽大忽小，须更换阀针。

⑤ 乙炔接头处倒流

主要是因为与氧气阀针相吻合的喷嘴松动漏气，应拧紧。

⑥ 在焊接大型焊件或预热时出现连续灭火现象

原因是焊嘴和混合气管温度过高或焊嘴松动。应关闭乙炔使焊嘴冷却或拧紧焊嘴，也可用石棉绳在水中湿润后缠绕在焊嘴和混合气管处。

三、任务实施

1. 气焊工艺选择

（1）焊丝直径的选择

焊丝直径应根据焊件的厚度、坡口形式、焊缝位置、火焰能率等因素确定。焊丝直径常根据焊件厚度来初步选择，试焊后再调整确定，见表5-3。

表5-3 碳钢气焊时焊件与焊丝直径的关系

工件厚度/mm	1.0~2.0	2.0~3.0	3.0~5.0	5.0~10.0	10~15
焊丝直径/mm	1.0~2.0或不用焊丝	2.0~3.0	3.0~4.0	3.0~5.0	4.0~6.0

在火焰能率一定时，如果焊丝过细，则焊接过程中往往在焊件尚未熔化时，焊丝已经熔化下滴，这样，容易造成熔合不良和焊波高低不平、焊缝宽窄不一等缺陷。如果焊丝过粗，则熔化焊丝所需要的加热时间会延长，同时增大了对焊件的加热范围，使工件焊接热影响区增大，容易使组织过热，降低焊接接头质量。

多层焊时，第1~2层应选用细焊丝，以后各层可采用较粗焊丝。一般，平焊应比其他位置选用粗一号的焊丝，右向焊法比左向焊法选用的焊丝适当粗些。

（2）火焰性质和火焰能率的选择

① 火焰性质

气焊火焰的性质，对于焊接质量有很大影响。当混合气体内乙炔量大时，会引起焊缝金属渗碳，使焊缝硬度和脆性增加，同时还会产生气孔等缺陷；相反，气体内氧气量过多时，会引起焊缝金属的氧化而出现脆性，焊缝金属的强度和塑性降低。火焰的性质可参照表5-4进行选择。

表5-4 各种材料气焊火焰性质的选择

焊件金属	火焰性质	焊件金属	火焰性质	焊件金属	火焰性质
低、中碳钢	中性焰	青铜	中性焰	高碳钢	碳化焰
低合金钢	中性焰	不锈钢	中性焰或轻微碳化焰	硬质合金	碳化焰
纯铜	中性焰	黄铜	氧化焰	高速钢	碳化焰
铝及铝合金	中性焰或轻微碳化焰	锰钢	氧化焰	铸铁	碳化焰
铅、锡	中性焰	镀锌铁皮	氧化焰	镍	碳化焰

② 火焰能率的选择

火焰能率指单位时间内可燃气体的消耗量，单位为L/h。火焰能率的大小是由焊炬型号和喷嘴号码大小来决定的。焊嘴号码越大，火焰能率也越大。所以，火焰能率的选择实际上是确定焊炬型号和焊嘴号码。

火焰能率的大小主要取决于氧、乙炔混合气体中氧气与乙炔的压力和流量。流量的粗调通过更换焊炬型号和焊嘴号码来实现，流量的细调通过调节焊炬上的氧气调节阀和乙炔调节阀来实现。

火焰能率应根据焊件的厚度、母材的熔点和导热性及焊缝的空间位置来选择。如焊接较厚的焊件、熔点较高的金属，如导热性好的铜、铝及其合金时，就要选用较大的火焰能率，才能保证焊透。反之，在焊接薄板时，为防止焊件烧穿，火焰能率应适当减小。平焊缝比其他位置的焊缝选用较大的火焰能率。在实际生产中，在保证焊接质量的前提下，应尽量选择较大的火焰能率。

③ 焊嘴倾斜角的选择

焊嘴倾斜角是指焊嘴中心与焊件平面之间的夹角α，如图5-10所示。

焊嘴倾斜角的大小主要是根据焊嘴的大小、焊件的厚度、母材的熔点和导热性及焊缝空间位置等因素综合决定的。当焊嘴倾斜角大时，因热量散失少，焊件得到的热量多，所以，温度上升快；反之，热量散失多，焊件受热少，温度上升慢。一般低碳钢焊接时，焊嘴倾斜角与工件厚度的关系如图5-10所示。

焊嘴倾斜角度在气焊过程中，还应根据施焊情况进行变化。例如，在焊接开始时，为迅速形成熔池，采用焊嘴倾斜角为80°～90°；当焊接结束时，为更好地填满弧坑和避免烧穿，应将焊嘴适当提高，焊嘴倾斜角逐渐减小，并使焊嘴对准焊丝或熔池交替加热。

在气焊过程中，焊丝与焊件表面的倾斜角度一般为30°～40°，与焊嘴中心的角度为90°～100°，如图5-11所示。

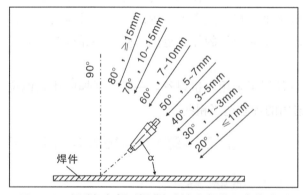

图5-10 低碳钢气焊时焊嘴倾斜角与焊件厚度的关系

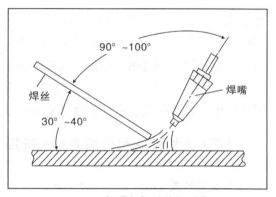

图5-11 焊嘴与焊丝的相对位置

④ 焊接速度的选择

在保证焊接质量的前提下，尽量提高焊接速度，以减少焊件的受热程度并提高生产率。一般，对于厚度大、熔点高的焊件，焊接速度要慢些；而对于厚度薄、熔点低的焊件，焊接速度要快些。

2. 气焊工艺过程

气焊的工艺过程包括焊前准备、确定焊接工艺参数（工艺规范）、定位焊、焊前预热、焊接方法、焊接顺序以及焊后热处理等。此外，还包括对焊缝的检验、试验及验收等。

（1）焊前准备

① 应根据被焊件的材质和批量，确定焊件坡口的清理方法。一般，批量小的焊件可采用机械清理，批量大的焊件应采用化学清理。

② 根据被焊工件的材质选择焊丝和气焊熔剂。

③ 根据设计要求对焊接接头进行坡口加工并进行组对。

（2）确定焊接工艺规范

① 根据被焊件的材质及厚度，正确选择气焊火焰性质、火焰能率、焊炬型号、焊嘴号码、氧气和乙炔气压力、焊丝牌号、焊丝直径、气焊熔剂牌号和焊接速度。

② 为固定焊接的相对位置和防止焊件变形，对组对好的焊件进行定位焊。在定位焊时，应确定定位焊的长度和间距以及定位焊的注意事项。

③ 对焊前需要预热的焊件，应明确预热的温度范围。

④ 在焊接过程中，应明确气焊的焊接方法（左焊法或右焊法）、焊接顺序和基本操作方法以及各种位置的操作要点。

⑤ 需要焊后热处理的焊件，应在焊接工艺规范中说明加热和保温的温度、方法、时间和冷却方式等。对焊后须做表面处理的焊件，应注明表面处理方法，包括油漆、电镀和氧化发黑等。

（3）定位焊

定位焊的作用是装配和固定焊件接头的位置。定位焊缝的长度和间距，视焊件的厚度和长度而定，焊件越薄，定位焊缝的长度和间距越小；反之，则应越大。焊件较薄时，定位焊可由焊件中间开始，向两头进行点焊，如图5-12（a）所示，定位焊缝的长度约为5～7mm，间隔为50～100mm。焊件较厚时，定位焊由两边开始，向中间进行，定位焊缝的长度为20～30mm，间隔为200～300mm，如图5-12（b）所示。

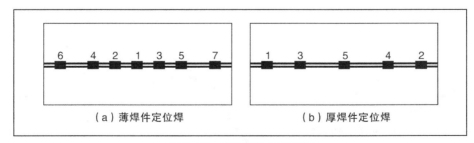

　　（a）薄焊件定位焊　　　　　　　（b）厚焊件定位焊

图5-12　焊件定位焊的顺序

定位焊点的横截面厚度由焊件板厚度来决定，并随厚度的增加而增大。定位焊点不宜过长，更不能过宽或过高，但要保证熔透，以免正式焊接时出现高低不平、宽窄不一和熔合不良等缺陷。定位焊缝的横截面形状如图5-13所示。

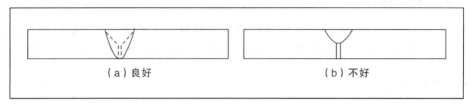

图5-13　定位焊缝的横截面形状

定位焊后，为了防止变形，并使焊缝背面焊透，可采用焊件预先反变形法，将焊件沿焊缝向下折成100°左右，然后用木槌将焊件的焊缝处校正平齐，如图5-14所示。

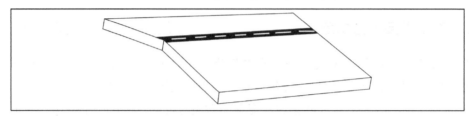

图5-14　焊件预先反变形法

（4）定位焊注意事项

① 气焊定位焊时，使用的焊接工艺规范和焊工操作技术的熟练程度，应与正式焊缝时的一样。

② 在定位焊时，容易产生未焊透现象，当发现定位焊缝有缺陷时，应及时除去缺陷，重新焊接。

③ 如果焊件需要预热，应加热到规定温度后进行定位焊。

④ 不能在焊缝交叉处和方向急剧变化处进行定位焊。

⑤ 为防止开裂，应尽量避免强行组装后进行定位焊。

3. 不同位置的气焊操作方法

（1）平焊

平焊是气焊最常用的一种焊接方法。平焊时，多采用左焊法，焊丝与焊炬和工件的相对位置如图5-15所示。

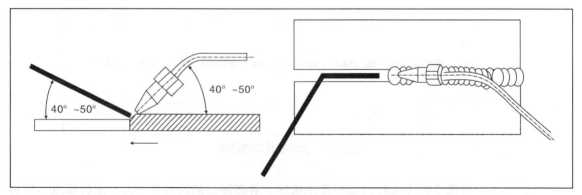

图5-15　平焊时焊丝与焊炬和工件的相对位置

焊接时，火焰焰芯的末端与焊件表面保持2～6mm的距离，焊丝位于焰芯前2～4mm。如果焊接过程中，焊丝被熔池边缘粘住，不要用力拔焊丝，可用火焰加热焊丝与焊件接触处，焊丝即可自然脱离。

开始焊接时，可从接缝的一端30mm处施焊，目的是使焊缝处于板内，传热面积大，基体金属熔化时，周围温度已升高，冷凝时不易产生裂纹。

在施焊过程中，火焰要始终笼罩熔池和焊丝的末端，以免熔化金属被氧化，施焊时应将焊件和焊丝同时熔化，使焊丝金属与焊件金属在液态下均匀地熔合成焊缝。由于焊丝比较容易熔化，所以火焰应较多地集中在焊件上，否则会产生未焊透现象。

焊接过程中焊炬和焊丝要做上、下往复相对运动。其目的是调节熔池的温度，使焊缝熔合良好，并控制液体金属的流动，使焊缝成形美观。

如果发现熔池金属被吹出，说明气体的流量过大，应立即调节火焰能率，使氧气和乙炔量同时减小；如发现焊缝过高，与基体金属熔合不良，说明火焰能率过低，应立即调节增加火焰能率，使氧气和乙炔量同时增大；如发现熔池不清晰、有气泡、火花飞溅严重，或熔池出现沸腾现象，应及时调节火焰至中性焰。

焊接时应始终保持熔池的大小一致。这可通过改变焊炬角度、高度和焊接速度来调节。如果发现熔池过小，焊丝不能与焊件很好地熔合，仅浮于焊件表面，表明热量不足，应增加焊嘴倾斜角，减慢焊接速度；如果发现熔池过大，金属不流动，说明焊件可能被烧穿，应加快焊速，减小焊嘴倾斜角；如果还是达不到要求，应提起火焰，让熔池降温至正常后再继续焊接。

焊接结束时，将焊炬缓慢提起，使熔池逐渐减小。为防止收尾时产生气孔、裂纹和凹坑，可在收尾时多填些焊丝。

（2）立焊

立焊的操作示意图如图5-16所示。立焊操作比平焊操作要困难一些。原因是熔池中的液态金属容易往下流，焊缝表面不容易形成均匀的焊波。为此，立焊一般采用自下而上的操作方法，操作时应注意以下几点。

① 采用火焰能率比平焊小一些的火焰进行焊接。与平焊相比，同样的板厚度，立焊时的火焰能率比平焊时小5%。

② 应严格控制熔池温度，熔池面积不能过大，熔池深度也应减小。要随时掌握熔池温度的变化，控制熔池形状，使熔池金属受热适当，防止液态金属下淌。

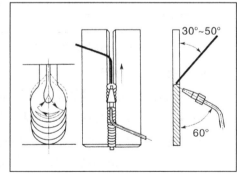

图5-16 立焊操作示意图

③ 焊嘴要向上倾斜，与焊件成60°夹角，甚至再大些，以借助火焰气流的压力来支承熔池，阻止熔池金属下淌。

④ 焊炬与焊丝的相对位置与平焊相似，焊炬一般不做横向摆动，但为了控制熔池温度，

焊炬可以随时做上、下运动，使熔池有冷却的机会，从而避免熔化金属下淌，保证熔池受热适当。焊丝则在火焰的范围内环形运动，使熔化的焊丝金属一层层地均匀熔敷在焊缝上。

⑤ 在焊接过程中，当发现熔池温度过高，熔化金属即将下流时，应立即将火焰向上抬起，待熔池温度降低后，再继续进行焊接。一般，为了避免熔池温度过高，可以把火焰较多地集中在焊丝上，同时增加焊接速度，以保证焊接过程的正常进行。

⑥ 当焊接2～4mm厚的I形坡口焊件时，为保证熔透，应在起焊处熔出一个直径接近焊件厚度的小孔，并用火焰加热小孔边缘和焊丝，然后，一方面使小孔不断向上扩展，另一方面要不断地向圆孔下面的熔池加焊丝，从而完成焊接过程。

⑦ 当焊接厚度在5mm以下的开坡口焊件时，也最好要熔出一个小圆孔，将钝边熔化掉，以保证焊透。

⑧ 当焊接厚度在2mm以下的薄件时，切记不可采用上述穿孔焊接，以防止焊件过热变成大洞难以补焊。

（3）横焊

横焊的操作示意图如图5-17所示。横焊操作的主要难度也是熔化金属的下淌，使焊缝上方形成咬边，下方易形成焊瘤，如图5-18所示。

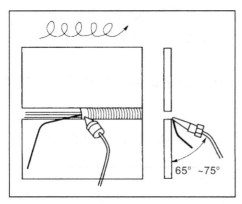

图5-17　横焊的操作示意图

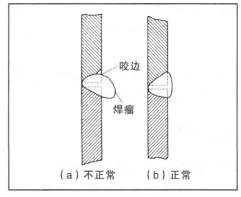

图5-18　横焊缝易产生的缺陷示意图

横焊操作时应注意以下几点：

① 应使用较小的火焰能率来控制熔池温度。

② 采用左向焊法焊接，同时焊炬也要向上倾斜。火焰与工件的夹角保持为65°～75°，使火焰直接朝向焊缝，利用火焰吹力托住熔化金属，阻止熔化金属从熔池流出。

③ 焊接时，焊炬一般不摆动，但在焊较厚焊件时，可做小环形摆动。焊丝要始终浸在熔池中，并不断地把熔化金属向熔池上方推去，焊丝做斜环形运动，使熔池略带倾斜，这样焊缝容易形成，并防止熔化金属堆积于熔池下方，形成咬边及焊瘤等缺陷。

（4）仰焊

仰焊是空间各种位置中焊接难度最大的一种，其操作示意图如图5-19所示。

仰焊由于熔池朝下，熔池金属受重力下坠，难以形成令人满意的熔池及理想的焊缝。仰焊时操作的基本要领是：

① 采用较小的火焰能率进行焊接。

② 严格掌握熔池的大小和温度，使液体金属始终处于较黏稠的状态，防止下淌。

③ 焊接时采用较细的焊丝，以薄层堆敷上去，利于控制熔池温度。

④ 仰焊可用左向焊法，也可用右向焊法。采用右向焊法时，焊缝成形较好，因为焊丝末端与火焰气流的压力能阻止熔化金属下淌。

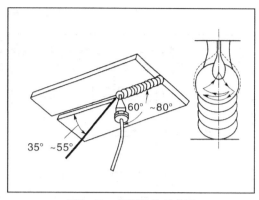

图5-19 仰焊操作示意图

⑤ 焊嘴应不间断地做圆形横向摆动，焊丝则做月牙形运动，并始终浸在熔池内。

⑥ 当焊件有坡口或较厚时，应采用多层焊。第一层保证焊透，第二层或最后一层要控制焊缝两侧熔合良好，并均匀地过渡到母材，使焊缝成形美观。采用多层焊，还有利于防止熔化金属下淌。

⑦ 仰焊时要注意操作姿势，同时应选择较轻便的焊炬和细软的胶管，以减轻焊接过程的劳动强度。特别要注意采取适当的防护措施，防止飞溅金属烫伤面部和身体。

4. 不同金属材料的气焊操作

（1）车身骨架碳素钢的焊接

碳素钢随碳含量不同，其焊接性也不同。低碳钢的焊接性好，中碳钢的焊接性差些，高碳钢的焊接性更差。

① 低碳钢的焊接

● 低碳钢的焊接特点

低碳钢的碳含量低，$w(C) \leqslant 0.25\%$，塑性好，因此焊接性好。其焊接特点如下。

· 塑性好，淬硬倾向小，不易产生焊接裂纹。

· 一般情况下焊前不用预热，气温太低（$-25℃$以下）或大厚件焊接时，焊件须预热。但气焊不同于电弧焊，气焊一般没有大厚件，并且气焊时加热范围较大，因此低碳钢的气焊几乎不用预热。

· 焊接沸腾钢时，由于氧含量高，硫磷含量也高，有轻微的产生裂纹倾向。但在气焊时也不易出现裂纹。

· 如果火焰能率过大，或焊接速度过慢，热影响区有晶粒长大倾向。气焊比焊条电弧焊加热速度慢，晶粒长大倾向增大。

● 气焊工艺

· 坡口的形式

气焊比较适合焊接薄板，薄板气焊一般不用开坡口。厚板一般用电弧焊为宜，当条件限制必须用气焊时，应开坡口。板件焊接的坡口形式及尺寸见表5-5。管子对接接头的坡口形式及尺寸见表5-6。

表5-5　板件焊接的坡口形式及尺寸

接头形式	坡口形式		坡口尺寸/mm			
	图例	名称	板厚度δ	间隙c	钝边p	坡口角度
对接接头		卷边	0.5～1	－	1～2	－
		不开坡口	1～3	0.5～1.5	－	－
		V形坡口	3～7	2～4	1.5～2	60°～80°
角接接头		卷边	0.5～1	－	1～2	－
		不开坡口	≤4	－	－	－
		V形坡口	≥4	2	1.5～2	50°～55°

表5-6　管子对接接头的坡口形式及尺寸

坡口形式	形状	管壁厚度/mm	坡口尺寸/mm		
	图例		组对间隙C	钝边P	坡口角度a
不开坡口		≤2.5	1.0～2.0	－	－
V形		2.5～4	1.5～2.0	0.5～1.5	60～70
		4～6	2.0～3.0	1.0～1.5	60～80

- **焊丝的选择**

对于一般结构，焊丝选用H08和H08A；对于重要结构应选用H08MnA和H15Mn；也可以用焊件的余料剪条作焊丝用。直径的选择见表5-7。低碳钢焊接不用气焊熔剂。

表5-7　气焊时碳钢焊丝直径的选择

工件厚度/mm	1～2	2～3	3～5	5～10	10～15	>15
焊丝直径/mm	1～2	2	2～3	3～4	4～6	6～8

- **焊前准备**

焊前准备主要有以下几项。

焊丝和焊件的清理

焊接前把焊件的焊缝两侧和焊丝表面的油污、锈、氧化皮等清除干净。如果油污比较严重，可用汽油清洗；若工件不大，且件数较多，也可以用火碱锅煮。工件表面的锈和氧化皮可以用砂布、钢丝刷和锉刀等工具清理。

定位焊

工件清洗完毕后进行定位焊，板材的定位焊见表5-8和图5-20，管子的定位焊见图5-21。

表5-8　定位焊点的间距　　　　　　　　　　　（mm）

板厚度	0.5~0.7	0.7~1.0	1.0~1.5	1.5~2.0	2.0~2.5	2.5~3.0	3.0~4.0	4.0~5.0	5.0~6.0	6~8	8~10
间距	40	50	65	80	100	120	150	190	250	320	400
焊点长	5	7	9	12	14	16	18	20	23	26	30
顺序	从中间向两端			从两端向中间							

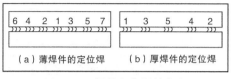

图5-20　焊件定位焊的顺序

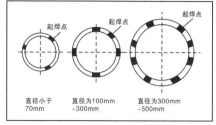

图5-21　不同管径定位焊及起点

火焰成分和能率的选择

火焰成分应选用中性焰。火焰能率的选择是根据工件的厚度选择焊嘴号码。选择焊炬和焊嘴号码、乙炔和氧气的压力，见表5-9。

表5-9　射吸式焊距型号及其参数

型号	焊接低碳钢厚度/mm	氧气工作压力/MPa	乙炔使用压力/MPa	可换焊嘴个数	焊嘴孔径/mm				
					1	2	3	4	5
H01-2	0.2~2	0.1~0.25	0.001~0.10	5	0.5	0.6	0.7	0.8	0.9
H01-6	2~6	0.2~0.4	0.001~0.10	5	0.9	1.0	1.1	1.2	1.3
H01-12	6~12	0.4~0.7	0.001~0.10	5	1.4	1.6	1.8	2.0	2.2
H01-20	12~20	0.6~0.8	0.001~0.10	5	2.4	2.6	2.8	3.6	3.2

焊接速度的选择

焊接速度的大小与焊件的厚度有关，表5-10列出了不同材料、不同厚度时的焊接速度，供焊接时参考。

表5-10　不同材料的焊接速度　　　　　　　　　（m/h）

材料厚度/mm		1~2	2~3	3~5	5~10	10~5
碳素钢	左向焊	12~6	6~4	4~2.4	2.4~1.2	1.2~0.8
	右向焊	15~7.5	7.5~5.0	5.0~3.0	3.0~1.5	1.5~1.0
铜		24~12	12~8	8~4.8	4.8~2.4	2.4~1.6
黄铜		12~6	6~4	4~2.4	2.4~1.2	1.2~0.8
铝		30~15	15~10	10~6	6~3	3~2
铸铁		10~5	5~3.3	3.3~2	2~1	1~0.67
不锈钢		10~5	5~3.3	3.3~2	2~1	1~0.67

焊接操作

在焊接操作过程中，应选择合适的焊嘴倾角。焊嘴的倾角则应根据板厚度和焊接过程的不同而变化。焊嘴的倾角与板厚度的关系如图5-22所示。不仅如此，在焊接开始时，由于焊件温度低，为了迅速加热可增大焊嘴的倾角；在焊接过程中可按图5-22选择，结束时，则应减小倾角（图5-23）。

比如焊接5mm厚的低碳钢板，焊接开始时，焊嘴的倾角可取50°~70°对焊缝位置开始加热；当金属熔化形成熔池后，焊炬和焊丝开始按要求运行，此时焊嘴的倾角应变为30°~50°；当焊接结束时，焊嘴的倾角变为20°~30°。在焊接过程中，要注意熔池的温度变化。若熔池变大，应迅速改变焊嘴的角度，用外焰覆盖熔池，降低熔池温度，或加快焊接速度以防焊穿。

在焊接过程中，手和眼睛的协调动作是非常关键的，因此，眼睛的观察和手的及时正确调整相配合，及时发现并调整火焰的变化，及时发现熔池的大小变化并及时调整，才能焊出好的焊缝。

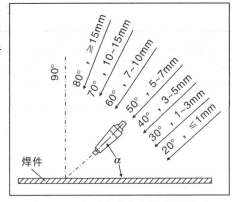

图5-22　焊嘴倾角与板厚度的关系

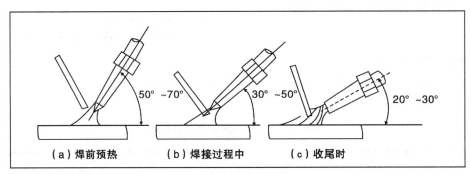

图5-23　焊嘴倾斜在焊接过程中的变化

收尾工作

整个焊缝焊好后基本的焊接操作已经结束。然后焊工本人应对工件进行简单的检查，如果发现焊接缺陷，应及时修补。对于重要的结构，还要由专业人员进行探伤。

② 中碳钢的焊接

● 中碳钢的焊接

· 中碳钢焊接的特点

中碳钢碳含量为 $w(C)=0.25\%\sim0.6\%$，其焊接特点如下。

随着碳含量的增加，其淬硬倾向增加，焊缝金属易产生热裂纹。板厚度的增加可以使焊缝的冷却速度增加，因此厚板焊接时其裂纹倾向更大。气焊时由于加热范围大，有利于降低裂纹倾向。冬季野外施工气温低，焊缝的边缘易产生冷裂纹。

焊缝易产生CO气孔。

● 焊接工艺

· 坡口的选择

坡口的选择与低碳钢相同，参照表5-5和表5-6。

· 焊丝的选择

焊丝的碳含量 $w(C)=0.20\%\sim0.25\%$。一般可采用H08A焊丝；对于焊缝的强度要求较高的情况，可选用合金钢焊丝，常用的有H08Mn、H08MnA、H15MnA、H10MnNi等。

● 焊前准备

· 焊丝与焊件的表面清理与低碳钢相同。

· 定位焊的焊点分布与低碳钢完全相同，板材的定位焊见表5-8和图5-20；管子的定位焊如图5-21所示。但定位焊的焊点不能直接进行焊接，应按正常焊接预热。气焊时可以用气火焰预热，方法是定位焊前用火焰在焊点周围直径150mm范围内烘烤，焊点部位达到250～350℃，加热区的边缘应达到150～200℃，此时将焊炬火焰移至焊点位置进行点焊。其他各点均如此操作。

- 由于中碳钢的碳含量较大，如果氧的含量过大易产生CO气孔，因此应选用中性焰或轻微碳化焰。尤其是碳含量超过0.45%的中碳钢，选用轻微碳化焰为好。但不要用碳化焰，以防焊缝渗碳使焊缝脆化。由于中碳钢比低碳钢熔点低，火焰能率的选择比焊接低碳钢低10%～15%。
- 焊接速度的大小与焊件的厚度有关，表5-10列出了不同材料、不同厚度时的焊接速度供焊接时参考。
- 当板材厚度大于3mm时，预热温度应在250～350℃；板厚度小于3mm时，预热温度可适当降低。
- ●焊接操作的整个过程如下。
- 开坡口

当厚度大于4mm时应开坡口，如果用等离子切割开坡口，应将工件预热至250～350℃。若用机械切割（如铣边、刨边）则不必预热。

- 对焊丝和焊件的清理

将焊丝和焊件焊缝两侧的油污、锈、水分清除干净，方法与低碳钢的清理相同。

- 定位焊

根据工件的厚度确定定位焊点的间距，将气焊火焰点燃，对焊点周围适当预热，达到温度后进行点焊，然后检查焊点及焊点周围有无裂纹。各点均如此操作。如有裂纹，必须清除裂纹后重新点焊。

- 预热

将焊件整体预热至250～350℃。

- 焊接

焊接操作与低碳钢的操作一样，但在焊接过程中要注意焊件的温度，如果温度降低到250℃以下应停止焊接，否则将会出现裂纹。当气温高时，由于气焊火焰对工件的加热作用，会使焊件的温度升高，此时要注意工件的温度也不得高于350℃，否则会使热影响区晶粒严重长大，增加焊接接头的脆性。

- 焊后自检

整个焊缝完成后，应进行自检，检查焊缝是否有气孔、裂纹、咬边、焊瘤等缺陷。

如果焊缝出现缺陷，应进行修复，修复的过程是先用气割或碳弧气刨将缺陷清除，然后再重新焊接。整个修复工作都应在预热条件下进行，否则会出现新的裂纹。

③ 高碳钢的焊接

●高碳钢的焊接特点

高碳钢的碳含量w（C）为0.60%，焊接性差。其焊接特点是：因导热性差，焊缝两侧的温度梯度大，产生的焊接应力大；高温时晶粒长大快和淬硬倾向严重，使接头脆化严重；焊缝易形成热裂纹，热影响区易形成冷裂纹。

●焊接工艺
·坡口的制备

坡口的选择见表5-5和表5-6。

·焊丝的选择

当对焊缝的强度要求不高时可选用H08A、H08MnA等低碳钢焊丝；若对焊缝的强度要求较高时，应采用与被焊材料化学成分相近的焊丝，或将余料剪切成条作为焊丝用。也可选用H10Mn2、H08MnMoA等低合金钢焊丝。

·焊前准备
焊丝和焊件的清理

焊丝与焊件的表面清理与低碳钢相同。

定位焊

定位焊的焊点分布与低碳钢完全相同，板材的定位焊见表5-8和图5-20，管子的定位焊如图5-21所示。

焊接引出板

将工件焊缝两端按图5-24所示焊接出引出板，引出板长度一般在50mm以上，焊接不要求牢固。

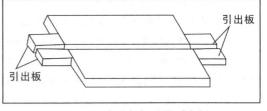

图5-24　高碳钢焊缝的引出板

确定火焰成分和能率

火焰的成分应选择轻微碳化焰或碳化焰，火焰的能率与中碳钢焊接相同即可。

确定焊接速度

焊接速度的大小参照表5-10选择。

确定预热温度

由于高碳钢的淬硬倾向大，裂纹倾向也大，预热温度应在350℃以上。

● 焊接操作

高碳钢既硬又脆，一般不用于焊接结构。高碳钢的焊接一般是某些刃具或耐磨部件的修复。焊接操作的整个过程如下。

·退火

高碳钢的焊接一般是修复工件，工件原处于淬火状态，不能直接焊接，必须进行退火。退火方法是将工件加热至900℃左右，保温一段时间（一般工件20min即可），然后缓慢冷却。如果是在退火炉中退火，应随炉冷却。若是单件焊接，可将工件加热、保温后，埋在白灰堆或珍珠岩堆里，使其缓慢冷却。

·开坡口

当焊接处的厚度大于4mm时应开坡口。开坡口一般用砂轮或角磨砂轮机打磨。

·对焊丝和焊件的清理

将焊丝和焊件焊缝两侧的油污、锈、水分清除干净。方法与低碳钢的清理相同。

·定位焊

根据工件的厚度确定定位焊点的间距，将气焊火焰点燃，对焊点周围适当预热，达到温度后进行点焊，然后检查焊点及焊点周围有无裂纹。各点均如此操作。如有裂纹，必须清除裂纹后重新点焊。

·预热

将焊件整体预热至300～500℃。

·焊接

焊接操作与低碳钢的操作一样，但在焊接过程中要注意焊件的温度，如果温度降低到300℃以下应停止焊接，立即用焊炬在焊接位置周围加热，使温度升上来后再继续焊接。否则将会出现裂纹。高碳钢板的焊接，对起头和收尾要求不高，因为起头和收尾都在引出板上进行。如果是对裂纹的焊补，应先在裂纹的两端钻止裂孔，然后再进行焊接。

·焊后

焊接结束后，立即进行整体600～700℃高温回火，消除焊接应力，防止出现裂纹。如果工件较大，无法或不允许高温回火，可进行局部回火。

对于一些在淬火状态下工作的高碳钢件，焊后应进行淬火，以达到其焊前的强度和硬度。焊后淬火应查找原工件的说明书，焊后立即按说明书上的工艺要求进行处理。如果淬火工艺复杂应先整体进行正火或消除应力退火，以防出现裂纹，然后交专业热处理人员进行处理。

整个焊缝完成后，应进行自检。检查焊缝是否有气孔、裂纹、咬边、焊瘤等缺陷。

如果焊缝出现缺陷，应进行修复，尤其是裂纹。修复的过程是先用碳弧气刨将缺陷清除，然后再进行重新焊接。整个修复工作都应在预热条件下进行，其预热温度与正常焊接相同。

（2）低合金钢焊接

低合金钢的种类很多，w（Me）<5%的都是低合金钢。其强度差别也非常大。其钢种有Q295（09MnV、09MnNb、12Mn、09Mn2），Q345（12MnV、14MnNb、16Mn、16MnRe、18Nb），Q390（15MnV、15MnTi、16MnNb），Q420（14MnVTiRe、15MnVN），Q490（18MnMoNb、14MnMoV），Q350（D36、WFG-362），Q400（X60）等。

① 低合金钢焊接的特点

低合金钢的焊接特点有如下几个方面。

● 淬硬倾向

低合金钢在热影响区中有一定的淬硬倾向，随着碳含量的增加，淬硬倾向增大，焊接大厚件时，冷却速度快则有马氏体组织产生。Q295（12Mn）、Q345（16Mn）的淬硬倾向低，一般不产生淬硬组织；Q390（15MnV、15MnTi）等淬硬倾向比低碳钢高一些；Q490（14MnMoV、18MnMoNb）钢淬硬倾向高一些。

● 冷裂倾向

对于一些强度等级高、淬硬倾向大的钢种，厚板焊接时有一定的冷裂纹倾向。Q295的淬硬倾向不大，其冷裂倾向也较小。Q345、Q390淬硬倾向比前者稍高，冷裂倾向也有所提高。Q490等钢种淬硬倾向显著，对氢也非常敏感，如果工艺不当，容易产生冷裂。

② 焊接工艺

焊接接头形式的选择与低碳钢相同。定位焊的焊点分布与低碳钢完全相同，板材的定位焊见表5-8和图5-20，管子的定位焊如图5-21所示。

● Q295（09MnV）钢的气焊

这种钢比低碳钢的强度稍高，焊接工艺与低碳钢差不多。

· 焊前准备

焊丝的选择

焊丝选用H08Mn和H08MnA，也可以选用H08A，也可将余料剪成条使用。

焊丝和焊件的清理

焊丝和焊件的表面清理与低碳钢相同。

焊丝直径、火焰成分和能率的选择

火焰的成分应选择中性焰，火焰的能率根据板厚度选择。厚度2mm的板，选用H01-2型焊炬，5号焊嘴，氧气压力为0.2MPa，ϕ2mm的焊丝；厚度3mm的板选用H01-6焊炬，2号或3号焊嘴，氧气压力为0.3MPa，ϕ2mm焊丝；厚度4mm的板选用H01-6焊炬，4号焊嘴，氧气压力为0.3MPa，ϕ3mm焊丝；厚度8mm的板选用H01-12焊炬，2号焊嘴，氧气压力为0.4MPa，ϕ3~4mm的焊丝。乙炔的压力为0.001~0.1MPa，乙炔的来源如果是乙炔发生器，则气压不可调节，乙炔的流量调节范围不大，火焰的类型主要靠调节氧气的大小来实现。

预热温度的选择

本钢种一般不用预热。冬季气温较低，在室外焊接应用气焊火焰适当预热。一般来说在焊接大厚件时应适当预热，但气焊一般不用于大厚件，对于5mm以上的工件应选用电弧焊。

· 焊接操作

当上述的准备工作就绪以后，应开始焊接。焊接操作的步骤暂以3mm厚的板为例叙述如下。

定位焊

将被焊工件按要求摆放好，先在焊缝的一端距端头30mm处焊上第一个焊点，然后在另一端距端头30mm处焊上第二个焊点，之后在这两个焊点中间每隔150mm焊一个焊点如图5-20（b）所示，将整个焊缝布满。

焊接

焊接过程中，应使火焰始终笼罩住熔池，防止空气侵入。焊接中途不要停顿，不进行横向摆动。如果焊接中途需要换焊丝，不要熄灭火焰，要用外焰罩住熔池，直到焊接完成。

收尾

焊缝焊到末尾时，应将熔池填满，然后将火焰缓慢提起，且火焰指向熔池，使其缓慢冷却。

注意事项

冬季在室外作业定位焊时，应用火焰将焊点周围适当预热，以防产生裂纹。

焊接过程中要注意对熔池的保护，即保证火焰笼罩熔池，以防合金元素烧损。

焊接结束时，应使熔池缓慢冷却。

● **Q345（16Mn）钢的气焊**

· **焊前准备**

焊丝的选择

焊丝选用H08Mn和H08MnA，也可以选用H08A，或用被焊材料的余料切条作为焊丝。

焊丝和焊件的清理

焊丝与焊件的表面清理与低碳钢相同。

焊丝直径、火焰成分和能率的选择

火焰的成分应选择中性焰，火焰的能率根据板厚度选择。厚度在2mm的板，选用H01-2型焊炬，5号焊嘴，ϕ2mm的焊丝；厚度3mm的板，选用H01-6焊炬，2号或3号焊嘴，ϕ2mm焊丝；厚度4mm的板，选用H01-6焊炬，4号焊嘴，ϕ3mm焊丝；厚度8mm的板，选用H01-12焊炬，2号焊嘴，ϕ3~4mm的焊丝。火焰比低碳钢焊接时小些（约10%）。

预热温度的选择

这种钢焊接时一般不用预热，在常温下焊接即可。对于大厚件焊接时，应适当预热。但对气焊来说没有大厚件，故不需要预热。冬季气温较低，在室外施工应适当预热。

· **焊接操作**

当上述的准备工作就绪后，应开始焊接。焊接操作的步骤暂以4mm厚的板为例叙述如下。

定位焊

将被焊工件按要求摆放好，先在焊缝的一端距端头30mm处焊上第一个焊点，然后在另一端距端头30mm处焊上第二个焊点，然后在这两个焊点中间每隔180mm焊一个焊点，如图5-20（b）所示，将整个焊缝布满。

焊接

焊接过程中，应使火焰始终笼罩住熔池，防止空气侵入。焊接中途不要停顿，不进行横向摆动。如果焊接中途需要换焊丝，不要熄灭火焰，要用外焰罩住熔池。直到焊接完成。

收尾

焊缝焊到末尾时，应将熔池填满，然后将火焰缓慢提起，且火焰指向熔池（保护熔池），使其缓慢冷却。

· **注意事项**

冬季在室外作业定位焊时，应用火焰将焊点周围适当预热，以防产生裂纹。

焊接过程中要注意对熔池的保护，即保证火焰笼罩熔池，以防合金元素烧损。

焊接结束时，使熔池缓慢冷却。

● **Q420（15MnVN，15MnVTi）钢的气焊**

这种钢属于强度较低的正火钢，这种钢焊接时宜选用小的焊接能量。

· **焊前准备**

选择焊丝

对于强度要求比较高的焊缝宜选用H08MnMoA和H08Mn2Si焊丝，强度要求不高时宜选用H08Mn2和H08MnA焊丝。

焊丝和焊件的清理

焊丝与焊件的表面清理与低碳钢相同。

确定焊丝直径、火焰成分和能率

火焰的成分应选择中性焰或轻微碳化焰，火焰的能率根据板厚度选择。厚度在2mm的板，选用H01-2型焊炬，5号焊嘴，ϕ2mm的焊丝；厚度3mm的板，选用H01-6焊炬，2号或3号焊嘴，ϕ2mm焊丝；厚度4mm的板，选用H01-6焊炬，4号焊嘴，ϕ3mm焊丝；厚度8mm的板，选用H01-12焊炬，2号焊嘴，ϕ3~4mm的焊丝。火焰能率比低碳钢焊接时小些（约10%）。

确定预热温度

由于这种钢碳含量很低，焊接时不用预热。

· 焊接操作

当上述的准备工作就绪以后，应开始焊接。焊接操作的步骤暂以4mm厚的板为例叙述如下。

定位焊

将被焊工件按要求摆放好，先在焊缝的一端距端头30mm处焊上第一个焊点，然后在另一端距端头30mm处焊上第二个焊点，然后在这两个焊点中间每隔180mm焊一个焊点，如图5-20（b）所示，将整个焊缝布满，每个焊点长度不要太大，应控制在15mm以内。

焊接

焊接过程中，应使火焰始终笼罩住熔池，防止空气侵入。焊接中途不要停顿，不进行横向摆动。如果焊接中途需要换焊丝，不要熄灭火焰，要用外焰罩住熔池，直到焊接完成。如果是开坡口的厚板焊接，且必须多层焊时，应采用多道焊，以保证较小的热输入量。焊缝焊到末尾时，应将熔池填满。

焊后处理

对于重要件应进行550~650℃回火，一般件不用回火。

· 注意事项

焊接时热输入量不可过大。

焊接过程中要注意对熔池的保护，中间更换焊丝时，应用外焰的尖部笼罩熔池，在保护熔池的情况下防止过分加热。

（3）铸铁的补焊

铸铁的焊接一般多为灰口铸铁、球墨铸铁和可锻铸铁，白口铸铁极难焊接。铸铁一般不用于焊接结构，因此铸铁的焊补都是铸铁结构因故损坏而进行的修复工作。

① 铸铁焊接存在的问题

铸铁的焊接性差，焊接时易出现下列问题。

● 焊缝金属产生白口组织

在熔合线上，会产生一层硬而脆的白口组织，当冷却速度足够快时，将使整个焊缝形成白口。这个白口能使整个焊缝从焊件上剥离下来。

● 焊接接头产生裂纹

由于铸铁的脆性很大，抗拉强度低，在焊接应力的作用下，很容易产生裂纹。尤其是熔合线上的白口组织处的应力最大，裂纹能沿白口的边界扩展，形成整个焊缝的剥离。

● 焊缝中产生气孔

气孔往往是冷却太快所致。

● 难熔氧化物阻碍焊接

主要是焊接过程中产生的SiO_2阻碍熔合。

●焊接位置受到限制

气焊铸铁时因其液态金属流动性好，故只能进行平焊。

② 铸铁焊接的有关措施

●热焊法

无论是为了消除白口还是防止裂纹，热焊都是最好的。所谓热焊就是将焊件整体加热到600～650℃（暗红色），在热状态下进行焊接。在施焊过程中，焊件的温度不得低于400℃。

热焊的加热方法很多，在机械行业中，经常用焦炭炉加热。即将整个工件放在焦炭炉上烘烤，当工件的厚度较大时，注意加热速度不能太快。

在没有焦炭的条件下，也可以用木材、木炭等火焰进行加热，但对大件加热有一定困难。用气体火焰加热是最方便适用的，在许多企业都有专用的炉具，分别以煤气、天然气、液化石油气等为燃料。这些燃料均是预热用的良好的气体燃料。氧乙炔焰也可以用于小件预热，但氧乙炔焰一般不用做炉具燃料。

●加热减应区法

加热减应区是对特殊的工件采取的消除应力的措施。如图5-25（a）所示为一个日字形工件中间柱需要焊补，焊接前先对两个边柱进行加热，加热区域大一些，温度比热焊低一些。焊后同时冷却下来，会明显地减小应力或者消除。图5-25（b）所示为轮的辐条断裂焊补，其加热减应区为该辐条两侧的轮缘上。图5-25（c）所示为轮的轮缘处断裂的焊补，其加热减应区应选在断裂的轮缘处相邻的两个辐条中部。图5-25（d）所示为口字形结构的工件中的一个柱断裂，如果冷焊将会对另外一个柱产生弯矩，因此其加热减应区应选在对边的立柱上。图5-25（e）所示为一个日字形框角上断裂，其加热减应区应选在两个横杆上和右边立杆的下部。

加热减应区法的关键是确定减应区的位置和加热温度，减应区的位置选择不好则适得其反；加热温度不合适，低了会使残余应力大，高了会产生反向应力。加热温度在500～600℃为宜。而在加热的截面上温度的均匀性也是非常重要的，不允许表面温度高而中心温度低；也不允许这面温度高而那面温度低。

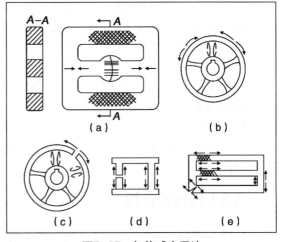

图5-25　加热减应区法

●改变焊缝的化学成分

通过改变焊缝的化学成分提高焊缝的塑性、降低其硬度。改变焊缝化学成分的方法就是用高塑性材料填充焊缝。常用的方法有采用镍基焊丝、奥氏体不锈钢焊丝或者钎焊。

●使用适当的气焊熔剂

气焊铸铁时一般采用气焊熔剂"CJ201"，或选用表5-11中的其他配方。

表5-11　铸铁用气焊熔剂

序号	硼砂/%	硼酸钾/%	硼酸钠/%
1	56	22	22
2	50		50
3	100		

●锤击焊缝

采用冷焊法，每焊一段在焊缝未冷却之前锤击焊缝，再焊下一段，再锤击……直至焊完。锤击的力量不要太大，用2磅左右的锤，起落高度为140～180mm。

●焊后热处理

焊接结束后，立即将工件加热到700℃左右，然后缓慢冷却到室温，可将焊接应力全部消除。焊后热处理必须焊后马上进行，不能待焊件冷却后再进行重新加热。对于要求不高的焊件，在焊接结束时温度还很高的条件下，可以进行保温缓冷处理，但会有一定的残余应力存在。

（4）铸铁的焊接工艺

① 灰铸铁的气焊

●焊前准备

铸铁的焊补都是经某种检验后发现裂纹或其他缺陷，以确定其焊补的位置和范围。如果是裂纹，应找准裂纹的两端，钻上止裂孔。如果是砂眼或气孔，应将其夹杂物和周围的疏松组织全部清除。

●开坡口

坡口的形式及尺寸如图5-26所示。这几种分别适用于不同的工件。当焊补裂纹类缺陷时，应开图5-26（a）所示形状的坡口。铸铁焊补多属于这种情况。焊补砂眼并有一定范围的疏松的缺陷时，应加工图5-26（c）所示形状的坡口。图5-26（b）所示的X形坡口用途较少，只有当工件上大面积的平板部分出现全部断裂时，才适于开这种坡口。

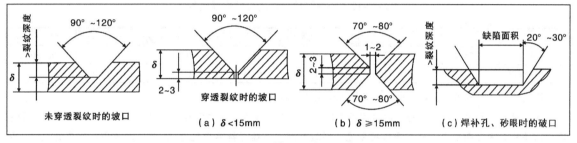

图5-26　坡口形式及尺寸

开坡口最好是用机械方法，对于小型缺陷可用錾子和手锤将缺陷铲除。如果是较长的裂纹，可用角磨砂轮磨削。如果工件不大，也可以用铣床来铣。对于较大的缺陷，为了提高效率，也可以用气割和碳弧气刨等热切割方法。但在用热切割方法清除缺陷时，应对工件进行适当预热，否则会产生新的裂纹。

●确定焊炬和焊嘴

由于铸铁件较厚，应选用较大的焊炬。

焊嘴孔径和氧气压力的选择参照表5-12。

表5-12　焊嘴孔径和氧气压力选择

焊补处的壁厚度/mm	≤20	20～50
焊嘴孔径/mm	2	3
氧气压力/MPa	0.4	0.6

●焊接操作

铸铁气焊时选平焊位置，火焰为中性焰或碳化焰。用热焊法焊接的步骤如下。

·预热

将工件预热至暗红色（600～650℃），加热速度不宜太快，壁厚度在20mm左右的工件，用焦炭炉加热，须加热1h左右。

·焊接

先用强氧化焰加热工件表面，烧去工件表面的石墨；再用还原焰将工件表面的氧化铁还原；然后便可开始焊接。

焊接时用焊炬加热焊缝开始焊接的位置，焊丝应选用铸铁焊丝，用焊丝蘸焊剂送至火焰下熔化，并将熔化的焊剂滴入焊缝。待基本金属熔化后，再将焊丝蘸焊剂送入焊缝，熔化焊丝并流入焊缝。焊接过程中要注意火焰的成分，若发现火焰变短，是火焰变成了氧化焰，必须及时调整，不能出现用氧化焰焊接的现象。焊接过程中要注意工件的温度，不得低于400℃。

·焊后处理

焊接结束后，立即将工件加热到700℃左右，然后缓慢冷却到室温。对于要求不高的焊件，如果焊接结束时温度还很高，可以进行保温缓冷处理，但会有一定的残余应力存在。

·焊后要严格检验焊接质量

焊件冷却后，应进行质量自检。首先将焊缝表面的熔渣清除干净，然后检查焊缝是否有新的缺陷。若发现有新的缺陷产生，则应重新清除、焊补。

② 球墨铸铁的气焊

球墨铸铁焊接的主要问题除了产生白口和裂纹的问题以外，还有一个问题就是焊缝中石墨的球化效果如何的问题。球墨铸铁本身的力学性能好，要求焊缝的力学性能也要好。因此，焊丝的成分需要保证焊缝对石墨球化的要求，而绝不允许出现片状石墨。这就要求焊丝中含有足够的球化剂，目前球墨铸铁焊丝有加稀土镁和加稀土钇的两种。球墨铸铁焊丝的主要化学成分见表5-13。

表5-13　球墨铸铁焊丝的主要化学成分

元素	C	Si	Mn	S	P	稀土镁	钇基重稀土
钇球铁焊丝	3.5～4.0	3.5～3.9	0.5～0.8	0.03	0.10		0.08～0.10
镁球铁焊丝	3.5～4.0	3.5～3.9	0.5～0.8	0.03	0.10	0.35～0.06	

焊剂选用脱水硼砂；火焰为中性焰或轻微碳化焰，不得用氧化焰。

焊接时速度要快，使熔池存在的时间尽量缩短。当工件较厚、坡口深度很大时，应采用多层多道焊。如果焊补的缺陷深度大面积小，则要严格控制连续焊接时间，连续焊接不得超过15min，以减小球化剂的烧损，防止产生片状石墨。

球墨铸铁焊后必须缓慢冷却。对于性能要求较高的工件，焊后应进行退火或正火处理。

（5）铸铁焊补的实例

① 铸铁摇臂柄断裂的焊补

图5-27所示为铸铁摇臂，该工件在A、B、C三处都有断裂的情况。但这三处的焊接方法则有所不同，A处和B处均可以自由收缩，可用冷焊法，C处则必须用热焊法。

●A处和B处的焊接

·清除污物并开坡口

将工件上裂纹处的油污清理干净，如果油污在开坡口时能被磨去，也可在开坡口时一起清除，开90°～120°坡口。开坡口可用砂轮打磨，当工件在设备上不能卸下时，可以开单边坡口（偏V形坡口）。

·选用工具和材料

选用H01-12焊距、5号焊嘴，采用铸铁焊丝和QJ201焊剂。

·焊口表面处理

点燃焊距，调至氧化焰，烘烤焊口表面，将石墨氧化掉，再调成还原焰烘烤一遍。

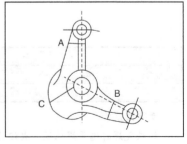

图5-27　铸铁摇臂柄断裂的补焊

·焊接

将火焰调至中性焰，借助氧化石墨和还原表面的余热开始焊接。由于工件不大，应将焊口全部用火焰烧红，撒上焊剂。再将焊炬移至焊缝端部，采用左向焊法焊接，焊接时用焊丝不断搅动熔池，促进熔渣上浮；焊丝不要插入火焰太深，防止焊丝成段落入熔池而降低熔池温度。一道焊缝一次完成，中间不要停止。

·焊后处理

焊接结束后，迅速将焊件放入石棉灰中保温缓冷，待完全冷却后取出。检查工件上是否有裂纹及其他缺陷，检查合格方可投入使用。

●C处的焊接

·清除污物并开坡口

将工件上裂纹处的油污清理干净，如果油污在开坡口时能被磨去，也可在开坡口时一起清除。开90°～120°坡口。开坡口可用角磨砂轮打磨，配合錾子开出角砂轮磨不到的位置的坡口。

·选用工具和材料

选用H01-12焊炬、5号焊嘴，采用铸铁焊丝和QJ201焊剂。

·用黏土将孔填塞

以免焊接时破坏孔的表面。

·焊口表面处理

点燃焊炬，调至氧化焰，烘烤焊口表面，将石墨氧化掉，再调成还原焰烘烤一遍。

·预热

将工件整体预热到600～650℃，如果是用焦炭炉，应先将焦炭炉点燃，待焦炭燃烧至无烟程度时，将工件置于火上，待工件变红时取出立即焊接。此工件预热时间根据工件的整体大小和壁厚度而定，当各处厚度不超过15mm时，预热约在30min以上。不得加热过快。

·焊接

火焰调至中性焰，将焊口全部用火焰烧红，撒上焊剂。再将焊炬移至焊缝端部，采用左向焊法焊接，焊接时用焊丝不断搅动熔池，促进熔渣上浮；焊丝不要插入火焰太深，防止焊丝成段落入熔池而降低熔池温度。一道焊缝一次完成，中间不要停止。

·焊后处理

焊接结束后，迅速将焊件放入石棉灰中保温缓冷，待完全冷却后取出。去掉孔内的黏土，清除孔内的焊渣，检查工件上是否有裂纹及其他缺陷，检查合格方可投入使用。

② 柴油机缸体裂纹的焊补

柴油机、汽油机等内燃机，由于工作时产生大量的热，所以必须用水进行冷却。冬季若没放水或水没放净，会使缸体冻裂。图5-28所示为柴油机缸体裂纹补焊时的加热减应区。图中1的位置是最容易断裂的部位。下面分步叙述其焊补过程。

●焊前清理

焊前将缸体表面的油污清除干净，尤其是缸体内腔裂纹处的水垢要清除净。

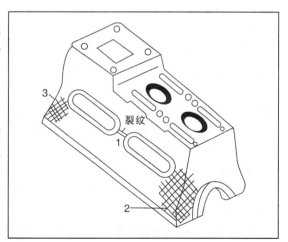

图5-28　柴油机缸体裂纹补焊时的加热减应区

●开坡口

用角磨机在裂纹处磨出V形坡口，磨削时注意不要磨透，应留2mm左右的钝边。

●焊接材料的选择选用

铸铁焊丝，QJ201气焊熔剂。中性火焰。

●加热减应区

当一切都准备好以后，点燃两把焊炬，对2处和3处加热，随着温度的升高，1处的裂纹间隙增大，待间隙增大至1.5mm时，开始焊接。

●焊接

用一把焊炬加热焊缝，另一把焊炬继续加热2处和3处，当焊缝发红时撒上一些焊剂并使其熔化在坡口上。将焊炬移至焊缝一端继续加热，当被焊部位开始熔化时，将焊丝蘸焊剂送至火焰下，使焊丝熔化填充至焊缝中。移动焊炬，再将焊丝蘸焊剂送至火焰下，焊丝熔化填充至焊缝中，如此重复操作，直至焊接结束。焊接结束以后将焊炬关闭，使焊缝和减应区同时冷却至常温。

●磨平表面

由于裂纹的两端是水道挡板的工作面，因此，焊后经检查确认焊缝焊好后，应当用角磨砂轮或手砂轮将水道挡板的工作面磨平。

●安装试验

由于该处对致密性有严格要求，还要在整个发动机组装完成并加水后才能验证。将发动机组装好，加满冷却水，发动15min后，水温升至75℃观察焊缝，不从焊缝漏水为合格。

③ 大型铸铁齿轮断齿的焊补

有些大型铸铁齿轮断齿，可以进行修复。其修复可用热焊法恢复断齿（图5-29）。其步骤如下。

●焊前清理

先将要修补的部位表面的杂物用钢丝刷清除干净。如果油污过多清理不净，可用汽油清洗。但用汽油清洗时要注意安全，工作点附近不得有明火，操作者及附近人员不许吸烟。

●焊接材料

选用铸铁焊丝，QJ201气焊熔剂，中性火焰。焊炬用H01-12，4号焊嘴。

图5-29 铸铁齿轮的补焊

●预热

将齿轮整体预热到600~650℃，预热方法视条件而定。如果有足够大的炭火炉，用焦炭火加热是最好的。但要注意不要让齿轮把炉子压坏，须制作一个可靠的支架将齿轮架起来，以保护炉体。如果没有现成的炭火炉，则应制作一个支架将齿轮架起，距地面250~300mm的高度，在下面点燃木材或其他燃料，将工件预热至600℃以上。制造一个炭火炉也不是很难，找一个废铁桶（其大小与工件相符），将底部打出一些孔（如果底部太薄，可以垫上一块厚铁板，同样打出孔来），侧壁抹上40~80mm厚的耐火土（普通黄土也可）即成。如果有条件，用燃气炉预热效果更好。

●焊接

将预热好的齿轮立起来，断齿位置朝上，使焊接工件处于平焊位置。将焊炬点燃，调成中性焰，对断齿位置加热，至发红时撒上焊剂；继续加热至开始熔化时加热焊丝开始焊接，焊第一层时，应特别注意基本金属的熔透情况。必须在基本金属熔透后再加入焊丝、滴入熔滴。焊炬不断移动从齿的一端到另一端，再往回焊至始端。如此往复进行堆焊至略超过齿高，并达到或略超过齿厚则堆焊完毕。此项工作纯属于堆焊，焊接过程不能中断，必须连续完成。

●焊后处理

焊接结束后，立即将焊好的齿轮放入石棉灰中（白灰中也可），经十多个小时缓冷后，便可取出。

●焊后检验

冷却至室温后，可对齿轮进行检验，主要检查齿高、齿厚是否符合要求，齿端是否焊满，齿根是否有裂纹。如果各处都完好，焊接任务完成。

●机械加工

机械加工有如下几种方法：一是铣齿，二是插齿，三是在没有条件的情况下磨齿。铣齿和插齿都是用加工齿轮的专用设备加工，不必多说，在此只说磨齿。为了保证齿的形状，先用薄铁板照没损坏的齿制作一个齿的样板（图5-29），然后用角磨机的薄砂轮片磨去多余部分，一边磨，一边用样板检验，直至形状合适为止。

④ 减速箱外壳裂纹的焊补

前面的例子都是全部断裂的情况，在生产中部分断裂的情况是很多的。图5-30所示为铸铁的减速箱外壳部分断裂的情形。出现这种部分断裂时由于裂纹有继续扩展的趋势，故需要钻止裂孔后再焊接。由于轴承孔开裂，此处工作时受力较大，因此应采取热焊法为宜，焊接步骤如下。

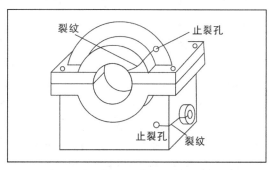

图5-30　减速箱外壳部分断裂情形

●将需要焊补的工件从设备上拆下

如要修复减速机的上盖，应先将装配螺钉拧下来，取下减速机的上盖。将油污清理干净。若是下部，则应将全部齿轮和轴拆下，将机壳（有裂纹的）内的油污清洗干净。若油污太多，应用汽油清洗。

●钻止裂孔

用小锤轻轻敲击裂纹两侧，观察寻找裂纹的端点，找准后顺裂纹扩展方向让出5mm的位置打上样冲眼。锤击的力量不要太大，以防裂纹扩展。再用手电钻钻孔，也可在台钻上钻孔，钻头直径选φ5～8mm即可。

●开坡口

用角磨砂轮顺着裂纹方向开出坡口，开至止裂孔处。对于有些砂轮磨不到的部位用小錾子錾削，也可以用碳弧气刨开坡口，但若用碳弧气刨开坡口则应先预热再开坡口。

●焊接材料和工具

选用H01-12焊炬，4号焊嘴，铸铁焊丝，QJ201焊剂。

●预热

将工件放在焦炭炉中加热至600℃左右，然后取出，准备焊接。

●焊接

点燃焊炬调成氧化焰，烘烤坡口表面，烧掉表面石墨。再调成碳化焰烘烤一遍。然后在焊缝（坡口）表面撒上焊剂，将火焰调成中性焰，移至裂纹一端开始焊接。在工件的边缘上开始加热，至熔化状态后，将焊丝送至火焰下加热熔化滴入焊缝，逐渐移动焊炬焊至止裂孔处，将止裂孔填满，便可熄火。焊接过程中注意工件的温度不得低于400℃，应一次连续完成。

●焊后处理

焊接结束后，立即将工件埋在灰堆里缓慢冷却8h以上，然后取出。检查焊缝有无裂纹或其他缺陷，当检验合格后，用手砂轮将轴承孔上的多余焊肉磨下去。如果要检查致密性，可以做煤油检验；若检查表面裂纹，可用磁粉检验。

⑤ 机床耳断裂的焊补

许多机床都是靠地脚螺栓固定的，而地脚螺栓直接与机床耳连接，当受力不均时，机床耳根会出现裂纹（图5-31），若不及时修复，会使机床耳全部断裂，影响机床工作。因此当发现有裂纹时应及早修复，以免影响生产，用气焊修复步骤如下。

● 焊前清理

由于机床的地脚螺栓承担固定全部机床的任务，因此机床耳受力较大，对焊接质量要求很高。焊前清理应将裂纹两侧的防腐涂料全部除去，背面的油污也要清除干净。之后检查裂纹的走向，找出裂纹的末端，在距裂纹末端5mm处打样冲眼，再钻上止裂孔。

● 开坡口

由于工件较厚，且只能单面焊，故只能开U形坡口。由于位置关系，开坡口需要用角磨机、手锤、錾子等工具才能完成。尤其是耳根位置，必须开够深度。如果有条件，用碳弧气刨更方便、快捷。但要先预热，再开坡口。

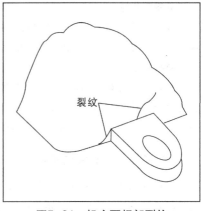

图5-31　机床耳根部裂纹

● 选择工具和材料

由于机床的床身较厚，焊炬选用H01-20型，3号或4号焊嘴。焊剂用QJ201，焊丝选用铸铁焊丝。

● 预热

机床的床身一般体积很大，一般不能将所有零件全部拆下预热，因此，不能进行整体预热，只能采取局部预热的方法预热。预热时先将地脚螺栓全部卸下，将断裂部位垫起来，如果垫起的高度足够，可在下面放置点好的焦炭火炉，并用吹风机助燃，对裂纹附近的部分进行加热，也可以用液化石油气炉、煤气炉或天然气炉进行加热。当焊口附近的温度达到三四百摄氏度时再点燃焊炬，调成中性焰，进行火焰预热。火焰预热的宽度应在焊缝两侧各100mm。预热至550℃以上即可进行焊接。

● 焊接

由于铸铁的流动性好，不利于立、横、仰焊，故应将焊缝置于水平位置。将焊炬点燃并调成中性火焰加热整个焊缝。待发红时撒上焊剂，然后将焊炬移至工件的边缘加热焊缝，待焊缝开始熔化时，送上焊丝使其熔化填充焊缝。移动焊炬继续焊接，一直焊到止裂孔并填满止裂孔，焊接完毕。

如果工件无法放平，焊缝只能置于垂直面上，那么则应尽量使焊缝倾斜，形成上坡焊。并备一些陶质的瓦片和红砖，焊接从工件的边缘开始，先将一瓦片垫在工件下面，用焊炬加热焊件填充焊丝，靠瓦片托住铁水，然后在侧面用瓦片靠在焊缝上继续焊接，使得在基本金属和瓦片之间形成熔池，待液态金属超出瓦片高度后，再放上一片瓦片，继续焊接。就这样不断垫瓦片、不断焊接，直到整个焊缝焊完。

● 焊后处理

焊接结束后，立即对原预热区域加热至700℃进行退火，以防冷却应力的产生而导致裂纹。加热区的边缘与未加热部分，温度梯度不能太大。为保证焊缝上的均匀加热，应多用几把焊炬同时加热，大约每10cm长焊缝用一把焊炬。温度达到后，用石棉被将焊缝盖好保温缓冷。

⑥ 水泵底座裂纹的焊补

图5-32所示为一个水泵底座，是供水和供热（水）系统中安装水泵和水泵电动机的一个重要部件。图中1、2、3三处位置出现裂纹。由于零件的结构特点，这三处裂纹应采用加热减应区法焊接。如果是裂纹1焊补，其加热减应区应选在6的位置；如果是裂纹2的焊补，其加热减应区应选在4的位置。如果是裂纹3的焊补，其加热减应区应选在5的位置。下面分别以裂纹1和裂纹3为例叙述其焊接操作的步骤。

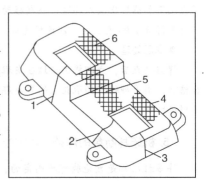

图5-32　水泵底座裂纹

● 裂纹1的焊补

● 清理裂纹两侧

用钢丝刷将裂纹两侧的油污及铁锈除去，露出金属的光泽。

● 开坡口

用角磨机在裂纹处磨出坡口，留2mm左右的钝边。如果有条件也可以用碳弧气刨开坡口，用碳弧气刨开坡口应先进行预热。

● 选择工具和材料

选用H01-12焊炬，3号或4号焊嘴。选用铸铁型焊丝，QJ201气焊熔剂。

● 加热减应区

选择6位置作为加热减应区，加热宽度为80mm左右，温度约为500℃。加热后1处的裂纹张开约1mm即可以焊接。加热时要注意里外温度一致，如果外侧高于里侧，裂纹不能张开反而紧闭；如果里侧高于外侧则温度较低时裂纹便张开。不管哪种情况，都不利于应力的消除，只有从里到外的温度一致，效果才最好。

● 焊接

点燃焊炬，调成中性火焰加热整个焊缝，至发红时撒上焊剂。将焊炬移至起焊点（即焊缝的一端），继续加热，使工件熔化，将焊丝适当加热，蘸上焊剂，送至火焰下加热熔化，填充焊缝。移动焊炬连续焊完为止。焊接过程中要保持加热减应区的温度不低于400℃。

● 焊后处理

焊接结束后，立刻将工件埋在石灰堆里缓慢冷却，过3h后取出，检查焊缝是否有气孔、裂纹及其他缺陷。发现缺陷及时修复。

● 裂纹3的焊补

● 清理裂纹两侧

用钢丝刷将裂纹两侧的油污及铁锈除去，露出金属的光泽。

● 开坡口

用角磨机在裂纹处磨出坡口，留2mm左右的钝边。如果有条件也可以用碳弧气刨开坡口，用碳弧气刨开坡口应先进行预热。

● 选择工具和材料

选用H01-12焊炬，3号或4号焊嘴。选用铸铁型焊丝，QJ201气焊熔剂。

● 加热减应区

选择5位置作为加热减应区，加热宽度为80mm左右，温度约为400℃。加热后3处的裂纹张开约1mm即可以焊接。

● 焊接

点燃焊炬，调成中性火焰加热整个焊缝，至发红时撒上焊剂。将焊炬移至起焊点（即焊缝的一端），继续加热，使工件熔化，将焊丝适当加热，蘸上焊剂，送至火焰下加热熔化，填充焊缝。移动焊炬连续焊完。焊接过程中要保持加热减应区的温度不低于350℃。

● 焊后处理

焊接结束后，立刻将工件埋在石灰堆里缓慢冷却，过3h后取出，检查焊缝是否有气孔、裂纹及其他缺陷。发现缺陷及时修复。

加热减应区的位置也可以设在5点和与5点相对的端梁中部。如果以这两点作为加热减应区，加热温度要提高到500～550℃。

（6）铝和铝合金的焊接

铸造铝合金主要用于铸造发动机汽缸体、离合器壳体、后桥壳、转向器壳体、变速器、配气机构、机油泵、水泵、摇臂盖、车轮、发动机框架、制动钳、油缸及制动盘等非发动机构件。

变形铝合金在汽车上主要用于制造车门、行李厢等车身面板，保险杠，发动机罩，车轮的轮辐、轮毂罩、轮外饰罩，制动器总成的保护罩，消声罩，防抱死制动系统，热交换器，车身构架，座位，车厢底板等结构件以及仪表板等装饰件。

① 铝及铝合金气焊的主要问题

●极容易氧化

铝在常温下表面会生成一层氧化膜，气焊条件下氧化更严重，阻碍填充材料与母材的熔合，并且能形成夹杂。因此，必须用气焊熔剂。

●固、液态无色泽变化（熔池不易掌握）

铝及铝合金在加热过程中，温度上升直至熔化没有明显的颜色变化，非常容易造成塌陷和烧穿。焊接操作时要特别注意。为了防止出现塌陷和烧穿，可在焊缝的反面垫衬板焊接。衬板的形状和尺寸如图5-33所示。

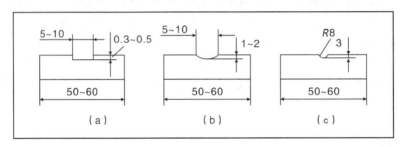

图5-33　气焊铝及铝合金的衬板的形状和尺寸

●易产生气孔

铝及铝合金气焊时的气孔主要是氢气孔。焊接时要特别注意清理焊丝和焊件上的油污和水分。

●易形成热裂纹

产生热裂纹的原因主要是铝的线膨胀系数较大，高温强度很低，焊接冷却时产生较大的内应力。不同的合金成分热裂倾向也不一样，工业纯铝和铝锰合金抗裂性好一些，高强铝合金抗裂性较差。

●合金元素易蒸发和烧损（接头强度降低，易软化）

铝合金中有许多低沸点元素（如镁、锌、锰），在焊接热源的作用下，极易蒸发和烧损，从而改变了焊缝金属的化学成分和性能。大部分铝合金焊缝的强度都有所降低，热处理强化铝合金焊接后软化比较严重，往往需要重新热处理。

●需要强热源焊接

铝及铝合金的热导、电导性高，热容量大，其热导率为钢的4倍，因此需要强热源焊接。

② 铝及铝合金气焊工艺

●接头形式和坡口准备

板厚度在1.5～2mm以下时，可用卷边接头。在卷边焊时，背面必须焊透焊匀，如背面有坑，也容易残留熔剂和焊渣；板厚度在3～5mm的不开坡口，留1mm间隙；板厚度超过5mm时，开60°～70° V形坡口，钝边为1.5～2.0mm，最大不超过3mm，间隙为2～3mm；对于板厚度大于8mm时也可以开X形坡口（或称双V形坡口），条件允许也可以开U形坡口。钝边和间隙均为3mm。对于硬铝合金焊件，板厚度在3mm以上时，应开坡口，间隙约1～1.5mm。坡口可用锉刀锉出。薄铝板气焊的接头形式如图5-34所示。

铝及其合金气焊时，一般不宜采用搭接接头和T形接头，因为熔化后的熔剂具有良好的流动性，容易残留在两板的间隙中，残留的熔剂和焊渣对焊缝有腐蚀作用。

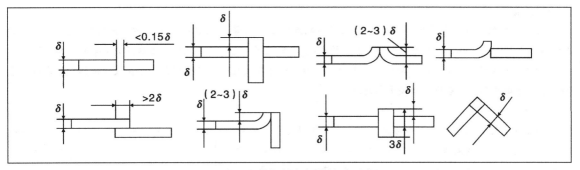

图5-34 薄铝板气焊的接头形式

●气焊工艺参数的选择

气焊铝及铝合金时，应采用中性焰或轻微碳化焰。过大的碳化焰会引起气孔及焊缝组织的疏松。氧化焰会使铝强烈氧化，因此绝不允许使用氧化焰。火焰能率应根据焊件的厚度大小，坡口的形式和焊接位置来决定。由于铝及其合金熔点低，易烧穿，在焊接较薄的铝板时，应采用比气焊同样厚度钢板时小一些的火焰能率。气焊铝及其合金时，焊炬型号和焊嘴的号码应根据焊件的厚度选择，见表5-14。

表5-14 铝及其合金气焊时焊炬和焊嘴的选择

焊件厚度/mm	<1.5	1.5~3.0	3~4	4~10	10~20
焊炬型号	H01-6	H01-6	H01-6	H01-12	H01-12
焊嘴大小	1	1~2	2~4	1~3	3~4

气焊铝及铝合金选用和基本金属相近（或考虑烧损、成分偏高）的标准焊丝。也可用基本金属剪条作为焊丝。焊丝直径可根据焊件厚度进行选择，见表5-15。气焊铝及其合金的气焊熔剂为气剂401（QJ401）。

表5-15 气焊铝及其合金的气焊焊丝直径的选择

焊件厚度/mm	<1.5	1.5~3	3~5	5~7	7~10
焊丝直径/mm	1.5~2	2~3	3~4	4~4.5	4.5~5.5

气焊铝及铝合金时，焊嘴和焊丝的倾角：气焊薄板时，焊嘴倾角为30°～45°，焊丝倾角为40°～50°（图5-35）；气焊厚板时，焊嘴倾角应为50°左右，焊丝倾角为40°～50°起焊时，由于工件温度较低，一开始不易焊透，所以焊嘴的倾角比上述规定应大些；焊接结束时，由于工件已被加热到较高的温度，为保证焊缝成形，焊嘴倾角比上述规定要小些。一般应避免焊嘴倾角过大，以免吹不开熔渣，造成夹渣缺陷。

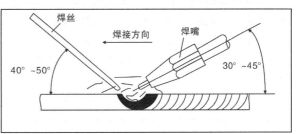

图5-35 气焊嘴、焊丝的倾角

●气焊工艺过程

焊前清理

焊前必须严格清除焊接区和焊丝表面的氧化膜和油污，实际生产中常采用两种清理方法：化学清理和机械清理。

焊件清理

按GB 50236—1998《现场设备、工业管道焊接工程施工及验收规范》，对焊件的坡口首先用丙酮或四氯化碳等有机溶剂去除油污，两侧坡口的清理范围不应小于50mm。然后再对坡口及其附近金属表面用锉刀、刮刀、不锈钢丝刷等工具清理，使清理表面露出金属光泽。

焊丝清理

大量的焊丝清理适用化学清理。将焊丝用丙酮或四氯化碳等有机溶剂去除油污，再用70℃5%～10%的NaOH溶液浸泡30～60s，然后水洗；再用15%的HNO₃在常温下浸泡2min，然后用温水清洗干净并使其干燥。

清理好的工件不得有水迹、碱迹或沾有油污。经上述方法清理的焊件和焊丝应尽快投入使用，在潮湿的条件下，应在4h内用完。否则，必须重新清洗。

定位焊

为了固定焊件的相对位置和防止变形，须对焊件进行定位焊，即点固。定位焊点的间距可参照表5-16。在定位焊时，应采用比焊接时稍大的火焰，并快速进行施焊，以减少热变形。定位焊时，火焰与焊件的夹角为50°左右。在焊接非封闭的焊缝时，为避免起焊处出现裂纹，常采用图5-36所示的方法施焊。即开始焊接时，从距离右端部40～50mm处的A处按箭头方向一直焊到左端部，然后再从B处向相反方向施焊至右端部。接头处应重合20～30mm。对于罐体的纵焊缝，一般都应用两个焊工同时由中间向两端施焊。

为保证焊件在焊接过程中既可焊透，又不致塌陷烧穿，在焊接时可用图5-33的衬板来托住熔化金属。衬板材料可用石墨、纯铜、不锈钢制作，也可以用碳钢制作。

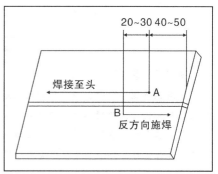

图5-36　起焊点的确定

表5-16　铝及其合金定位焊点的间距

焊件厚度/mm	<1.5	1.5～3.0	3～5	5～10	10～20
焊点间距/mm	10～20	20～30	30～50	50～80	80～100

预热

铝及其合金的气焊，气焊薄小焊件时，一般不要预热，当焊接厚度大于5mm及结构复杂的焊件时，为减少焊接变形及避免裂纹，应进行预热，但预热温度一般不得超过250℃。预热的方法可采用火焰或电炉加热。

操作技术

当焊件厚度小于5mm时，一般采用左焊法，以避免熔池过热、烧穿和防止晶粒长大；当焊件厚度大于5mm时，可采用右焊法，以便于观察熔池的温度和流动情况。在焊接时，整个焊缝尽可能一次焊完，如中断时，应在焊缝上重叠约20mm处开始起焊，以保证焊透；在焊接结束或中断时，火焰应慢慢离开熔池，并要填加一些焊丝，以保证焊接质量。气焊铝合金时，应尽量避免多层焊，否则接头会晶粒粗大，易产生气孔或裂纹，且成形低劣。

由于铝在高温时颜色不变，为掌握好金属开始熔化时间及起焊时机，可用焊丝试探性地拨动加热处的金属表面，当感到加热处已带黏性，并且焊丝端头落下的熔化金属与加热处金属能熔合在一起，说明该处已达到熔化温度，这时应立即进行焊接。还可以采用下述方法掌握起焊时机：铝受热后表面光亮的银白色逐渐变暗，随温度升高，最后变成暗淡的银灰色；被焊处表面的氧化铝薄膜微微起皱，说明加热处接近熔点，这时便可以加热焊丝。当火焰下面的氧化铝薄膜和基本金属出现波动现象时，说明已达到熔点，这时即可施焊。

焊接时，焊嘴一边前进，一边上下跳动。当焊嘴运动到下方时，火焰加热基本金属使其熔化，并利用火焰吹力形成熔池。当焊嘴运动到上方时，火焰加热焊丝使其端部熔化，形成熔滴。这样，焊丝与坡口处的基本金属周期性地受热、熔化，从而形成焊缝。送丝时，焊丝末端插入熔池前部，并随即将焊丝向熔池外拖出，但应特别注意，拖出时应使焊丝端部仍在火焰范围内，以避免氧化。依靠上述填加焊丝的机械作用，既能有效地搅动熔化金属，使杂质浮出，又能破坏熔池表面的氧化膜，使熔滴金属很好地与熔池金属熔合。

当两种厚度或熔点不同的铝合金材料焊在一起的时候，一般应将火焰指向厚度大的和熔点高的材料。焊前，应将厚度大的材料先用焊炬预热到一定温度后再焊。薄铝板单向焊时，焊前在背面均匀地刷上一层熔剂，有助于获得背面成形良好的焊缝。

焊后清洗

焊后残留在焊缝表面及边缘附近的熔渣和熔剂，能与金属起化学反应，引起腐蚀。焊后的清洗方法如下：在60～80℃的热水中，用毛刷在正反面刷洗焊缝周围，重要焊件在刷洗后，还应放入60～80℃、2%～3%的铬酐水溶液中浸洗5～10min，然后再用热水冲洗，并干燥。清洗后，观察表面有无白色附着物，或把2%的硝酸银溶液抹在焊缝上，若没有出现白色沉淀物，则说明焊件已清洗干净。

③ 铝及铝合金气焊实例

● 铝导线的气焊

根据铝导线长度，修出60～120mm裸露部分和15～20mm绝缘台，以便焊后缠包胶带。为了保护线皮不被火焰烧坏，在线头的绝缘台处缠以浸水的石棉绳或挡热板（由石棉或金属制成）。

焊丝采用和母材成分相同的单股铝芯线。焊丝应先经化学清洗或机械清理，熔剂用气剂401（QJ401），焊炬选用H01-12型焊炬及3号焊嘴，火焰选用中性焰或轻微碳化焰。

焊多股铝导线时，为了防止各股铝丝截面缩小，并防止熔剂渗入铝线内部深处而引起腐蚀作用，在对接焊之前要先进行封端焊。封端焊及对接焊工艺如下。

封端焊，即把导线端头熔合成一个整体。先将导线端部切去一部分绝缘包皮，并用钢丝刷子把导线端部刷干净，除净氧化皮。把导线置于垂直位置，在端头装夹一个可以分开的石墨模子或铁模子（操作熟练者，也可不用模子）。将熔剂用水调成糊状，分别涂在焊丝上和导线端头上。先用火焰加热模子，然后加热并熔化导线。先使端面中心处熔化，借助焊丝的不断搅动及填充，逐渐熔化整个端面，使端部逐渐焊成圆头。焊接时要一次焊完，避免中断。冷却后，卸下模子，用刷子把线芯上熔渣和剩余熔剂清除干净。

对接焊，是把经过封端焊的两根导线，水平地放在一块带有圆弧形槽的垫板上（石墨板或耐火砖等）。将糊状熔剂均匀地涂在焊丝上，开始用火焰加热两根导线的端头部分，待端部开始熔化后，在底部就形成一层液体金属，然后继续送入焊丝，同时用焊丝搅拌熔池，使氧化物上浮，一次焊完。

铝线导热性强，焊接时容易使绝缘包皮损坏，所以，应加大火焰以缩短焊接时间。另外，可采用注水焊接法，即将石棉绳缠至铝导线中腰部位，焊接时慢慢地往石棉绳上浇水，也可以用半圆形的遮热板（2～3mm厚的钢板）或冷却器（用较厚的铝板或钢板充当），防止烧坏绝缘包皮。

焊后用水来清理残存的熔剂及焊渣，晾干线头上的水分，然后在导线裸露部分涂上防腐油漆；等漆晾干后，再包扎绝缘胶带。

● 导电铝排的气焊

导电铝排为纯铝材料，为保证焊后导电性能良好，要求焊缝金属致密无缺陷。其焊接工艺如下。

板厚度为10mm时，采用70°左右的V形坡口，钝边为2mm，组对间隙为2.5mm。焊前用钢丝刷将坡口及坡口边缘20～30mm范围内的氧化膜清除掉，并涂上熔剂。

焊炬选用H01-12型，3号焊嘴，焊丝选用丝301，熔剂为气剂401（QJ401），火焰性质为中性焰或轻微碳化焰。

正面分两层施焊。第一层用ϕ3mm焊丝焊接，为防止起焊处产生裂纹等缺陷，焊接第一层时，起焊点位置如图5-37所示，即从A处焊至端头①，再从B处向相反方向焊至端头②；第二层用ϕ4mm焊丝，焊满坡口。然后将背面焊瘤熔化平整，并用ϕ3mm焊丝薄薄地焊一层，最后在焊缝两侧面进行封端焊。

焊炬的操作方式如图5-38所示。

焊后用60～80℃热水和硬毛刷冲洗熔渣及残留的熔剂，以防残留物腐蚀铝金属。

④ 铸造铝合金的补焊

铝合金铸件在汽车、拖拉机工业中被广泛用于制造发动机汽缸体、汽缸盖等。铝合金铸件在铸造或使用后，常常不可避免地出现一些缺陷或损伤，如缩孔、疏松、夹渣、裂纹及断裂等。因此，铸铝件的补焊具有一定的经济价值。

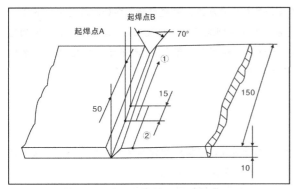

图5-37　导电铝排接头及起焊点

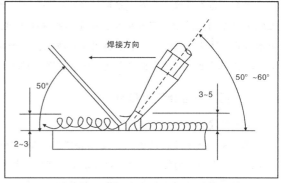

图5-38　焊炬的操作方式（焊炬平移前进）

　　铸造铝合金的补焊与焊接变形铝（熟铝）相似，焊接工艺基本相同。在铸造铝合金中，铝硅合金的颜色发青，发暗，断口组织较细。使用气焊火焰熔化后，铝液流动性好，并在铝液上有黑色斑点。气焊后收缩率小，裂纹倾向小。铝镁合金的颜色发白，断口组织粗大，当用气焊火焰加热熔化后，有白花飞出，并冒白烟，这是由于镁烧损的结果。

　　对铝合金铸件的较小缺陷用气焊方法补焊较好。壁厚度在10mm以下或重量小于10kg的小铸件在焊前一般可不预热；厚大铸件焊前应预热至300℃左右。当壁厚度大于5mm时，缺陷处应加工成60°的V形坡口。如果缺陷为裂纹，裂纹两端应钻止裂孔。为了防止焊补处烧穿，反面可用钢板垫上。

　　焊丝可用与铸铝件同牌号的铸造铝合金，熔剂仍用气剂401（QJ401）。为了清除焊接残余应力，焊后可进行300～350℃退火，然后缓冷。

任务二　气割

一、任务分析

气割是利用气体火焰将被切割的金属预热到燃点，使其在纯氧气流中剧烈燃烧，形成熔渣并放出大量热，在高压氧气流的吹力下，将熔渣吹掉；所放出的热量又进一步预热下一层金属，使其达到熔点。金属的气割过程是预热、燃烧、吹渣的连续过程，其实质是金属在纯氧中燃烧的过程，而不是熔化过程。

二、相关知识

1. 气割的基本原理

（1）氧气切割过程

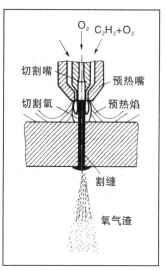

① 采用氧乙炔火焰（中性焰）将金属切割处预热到燃烧温度（燃点），一般碳钢的燃点为1100～1150℃。

② 向加热到燃点的被切割金属开放切割氧气，使金属材料在纯氧中剧烈燃烧（氧化）。

③ 金属燃烧后，生成熔渣并放出大量的热量，熔渣被切割氧气流吹走，产生的热量和氧乙炔预热火焰一起又将下一层金属加热到燃点。这样的过程一直延续下去直到把金属割穿为止。

④ 移动割炬，即可得到各种形状的割缝，氧气切割的过程如图5-39所示。

图5-39　氧气切割的过程

（2）氧气切割条件

由于氧气切割的过程是一个预热、燃烧、吹渣的连续过程，所以并不是所有金属都能采用氧气切割。只有具备下列条件的金属，才能进行氧气切割。

① 金属材料的燃点应低于熔点，否则，金属在没有燃烧之前就已经熔化，形成了熔割。熔化的液态金属流动性很大，这样使切口很不规整，割缝质量低劣，而且熔割要消耗更多的热量，严重时，使切割无法进行。因此，被切割金属的燃点低于熔点，是保证切割顺利进行的最基本条件。

低碳钢的燃点为1350℃，而熔点约为1500℃，具有良好的气割条件。钢随其含碳量的增加，熔点降低，燃点增高，会使切割不易进行。铜、铝以及铸铁的燃点高于熔点，所以不能进行氧气切割。

② 金属的熔点应高于其氧化物的熔点，这样在金属未熔化前，熔渣可呈液体状态从切口处被吹走。反之，如果生成的金属氧化物熔点高于金属材料的熔点，则高熔点的氧化物将会阻碍下一层金属与切割氧气流的接触，使金属难以氧化燃烧，则气割过程难以进行。

高铬或铬镍合金不锈钢、铝及其合金、高碳钢、灰铸铁等氧化物的熔点，均高于材料本身的熔点，所以就不能采用氧气切割的方法进行切割。如果金属氧化物的熔点高，则必须采用熔剂来降低金属氧化物的熔点。

常用金属材料及其氧化物的熔点见表5-17。

表5-17 常用金属材料及其氧化物的熔点

金属名称	熔点（℃）		金属名称	熔点（℃）	
	金属	氧化物		金属	氧化物
纯铁	1535	1300～1500	铝	657	2050
低碳钢	约1500	1300～1500	锌	419	1800
高碳钢	1300～1400	1300～1500	铬	1550	约1900
铸铁	约1200	1300～1500	镍	1450	约1900
紫铜	1083	1236	锰	1250	1560～1785
黄铜、锡青铜	850～900	1236			

③ 金属材料的黏度要低，流动性要好。否则，会黏在切口上，很难吹掉，影响切口边缘的整齐。

④ 金属在燃烧时应能放出大量的热，此热量对下层金属起到预热作用，维持切割过程的延续。如低碳钢切割时，预热金属的热量少部分由氧乙炔火焰供给（占30%），而大部分热量则依靠金属在燃烧过程中放出的热量供给（占70%）。金属在燃烧时放出的热量越多，预热作用也就越大，越有利于气割过程的顺利进行。若金属的燃烧不是放热反应，而是吸热反应，则下层金属得不到预热，气割过程就不能进行。

⑤ 金属的导热性能差，否则，由于金属燃烧所产生的热量及预热火焰的热量很快散失，切口处金属的温度很难达到燃点，切割过程很难进行。因此，铜、铝等导热性较强的有色金属，不能采用普通的气割方法进行切割。

⑥ 金属中含阻碍切割进行和提高淬硬性的成分及质量要少，钢中的合金元素与切割性能的影响见表5-18。

表5-18 合金元素对切割性能的影响

元素	影响
碳	C≤0.25%，气割性能良好；C≤0.40%，气割性能尚好；C>0.50%，气割性能显著变坏；C>0.70%时，必须将割件预热到400～700℃才能进行气割；C>1%时，不能气割
锰	Mn<4%，对气割性能无明显影响；随着含锰量增加，气割性能变差，当Mn≥14%时不能气割。当C>3%且Mn≥0.8%时，淬硬倾向和热影响区脆性增加，不宜气割
铬	铬的氧化物熔点高，熔渣黏度增加，Cr<5%时，气割性能尚可；当含铬量大时，应采用特种切割方式
硅	硅的氧化物使熔渣黏度增加，Si<4%时，气割性能尚可
镍	镍的氧化物熔点高，Ni<7%对，气割性能尚可。含量高时应采用特殊切割方法切割
钼	钼能提高钢的淬硬性，Mo<0.25%时对气割无明显影响
钨	钨能增加钢的淬硬性，氧化物熔点高，含量接近10%时，气割困难；超过25%时不能气割
铜	Cu<0.7%时，对气割无影响

元素	影响
铝	A1<0.50%时，对气割影响不大；超过10%不能气割
钒	含有少量的钒对气割没有影响
硫、磷	在允许的含量内，对气割性能无影响

（3）常用金属材料的气割性能

常用金属材料的气割性能见表5-19。

表5-19　常用金属材料的气割性能

材料	气割特点
碳钢	低碳钢的燃点低于熔点，易于气割，若含碳量增加，燃点趋近熔点时，气割过程恶化
铸铁	含碳、硅量较高，燃点高于熔点；气割时生成二氧化硅熔点高，黏度大，流动性差；碳燃烧生成的一氧化碳、二氧化碳会降低氧气纯度，不能采用气割
铁或铬镶铜	生成的高熔点氧化物覆盖在切口表面，阻碍气割过程的进行，不能采用气割
铜、铝及其合金	导热性好，燃点高于熔点。其氧化物熔点很高，金属在燃烧（氧化）时放热量少，不能气割

综上所述，氧气切割主要用于切割低碳钢和低合金钢，广泛用于钢板下料、开坡口，在钢板上切割出各种各样外形的复杂工件等。在切割淬硬倾向大的碳钢和强度等级高的低合金钢时，为了避免切口淬硬或产生裂纹，在切割时，应适当加大火焰能率和放慢切割速度，甚至在割前对工件进行预热。对于铸铁、高铬钢、铬镍不锈钢、铜、铝及铝合金等金属材料，常用氧熔剂切割或等离子切割等其他方法进行切割。

2. 割炬

割炬的作用是使氧气与乙炔气按比例混合，形成预热火焰，并将高压氧气喷射到被切割的工件上，使被切割金属在氧射流中燃烧，氧射流将燃烧生成的熔渣（氧化物）吹走而形成割缝。割炬结构简单，使用安全可靠，是进行气割的主要工具。

割炬按预热火焰中氧气和乙炔混合的方式不同，分为射吸式和等压式两种。其中，以射吸式的使用最为普遍。割炬按其用途又分为普通割炬、重型割炬及焊割两用焊割炬等。常用的割炬型号及主要技术数据见表5-20。

表5-20　常用割炬型号及主要技术数据

焊炬型号	G01-30			G01-100			
结构形式	射吸式						
喷嘴号码	1	2	3	1	2		
喷嘴孔径/mm	0.6	0.8	1	1	1.3		
切割厚度范围/mm	2～10	10～20	20～30	10～25	25～30		
氧气压力/MPa	0.20	0.25	0.30	0.20	0.35		
乙炔压力/MPa	0.001～0.10	0.001～0.10	0.001～0.10	0.001～0.10	0.001～0.10		
氧气消耗量/（m³/h）	0.8	1.4	2.2	2.2～2.7	3.5～4.2		
乙炔消耗量/（L/h）	210	240	310	350～400	400～500		
割嘴形状	环形			梅花形或环形			

续表

焊炬型号	G01-300				GD01-100		
结构形式	射吸式				等压式		
喷嘴号码	1	2	3	4	1	2	3
喷嘴孔径/mm	1.8	2.2	2.6	3	0.8	1	1.2
切割厚度范围/mm	100～150	150～200	200～250	250～300	5～10	10～25	25～40
氧气压力/MPa	0.50	0.65	0.80	1.00	0.25	0.30	0.35
乙炔压力/MPa	0.001～0.10	0.001～0.10	0.001～0.10	0.001～0.10	0.025～0.10	0.030～0.10	0.40～0.10
氧气消耗量/（m³/h）	9.0～10.8	11～14	14.5～18	19～26	–	–	–
乙炔消耗量/（L/h）	680～780	800～1100	1150～1200	1250～1600	–	–	–
割嘴形状	梅花形				梅花形		
焊炬型号	GD02-100			GD02-500			
结构形式	等压式						
喷嘴号码	1	2	3	1	2	3	
喷嘴孔径/mm	1.0	1.3	1.6	3.0	3.6	4.0	
切割厚度范围/mm	10～100			250～500			
氧气压力/MPa	0.4～0.60			1.2～2.0			
乙炔压力/MPa	0.05～0.12			0.05～0.12			
氧气消耗量/（m³/h）	2.2～7.3			15～30			
乙炔消耗量/（L/h）	350～600			1000～2200			
割嘴形状	–			–			

（1）射吸式割炬

射吸式割炬的割嘴，其中心是切割氧通道，预热火焰均匀分布在它的周围。割嘴按结构形式的差别，可分为组合式（环形）割嘴和整体形（梅花形）割嘴等。

① G01-30型割炬

G01-30型割炬是常用的一种射吸式割炬，能切割2～30mm厚度的低碳钢板。割炬备有三个割嘴，可根据不同板厚选用。割炬主要由主体、乙炔调节阀、预热氧调节阀、切割氧调节阀、喷嘴、射吹管、混合气管、切割氧气管、割嘴、手柄以及氧气和乙炔管接头等组成，如图5-40所示。

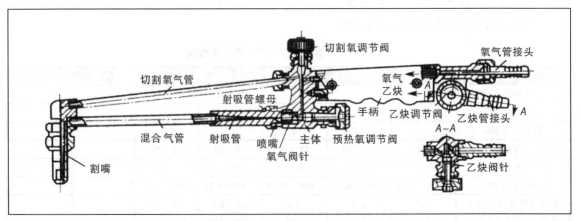

图5-40　G01-30型割炬的构造

② G01-30型割炬工作原理

割炬所用的割嘴为环形或梅花形，气割火焰的形状也呈环状分布。气割时，先稍微开启预热氧调节阀，再打开乙炔调节阀并立即点火。然后增大预热氧气流量，氧与乙炔混合后从割嘴的混合气孔喷出，形成环形的预热火焰，对工件进行预热。待起割处被预热至燃点时，立即开启切割氧调节阀，使金属在氧气流中燃烧，并且利用氧气流将割缝的熔渣吹掉，不断移动割炬，在工件上形成割缝。

（2）等压式割炬

GD01-100型割炬是一种等压式割炬，它能切割5～40mm厚的低碳钢板。割炬备有大、中、小三个割嘴，可根据不同的板厚进行调换。GD01-100型割炬的结构与射吸式割炬不同，其特点是乙炔与预热氧的混合，是在割嘴接头与割嘴间的空隙内完成的，割嘴采用了整体式梅花形割嘴。割炬整体质量较小（0.6kg），较轻便。

GD01-100型割炬主要由主体、预热氧调节阀、切割氧调节阀、割嘴接头、乙炔气管及预热氧气管等组成，如图5-41所示。

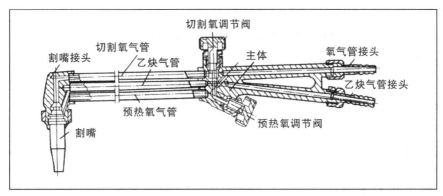

图5-41　GD01-100型割炬的结构示意图

（3）割炬的安全使用和维修

① 选择合适的割嘴

应根据切割工件的厚度，选择合适的割嘴，装配割嘴时，必须使内嘴和外嘴保持同心，以保证切割氧射流位于预热火焰的中心。安装割嘴时应注意拧紧割嘴螺母。

② 检查射吸情况

射吸式割炬经检查射吸情况后，方可把乙炔胶管接上，胶管以不漏气并容易插上、拔下为准；等压式割炬，要保证乙炔具有一定的工作压力。

③ 火焰熄灭的处理

点火后，当拧预热氧调节阀调整火焰时，若火焰立即熄灭，其原因是各气体通道内存在脏物或射吸管的喇叭孔处接触不严，或者割嘴外套配合不良。此时，应将射吸管螺母拧紧；若无效时，应拆下射吸管，清除各气体通道内的脏物，调整割嘴外套与内套的间隙，并重新拧紧。

④ 割嘴心处漏气

预热火焰调整正常后，割嘴头发出有节奏的"叭叭"声，但火焰并不熄灭，若将切割氧开大时，火焰就立即熄灭，其原因是割嘴心处漏气。此时，应拆下割嘴，用石棉绳垫上重新拧紧。

⑤ 割嘴头和割炬配合不严

点火后，火焰虽调节正常，但一打开切割氧调节阀，火焰就立即熄灭，其原因是割嘴头和割炬配合面不平。此时应将割嘴再次拧紧，如果仍然无效，可拆下割嘴，用细砂纸轻轻研磨割嘴头的配合面，直到配合严密为止。

⑥ 回火的处理

当发生回火时，应立即关闭切割氧调节阀，然后关闭乙炔调节阀及预热氧调节阀。

⑦ 保持割嘴通道清洁

割嘴通道应经常保持清洁光滑，孔道内的污物随时用通针清除干净。

⑧ 清理工件表面

工件表面的铁锈、油、水等污物要认真清理掉。在水泥地面上切割时，应垫高工件，以防锈皮和熔渣在水泥地面上爆溅伤人。

🌐 三、任务实施

1. 气割工艺

（1）手工气割工艺

① 气割前的准备

● 去除割件表面的油脂、污垢、氧化皮等，垫平割件，并在下面留出一定的空间，以利于熔渣的排除。为使操作者不被烧伤，必要时可用挡板挡于所留空间处。
● 割前应仔细检查切割系统是否工作正常，现场是否符合安全生产要求。
● 将氧气和乙炔调到所需的压力。
● 根据割件厚度检查氧气流（风线）形状及长度是否合适。

② 割嘴号码及气体压力选择

割嘴及切割氧压力的大小，应根据割件厚度来选择。当切割操作经验不足时，也可参照表5-21选择。

③ 预热火焰

氧气切割时，预热采用中性焰。不可使用碳化火焰，否则会出现边缘增碳现象。调整火焰性质时，应先开启切割氧气流，以防止火焰性质发生变化，并且在切割过程中，要不断加以调节。

④ 割嘴与割件表面距离

割嘴与割件表面距离应根据预热火焰的长度和割件厚度来确定，一般焰芯末端距离工件3～5mm为宜。距离太近容易使切口边缘熔化或增碳，同时，会产生"窝火"现象。

表5-21　割嘴号码及气体压力

割件厚度/mm	割炬		切割氧压力/MPa	乙炔压力/MPa
	型号	割嘴号码		
≤4	G01-30	1～2	3～4	0.01～1.2
4～10		2～3	4～5	
10～25	G01-100	1～2	5～7	0.01～1.2
25～50		2～3	5～7	
50～100		3	6～8	
100～150	G01-300	1～2	7	0.01～1.2
150～200		2～3	7～9	
200～250		3～4	10～12	

⑤ 割嘴倾斜角

割嘴倾斜角由割件厚度决定。若割嘴倾斜角选择不当，将会直接影响切割除速度。一般钢板在10mm以下时，割嘴沿切割方向后倾20°～30°；切割20～30mm厚度的钢板时，割嘴应垂直于工件；切割大于30mm厚的钢板，开始气割时应将割嘴前倾20°～30°，待割穿后再将割嘴垂直于工件进行正常切割，当快割完时，割嘴应逐渐向后倾斜20°～30°，如图5-42所示。

⑥ 切割速度

切割速度与割嘴的形状和工件厚度有关。选定割嘴后，割件厚度大时，气割速度慢，反之则快。
切割速度由操作者灵活掌握，太慢容易使切口边缘熔化；太快会产生后拖量或割不透，如图5-43所示。

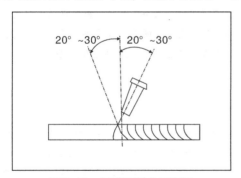

图5-42　割嘴倾斜角示意图

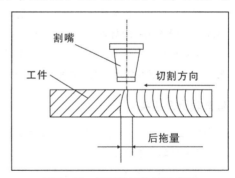

图5-43　气割的后拖量示意图

（2）气割的基本操作程序

① 气割操作姿势

手工气割时，由于操作者的习惯不同，操作姿势可以是多种多样的。对于初学者来说，应从"抱切法"学起，即双脚成"八"字形蹲在工件割线的一侧，右臂靠在右膝盖上，左臂悬空在两膝盖中间，以保证移动割炬时灵活方便，割线较长。右手把住割炬手柄，并用右手拇指和食指靠住手柄下面的预热氧调节阀开关，以便随时调整预热火焰，产生回火时，能及时切断混合气管的氧气源。左手拇指和食指把住切割氧阀的开关，其余三指平稳地把住混合室，以便于掌握切割方向。前胸应略挺起，呼吸要有节奏。眼睛注视切口前方的割线和割嘴，切割方向一般是自右向左。

② 点火

点火之前，先检查割炬的射吸能力。若割炬的射吸能力不足，则应查出原因或更换割炬。用点火枪点火时，手要离开火焰处，以免烧伤。将火焰调节为中性焰，也可以是轻微的氧化焰，禁止使用碳化焰。火焰调整好后，打开割炬上的切割氧开关，并加大氧气流量，观察切割氧的气流形状（即风线形状）。风线应为笔直而清晰的圆柱体，并要有适当的长度。只有这样，才能使割件表面光滑干净、宽窄一致。若风线形状不规则，应关闭所有阀门，用锥形通针或其他工具修好后，关闭切割氧开关，准备起割。

③ 起割

起割点应在工件的边缘上。待工件预热到呈亮红点时，将火焰略微移动至边缘以外，同时，慢慢打开切割氧开关，当看到红色亮点被吹走，再进一步加大切割氧，随着切割氧的加大，割件背面飞出氧化铁熔渣。此时，证明割件已经割透，割炬即可根据割件厚度，以适当速度开始自左向右移动切割。

如果割件在起割处的一侧有余量，则可从余量的地方起割，然后以一定速度移到割线处。如果两侧没有余量，则起割时要特别小心，在慢慢加大切割氧的同时，要随即将割嘴向前移动。若停止不动，氧气流会被返回的气流扰乱，周围会出现较深的沟槽。

④ 正常气割

起割后，即进入正常切割阶段。为了保证割口质量，在整个切割过程中，割炬移动的速度要均匀，割嘴与割件表面的距离应保持一致。气割操作者要变换位置时，应预先关闭切割氧调节阀，待体位移动好后，再将割嘴对准割缝，适当加热，然后慢慢打开氧气调节阀，继续向前切割。

在气割薄钢板时，操作者如果要变换位置，应先关闭切割氧调节阀，并同时把火焰迅速从钢板上移开，防止因薄板受热快引起变形或熔化。

在切割过程中，有时因割嘴过热或附有氧化铁渣，使割嘴堵塞；或乙炔不足时，出现鸣爆或回火现象。此时，必须迅速关闭预热氧和切割氧调节阀，防止氧气回流到乙炔管内发生回火。如果仍然听到割嘴内有"嘶、嘶"的响声，说明火焰没有熄灭，应立即关闭乙炔调节阀，或者拔掉乙炔管，使回火的火焰熄灭排出。当处理正常后，还要重新检查射吸能力，然后才能进行点火切割。

⑤ 停割收尾及接头

气割过程临近结束时，割嘴应沿切割方向的反向倾斜一个角度，以使钢板下部提前割透，割缝收尾处整齐。停割时注意余料的下落位置，保证落料安全，然后要仔细清除割口周边的挂渣，便于后道工序加工。

由于切割过程中不可避免地要有中间接头，因此，中间停火和收尾时必须保证根部切透，给接头提供良好的条件。

接头的方法很多，要想接头的质量好，首先是动作要快，利用金属的高温迅速接头切割。一般厚度时，可在停火处后10～20mm开始加热金属，垂直行走；厚度大时，在收尾处将割嘴向前倾斜一个角度，使工件下部有一定的空间，以获得更佳的切割效果。

2. 钢板的气割

（1）薄钢板的气割

气割4mm以下的薄钢板时，由于钢板较薄，受热快，散热慢。当气割速度过慢或预热火焰温度过高时，不仅会使钢板变形，正面的钢板棱角被熔化，形成前面割开，后面又熔合在一起的现象，而且氧化铁也不易被吹掉，冷却后氧化铁熔渣粘在钢板背面不容易清除。因此，在气割薄板时，为获得较好的切割效果，应采取以下措施。

① 选用G01-30型割炬和小号割嘴，预热火焰能率要小。

② 气割时，割炬要后倾25°～45°。

③ 割嘴与割件表面距离应保持为10～15mm。

④ 气割速度应尽可能快。

（2）中厚度钢板的气割

气割4～20mm的钢板时，一般选用G01-100型割炬，割嘴与割件表面距离大致为焰芯长度加上2～4mm，切割氧风线长度应超过工件厚度的1/3。气割时，割嘴向后倾斜20°～30°，钢板越厚，倾斜角度越小。

（3）大厚度钢板的气割

气割大厚度钢板时，由于工件上下受热不一致，使下层金属燃烧比上层金属慢，切口容易形成较大的后拖量，甚至割不透。同时，熔渣容易堵塞切口下部，影响气割过程的顺利进行。因此，气割大厚度钢板时，应注意以下事项。

① 应当选用G01-300型割炬和大号割嘴，以提高火焰能率。

② 氧气和乙炔要保证充分供给，氧气不能中断。通常是将多个氧气瓶并联起来使用，同时要使用较大的双级式氧气减压器。

③ 气割前，要调整好割嘴与工件的垂直度，即割嘴与割线两侧成90°夹角。

④ 起割前，预热的火焰能率要大些，首先由焊件边缘棱角处开始预热，到燃烧温度时，再逐渐开大切割氧调节阀，并将割嘴倾斜于工件，待工件边缘全部割透后，加大切割氧气流并使割嘴垂直于工件，同时割嘴沿割线向前移动。

⑤ 气割大厚度钢板时，要正确掌握气割工艺参数。表5-22是气割200mm钢板时的工艺参数，以供参考。

表5-22　气割200mm钢板时的工艺参数

钢板厚度/mm	割炬		气割速度/(mm/min)	乙炔压力/MPa	氧气压力/MPa		割嘴距工件距离/mm
	型号	割嘴号码			预热	切割	
200	G01-300	4	100～120	0.05	0.05	1.10	10

⑥ 在气割过程中，若遇到割不透情况时，应立即停止切割，以免气涡和熔渣在割缝中旋转，使割缝产生凹陷。重新起割时，应选择另一方向作为起割点。整个气割过程必须保持均匀一致的气割速度，以免影响割缝宽度和表面粗糙度，并要随时注意乙炔压力变化，及时调节火焰，保持一定的火焰能率。

3. 钢管的气割

（1）可转动管子的气割

转动气割管子时，可分段进行，即每割一段后暂停一下，将管子稍加转动，然后再继续切割下一段。气割开始时，预热火焰应先预热管侧部位，割嘴与管子的表面垂直（图5-44中的位置1）。待割透管壁后，割嘴立即向上倾斜，并上倾到与起割点切线成70°～80°角的位置。在每段切割时，割嘴随切缝前移的同时，要改变割嘴位置，即图5-44中位置2～4所示。

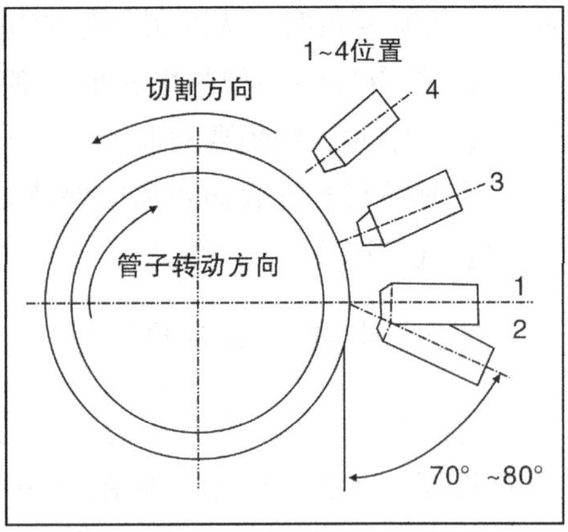

（2）固定管子的切割

由于固定管子不能转动，切割时要从管子的底部开始，正、反方向分两部分切割，如图5-45所示。

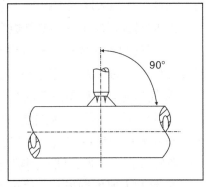

图5-44 转动管子气割过程示意图

先从图5-45中切割方向"1"割到水平位置后，关闭切割氧，将割嘴移到管子下部，沿图5-45中的1～7位置变换角度。

如果是斜角线切割，除割嘴垂直于大面外，其余两个小面，割嘴都要随大面的斜线方向进行切割，切不可偏斜，如图5-46所示。

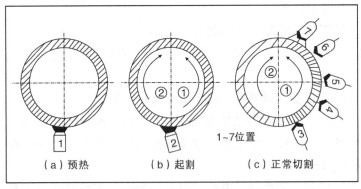

图5-45 固定管子气割位置示意图

图5-46 切割钢管时的轴线垂直示意图

项目六　铝合金及不锈钢焊接

[任务一　铝合金焊]

◐ 一、任务分析

汽车用铝合金可分为铸造铝合金和变形铝合金。铸造铝合金在汽车上的使用量最多，占80%以上，其中又分为重力铸造件、低压铸造件和其他特种铸造零件。变形铝合金包括板材、箔材、挤压材、锻件等。世界各国工业用铝合金材料的品种构成虽然有一定的差异，但大体是相同的。其品种构成：铸件占80%左右，锻件占1%～3%，其余为加工材。

◐ 二、相关知识

1. 铝合金的种类

铝及铝合金的种类可归纳如下：

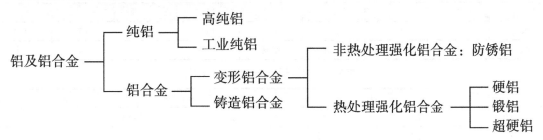

纯铝分高纯铝和工业纯铝两大类。高纯铝主要用做导电元件和制作要求高的铝合金。工业纯铝含铝在99%以上，其中主要杂质为铁和硅，可制作电缆、电容器，铝箔可制作垫片，很少直接制作受力结构零件。

铝合金按工艺性能特点分为变形铝合金（又称加工铝合金）和铸造铝合金两大类。变形铝合金是单相固溶体组织，它的变形能力较好，适于锻造及压延。它又分非热处理强化和热处理强化两种类型的铝合金。铸造铝合金中存在共晶组织，流动性好，因而适于铸造。

非热处理强化铝合金主要通过锰、镁等元素的固溶强化提高合金的强度，因而有铝锰合金和铝镁合金两种，统称防锈铝合金。这类铝合金具有很好的焊接性能。

热处理强化铝合金是通过固溶、淬火-时效等工艺提高其力学性能的，有硬铝、锻铝和超硬铝三类。硬铝和超硬铝具有高强度的同时还具有较高的塑性，主要缺点是耐蚀性较差，焊接性也随着强度的提高而变差。合金中含锌量较多则晶间腐蚀及焊接热裂纹倾向较大。锻铝在高温下具有良好的塑性，故适于制造锻件及冲压件，可以进行淬火-时效强化。铝镁硅锻铝强度不高但有优良的耐蚀性，没有晶间腐蚀倾向，焊接性能良好。铝镁硅铜锻铝强度较高，但耐蚀性随强度增强而变差。

铸造铝合金分铝硅、铝铜、铝镁和铝锌合金四类，其中铝硅合金用量最大。与变形铝合金相比，铸造铝合金的最大优点是铸造性能优良，耐蚀性较好，机械加工性能好，但塑性低，不宜进行压力加工。

在纯铝中加入各种合金元素后可提高其强度和获得其他性能。按合金系列，铝及铝合金可分为工业纯铝、铝-铜系、铝-锰系、铝-硅系、铝-镁系、铝-镁-硅系、铝-锌-镁-铜系和其他系八类。

2. 铝及铝合金的牌号、成分与力学性能

铝及铝合金的牌号是按合金系列命名的，铝及铝合金可分为：1XXX系（工业纯铝）、2XXX系（铝-铜系）、3XXX系（铝-锰系）、4XXX系（铝-硅系）、5XXX系（铝-镁系）、6XXX（铝-镁-硅系）、7XXX系（铝-锌-镁-铜系）、8XXX系（其他）。

我国在1996年前都采用GB/T 340—1976规定的铝及铝合金牌号。旧牌号中表示纯铝及铝合金的牌号的第一个符号用"铝"的汉语拼音第一个大写字母"L"表示。如果是工业钝铝，就在"L"后直接加上该系列的顺序号表示；如果是高纯铝，则在"L"之后加"G"再加上顺序号；如果是防锈铝则在"L"后加"F"，再加顺序号，见表6-1。为了方便读者阅读以往资料，表6-2中列出了部分新牌号与旧牌号对照。

表6-1　铝及铝合金旧牌号的字头

名称	工业纯铝	高纯铝	防锈铝	硬铝	超硬铝	锻铝	特殊铝	硬钎焊铝
牌号	L	LG	LF	LY	LC	LD	LT	LQ
代表字	铝	高铝	铝防	铝硬	铝超	铝锻	铝特	铝钎

表6-2　铝及铝合金新旧牌号对照

新牌号	旧牌号	新牌号	旧牌号	新牌号	旧牌号
1070A	L1	1060	L2	1050A	L3
1035	L4	1A50	1G2	1A30	34-1
1100	L5-1	1200	L5	2A12	LY12
2A14	LD10	2A16	LY16	2A20	LY20
2219	LY19	3A21	LF21	4A01	LT1
4A11	LD11	5A01	LF15	5A02	LF2
5A03	LF3	5A05	LF5	5B05	LF10
5A06	LF6	5B06	LF14	5A12	LF12
5A13	LF13	5A30	LF16	5A33	LF33
5A16	LT41	5A43	LF13	5A66	LF66
5056	LF5-1	5086	LT4	6A02	LD2
6B02	LD2-1	6061	LD30	6063	LD31
6071	LD2-2	7A04	LC4	7A09	LC9

3．铝及铝合金的焊接性

铝及铝合金可以焊接并能得到合格的焊接接头，但必须懂得其焊接性，以便采取相应的焊接措施。

（1）极易氧化

铝与氧的亲和力很大，任何温度下都易氧化，母材表面生成高熔点（2070℃）的Al_2O_3。焊接时，氧化膜影响母材与熔滴的熔合。此外，氧化膜电子逸出功低，易发射电子，使电弧漂移不定。因此，焊前须考虑清除氧化膜，焊时须加强保护以防止焊接区被氧化，并不断破除可能新生的氧化膜。

（2）需要强热源焊接

铝及铝合金导热、导电性高，热容量大，其热导率为钢的2.5～4倍，焊接时比钢的热损失大。因此，要求用能量集中的强热源焊接。若要达到与钢相同的焊接速度，则焊接热输入约为钢的2～4倍。

（3）易产生气孔

液态铝可溶解大量氢气，固态时几乎不溶解。因此，氢在焊接熔池快速冷却、凝固结晶过程中来不及逸出，就会在焊缝中形成气孔。

（4）易形成热裂纹

铝高温强度低，塑性差（纯铝在640～656℃间的伸长率小于0.69%），线胀系数和结晶收缩率却比钢大一倍。焊接时在焊件中会产生较大热应力和变形，在脆性温度区间内易产生热裂纹。此外，焊后内应力大，将影响结构长期使用的尺寸稳定性。

（5）合金元素易蒸发和烧损

铝合金含的低沸点合金元素，如镁、锌、锰等，在焊接电弧和火焰作用下，极易蒸发和烧损，从而改变了焊缝金属的化学成分和性能。

（6）固、液态无色泽变化

铝及铝合金从固态转变为液态时，无明显颜色变化，加上高温下强度和塑性低，使操作者难于掌握加热温度，有时引起熔池金属的塌陷与焊穿。

（7）焊接接头的弱化

非热处理强化铝合金若在冷作硬化状态下焊接，热影响区的峰值温度超过再结晶温度（200～300℃），冷作硬化效果消失而出现软化；热处理强化铝合金无论是在退火状态还是在时效状态下焊接，焊后不经热处理，其接头强度均低于母材。这种弱化在焊缝、熔合区和热影响区都可能产生。焊接热输入越大，性能降低的程度也越严重。

总体来说，纯铝、非热处理强化的变形铝合金的焊接性是较好的，只是热处理强化的变形铝合金焊接性较差。只要针对这些问题和特点，正确地选择焊接方法和填充材料，采用合适的工艺措施，完全能够获得质量良好的焊接接头。

三、任务实施

1. 焊前准备及焊后处理

由于铝及铝合金焊接的特点，为了获得优良的焊接接头，焊前准备显得非常重要，它直接影响焊接质量；而焊后清理也不可忽视，否则会影响接头的使用寿命。

（1）焊前准备

焊前准备工作主要是坡口准备和焊前的清理，根据需要，有时要进行工装准备和预热等。焊前必须严格清除焊接区和焊丝表面的氧化膜和油污等，生产上常用化学清洗和机械清理两种方法。详细步骤与内容见表6-3。

表6-3 焊前准备的步骤与内容

步骤		工作内容	备注
焊前清理	工件清理	① 用丙酮或四氯化碳等有机溶剂除去油污，两侧坡口的清理范围不应小于50mm ② 坡口及其附近（包括焊接垫板等）的表面，可用锉、刮、铣或用不锈钢丝刷清理至完全露出新荏	为了保证清理质量，请每次都用新的钢丝刷，如果使用旧刷，必须先将旧刷清洗干净并晾干 清理好的焊件和焊丝不得有水迹、碱迹或被沾污。经清理后的工件和焊丝应尽快投入焊接使用，因存放过程中表面又会重新产生氧化膜。如果在气候潮湿情况下，应在清理后4h内施焊，若存放时间过长，须重新清理
	焊丝清理	① 用丙酮或四氯化碳等有机溶剂除去油污 ② 用化学方法去除氧化膜，即用5%～10%的NaOH溶液，在70℃下浸泡30～60s后水洗 ③ 再用15%左右的HNO_3在常温下浸泡2min，然后用温水洗净，并使其干燥	
焊缝衬垫的制作		铝及铝合金在高温时强度低，液态流动性能好，单面对接平焊时焊缝金属容易下塌。为了保证焊透同时又不致引起塌陷，焊前在接头反面采用带槽的衬垫（板），以便焊接时能托住熔化金属及附近金属。垫板可用石墨、纯铜或不锈钢等制成，垫板尺寸如右图所示	
预热		薄小铝焊件一般不必预热。厚度超过5～10mm的厚大铝件，预热温度不宜过高，一般为100～300℃，多数不超过150℃	适当预热可以减少焊接所需热输入，对大型复杂焊件还可减少其焊接应力，防止裂纹和气孔的产生
		w（Mg）=3%～5.5%的铝合金预热温度不应高于120℃，其层间温度也不应超过150℃	否则会降低其耐应力腐蚀性能。预热方法可用氧乙炔火焰或喷灯对焊件局部加热

（2）焊后清理

焊后残留在焊缝表面及其两侧附近的熔剂、熔渣会在使用中继续破坏铝板表面上的氧化膜保护层，从而引起接头的严重腐蚀。因此，焊后应及时将这些残留物清除干净。清理的方法和步骤如下。

① 将焊件浸在40～50℃的热水中用硬毛刷仔细刷洗焊接接头。

② 在温度为60～80℃、浓度为2%～3%的铬酐水溶液或重铬酸钾溶液中浸洗约5～10min，并用硬毛刷洗刷。

③ 在热水中再冲刷洗涤。

④ 风干、烘干或自然干燥。

2. 焊接工艺

熔焊、压焊和钎焊都可以焊接铝及铝合金，但压焊需要专用的设备，钎焊的强度一般都较低，因此熔焊应用还是最普遍的。在铝及铝合金的熔焊中，焊条电弧焊由于质量难以保证而极少应用，故本章不做介绍，应用较多的则是气焊和氩弧焊。

（1）气焊

气焊主要用于焊接厚度较小、形状复杂、对质量要求不高的焊接结构和铸件的焊补。在没有氩气供应的地区或不便于使用氩弧焊时，可以采用气焊。其缺点是火焰温度低，热量分散，因此焊接热影响区宽，焊接速度慢，焊接变形大，接头晶粒粗大等。

气焊时除焊前准备及焊后清理工作，还要做好以下工作。

① 接头形式和坡口准备

气焊铝板接头的坡口准备见表6-4。

表6-4 气焊铝板接头的坡口准备

板厚/mm	坡口准备	板厚/mm	坡口准备
1.5～2.0	卷边接头	2.0～5.0	I形坡口，间隙b为1mm左右
5.0～8.0	单边V形坡口；坡口角度a= 60°～70°，钝边p≤3mm，间隙b=3mm。也可以开U形坡口	>8.0	X形坡口；a=60°～70°，p≤3mm，b=3mm。有条件也可以开U形坡口

气焊铝及铝合金最适于采用对接，避免采用搭接。必须采用T形接头或角接头时，一定要保证角焊缝能熔透，否则把角焊缝改成对接焊缝，因为这些接头易残留熔剂和熔渣而无法清除。薄板一般不开坡口，有时采用卷边接头。采用卷边接头时，其背面应熔透、焊匀。若背面有凹坑，缝隙也易残留熔剂和熔渣。图6-1所示为厚度在5mm以下的薄铝板气焊接头形式，厚度大于5mm宜开坡口，表6-4给出了坡口形状和尺寸的建议。图6-2所示为角焊缝改为对接焊缝的例子。

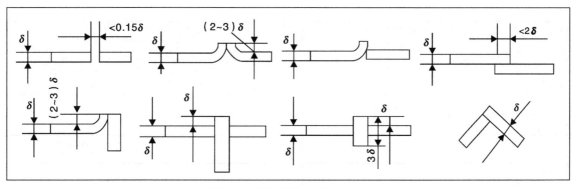

图6-1 薄铝板气焊接头形式

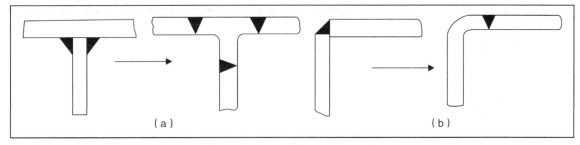

图6-2　铝及铝合金角焊缝改为对接焊缝

② 焊接材料的选择

● 焊丝

气焊、氩弧焊和等离子弧焊用的填充金属，一般为光铝焊丝。目前常用的焊丝列于表6-5中。在缺乏标准型号焊丝时，可以从母材上切下狭条代用，其长度为500～700mm，厚度与母材相同。

表6-5　铝及铝合金焊丝的类别、型号与牌号

类别	型号	牌号	类别	型号	牌号
纯铝	SAl-1		铝镁	SAlMg-1	
	SAl-2			SAlMg-2	
	SAl-3	HS301		SAlMg-5	HS331
铝硅	SAlSi-1	HS311	铝锰	SAlMn	HS321
	SAlSi-2		铝铜	SAlCu	

纯铝焊丝中铁与硅之比应大于1，以防止形成热裂纹。对具有一定耐蚀要求的纯铝接头，应选用纯度比母材高一级的纯铝焊丝。

较为通用的铝焊丝是SAlSi-1（即HS311），该焊丝液态金属流动性好，特别是凝固时收缩率小，故具有较好的抗热裂性能，还能保证其力学性能，常用于焊接除铝镁合金外的其他各种铝合金。注意，当用SAlSi-1焊丝焊接硬铝、超硬铝、锻铝等高强度铝合金时，焊缝虽具有一定抗裂性能，但接头强度只有母材的50%～60%。因此，对接头强度要求较高时，宜选用与母材成分相近或特殊牌号的焊丝。

焊接铝镁合金时，常选用比母材中w（Mg）高1%～2%的合金做焊丝。用SAlMg5Ti焊接铝镁合金，所得焊缝金属具有较高的强度和韧性。焊丝中加入少量钛、钒、锆等合金元素可作为变质剂，细化焊缝组织。

焊丝选用可参考表6-6。焊丝的性能表现及其适用性应与其预定用途联系起来，以便针对不同材料和性能要求来选择焊丝，见表6-7。

表6-6　一般用途焊接时焊丝选用指南

母材之一 ＼ 母材之一	7005 6A02 6061 6063	5083 5083	5A05 5A06	5A03	5A02	3A21 3003	2A16 2B16	2A12 2A14	1070 1060 1050
	与 母材配用的焊[1][2][3]								
1070 1060 1050	SAlMg-5[4]　SAlSi-1[4]	ERIMg-5 LF14	SAlMg-5[4]	SAlMg-5[4]	SAlMg-5[4]	SAlMn[5]	–	–	SAl-1 SAl-2 SAl-3
2A12 2A14	–　–	–	–	–	–	–	SAlSi-1 Bj-380A		
2A16 2B16							SAlCu		
3A21 3003	SAlMg-5[8]　SAlSi-1	SAlMg-5[6]	SAlMg-5[6]	SAlMg-5[6]	SAlSi-1[6]	SAlMn SAlMg-3			

续表

母材之一 ＼ 母材之一	7005	6A02 6061 6063	5083 5083	5A05 5A06	5A03	5A02	3A21 3003	2A16 2B16	2A12 2A14	1070 1060 1050
	与 母材配用的焊①②③									
5A02	SAlMg-5⑧	SAlMg-5⑦	SAlMg-5⑥	SAlMg-5 LF14	SAlMg-5⑥	SAlMg-5⑧				
5A03	SAlMg-5⑥	SAlMg-5⑥	SAlMg-5⑥	SAlMg-5 LF14	SAlMg-5⑥					
5A05 5A06	SAlMg-5⑥ LF14	SAlMg-5⑥	SAlMg-5 LF14	SAlMg-5 LF14						
5083 5086	SAlMg-5⑥	SAlMg-5⑥	SAlMg-5⑥							
6A02 6061 6063	SAlMg-5 SAlSi-1⑧	SAlSi-1⑧								
7005	X5180									

注：

① 不推荐SAlMg-3、SAlMg-5、ER5356在淡水或盐水中，接触特殊化学物质或持续高温（超过65℃）的环境下使用。

② 本表中的推荐意见适用于惰性气体保护焊接方法。氧燃气火焰气焊时，通常只采用SAl-1、SAl-2、SAl-3、SAlSi-1。

③ 本表内未填写焊丝的母材组合不推荐用于焊接设计或须通过试验选用焊丝。

④ 某些场合可用SAlMg-3。

⑤ 某些场合可用SAl-I或SAl-2、SAl-3。

⑥ 某些场合可用SAlMg-3。

⑦ 某些场合可用SAlSi-1。

⑧ 某些场合可用SAlMg-1、SAlMg-2、SAlMg-3，它们或者可在阳极化处理后改善颜色匹配，或者可提供较高的焊缝延性，或者可提供较高的焊缝强度。SAlMg-1适合在持续的较高温度下使用。

表6-7 针对不同的材料和性能要求选择焊丝

材料	按不同性能要求推荐的焊丝				
	要求高强度	要求高延性	要求焊后阳极化后颜色匹配	要求耐海水腐蚀	要求焊接时裂纹倾向低
1100	SAlSi-1	SAl-1	SAl-1	SAl-1	SAlSi-1
2A16	SAlCu	SAlCu	SAlCu	SAlCu	SAlCu
3A21	SAlMn	SAl-1	SAl-1	SAl-1	SAlSi-1
5A02	SAlMg-5	SAlMg-5	SAlMg-5	SAlMg-5	SAlMg-5
5A05	LF14	LF14	SAlMg-5	SAlMg-5	LF14
5083	ER5183	ER5356	ER5356	ER5356	ER5183
5086	ER5356	ER5356	ER5356	ER5356	ER5356
6A02	SAlMg-5	SAlMg-5	SAlMg-5	SAlSi-1	SAlSi-1
6063	ER5356	ER5356	ER5356	SAlSi-1	SAlSi-1
7005	ER5356	ER5356	ER5356	ER5356	
7039	ER5356	ER5356	ER5356	ER5356	

● 熔剂

在气焊和碳弧焊过程中，通常熔剂是各种钾、钠、锂、钙等元素的氯化物和氟化物的粉末混合物。表6-8

列出了气焊、碳弧焊常用熔剂的配方。

表6-8 气焊、碳弧焊常用熔剂的配方

序号\组成	铝块	氟化钠	氟化钙	氯化钠	氯化钾	氯化钡	氯化锂	硼砂	其他	备注
1		7.8~9		27~30	49.5~52		13.5~15			CJ401
2			4	19	29	48				
3	30			30	40					
4	20				40	40				
5		15		45	30		10			
6			27	15			14		硝酸钾41	
7		20		20	40	20				
8			25	25			40		硫酸钠10	
9	4.8		14.8			33.3	20	氯化镁2.3	氟化镁24.8	
10						70	15		氟化锂15	
11				6	3				硫酸钾20 硝酸钾28	
12	20			30	50					

表6-8中含锂的熔剂熔点低，其熔渣黏度也较低，能大量溶解氧化膜，焊缝表面清渣容易，适用于薄板全位置焊，但易吸湿。不含锂的熔剂适于较厚的板焊接。

焊接角接或搭接接头时，清渣较困难，建议用表6-8中8号熔剂。焊接铝镁合金时，不宜用含有钠的配方，可选用9、10号熔剂。

熔剂的使用方法是：先把熔剂用洁净蒸馏水调成糊状（每100g熔剂加入约50mL水），然后涂于焊丝表面及焊件坡口两侧，厚度约0.5~1.0mm。或用灼热的焊丝端部直接蘸上干的熔剂焊，这样可以减少熔池中水的来源，避免产生气孔。调好的熔剂在12h内用完。

③ 火焰与焊嘴的选择

氧乙炔焰应取中性焰或轻微碳化焰。若用氧气过多的氧化焰会使铝强烈氧化；而乙炔过多，会促使焊缝产生气孔。焊嘴大小按焊件厚度来选用，薄铝板易烧穿，要选择比焊同样厚度的钢板小一些的焊嘴；厚大铝焊件因散热快，要选择比焊钢件大一些的焊嘴，表6-9所列资料供参考。

表6-9 不同厚度铝板气焊时焊炬和焊嘴的选择

板厚/mm	1.2	1.5~2.0	3.0~4.0	5.0~7.0	7.0~10.0	10.0~20.0
焊丝直径/mm	1.5~2.0	2.0~3.0	2.0~3.0	4.0~5.0	5.0~6.0	5.0~6.0
射吸式焊炬型号	H01-6	H01-6	H01-6	H01-12	H01-12	H01-20
焊嘴号码	2	1~2	3~4	1~3	2~4	4~5
焊嘴孔径/mm	0.9	0.9~1.0	1.1~1.3	1.4~1.8	1.6~2.0	3.0~3.2

④ 操作要领

●焊嘴与焊丝的倾角

焊薄板时，焊嘴倾角约为30°~40°，焊丝倾角约为40°~50°，如图6-3所示；焊厚板时，焊嘴倾角应在50°左右，焊丝倾角为40°~50°。起焊时，工件冷，焊嘴倾角宜大些；终焊时工件处于高温，倾角应小一些。避免倾角过大，否则吹不开熔渣。

●定位焊

焊前用定位焊将焊件的相对位置固定。表6-10列出了按焊件厚度确定定位焊的参考数据。可以用比焊接时稍大的火焰焊接，焊嘴倾角为50°左右。

表6-10 气焊各种厚度铝板定位焊的参考数据

厚板/mm	<1.5	1.5~2.0	3.0~4.0	5.0~7.0	7.0~10	10~16	>16
定位焊间距/mm	10~0	30~0	50~80	80~100	100~120	120~180	180~240
定位焊缝长度/mm	5~8	6~10	10~5	20~30	30~40	40~50	50~60
焊缝高度/mm	1.0~1.2	1.2~2.0	2.5~3.0	3.0~5.0	3.0~5.0	5.0~7.0	6.0~8.0

●焊接方向

薄铝板宜用左向焊法，如图6-3所示，有利于防止熔池过热和热影响区晶粒长大。焊接厚度大于5mm的焊件则用右向焊法，右向焊法允许用较高的温度加热焊件，以加速熔化，也便于观察熔池和操作。

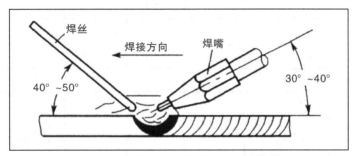

图6-3 气焊焊丝、焊嘴与工件的夹角

●焊嘴和焊丝的运动

焊嘴和焊丝密切配合是获得良好焊缝成形和内外质量的关键。焊接时，焊炬一边前进，一边上下跳动。当运动到下方时，火焰加热母材使其熔化，并利用火焰吹力形成熔池；当运动到上方时，火焰加热焊丝，使端头熔化形成熔滴。这样，焊丝与坡口处的母材周期性地受热、熔化，从而形成焊缝。送丝时，焊丝末端应插入熔池前部，并随即将其向熔池外拖出，靠外加焊丝时的机械作用去破坏熔池表面的氧化膜，搅拌熔池金属，使杂质排出，并使熔滴金属与熔池金属熔合。

当厚度不同或熔点不同的材料焊在一起时，应将火焰指向厚度大的或熔点高的一侧。焊前也应将厚大零件用焊炬预热适当温度后再焊。

（2）钨极氩弧（TIG）焊

钨极氩弧焊已成为焊接铝及铝合金的主要方法，有手工钨极氩弧焊和自动钨极氩弧焊两种。其优点是热量集中，电弧稳定、焊缝成形美观、组织致密，接头强度和塑性高，可获得优质接头。

① 接头形式和坡口准备

钨极氩弧焊铝及铝合金的接头形式有对接、搭接、角接和T形接等，接头几何形状与焊接钢材相似。但因铝及铝合金的流动性更好并且焊枪喷嘴尺寸较大，因而一般都采用较小的根部间隙和较大的坡口角度。表6-11列出了几种常用坡口形式和尺寸。

铝及铝合金工件坡口加工方法包括剪切、锯切、机械加工（铣边、刨边）、等离子弧切割、凿和锉等。厚度在12mm以下铝板可剪切，但剪切刀刃应保持清洁和锋利，以提供清洁光滑的边缘。

板边可用等离子切割，其切割速度高且精确。加工U形坡口可用碳弧气刨，但最好用机械加工，即用铣边机和刨边机加工。

坡口角度、钝边高和间隙三者相互关联，当厚度相同，而坡口角度较小时，间隙就要增大；坡口角度较大，钝边较小时，间隙应适当减小，以防止烧穿。

表6-11 几种常用坡口形式和尺寸

焊件厚度/ mm	坡口形式	坡口尺寸			备注
		间隙b/mm	钝边p/mm	角度a/（°）	
1～2		<1	2～3		不加填充焊丝
1～3		0～0.5			双面焊，反面 铲焊根
3～5		1～2			
3～5		0～1	1～1.5	70±5	双面焊，反面 铲焊根
6～10		1～3	1～2.5	70±5	
12～20		1.5～3	2～3	70±5	
14～25		1.5～3	2～3	a_1: 80±5 a_2: 70±5	双面焊，反面 铲焊根，每面 焊两层以上
管子壁厚度 ≤3.5		1.5～2.5			用于管子右旋 转的平焊
管子壁厚度 3～10（外径 30～300）		<4	<2	70±5	管子内壁可 用固定垫板
4～12		1～2	1～2	50±5	共焊1～3层
8～25		1～2	1～2	50±5	每面焊两层以上

② 焊接电源

用钨极氩弧焊焊接铝及铝合金时，由于直流正接没有"阴极破碎"作用不能焊铝，反接又太容易烧钨极，故采用交流电源为宜。用方波交流电源是最理想的，如果没有就只能用正弦交流电源。为了保证消除直流分量，应使用专门用于焊铝的交流钨极氩弧焊机。

③ 焊接工艺要点

●手工钨极氩弧焊

根据工件厚度和接头形式，有加焊丝和不加焊丝两种操作。

焊接工艺参数：包括钨极直径、焊丝直径、焊接电流、电弧电压、氩气流量、喷嘴直径、钨极伸出长度、喷嘴与工件间距离等。表6-12列出了手工TIG焊焊接铝及铝合金板的工艺参数。表6-13列出了手工TIG焊焊接对接铝合金管工艺参数。

表6-12　手工TIG焊焊接铝及铝合金板的工艺参数

板材厚度 /mm	焊丝直径 /mm	钨极直径 /mm	预热温度 /℃	焊接电流 /A	氩气流量 （L/min）	喷嘴直径 /mm	焊接层数 （正面/反面）	备注
1	1.6	2		45～60	7～9	8	正1	卷边焊
1.5	1.6～2	2		50～80	7～9	8	正1	卷边或单面对接焊
2	2～2.5	2～3		90～120	8～12	8～12	正1	对接焊
3	2～3	3		150～180	8～12	8～12	正1	V形坡口对接
4	3	4		130～200	10～15	8～12	（1～2）/1	V形坡口对接
5	3～4	4		180～240	10～15	10～13	（1～2）/1	V形坡口对接
6	4	5		240～280	16～20	14～16	（1～2）/1	V形坡口对接
8	4～5	5	100	260～320	16～20	14～16	2/1	V形坡口对接
10	4～5	5	100～150	280～340	16～20	14～16	（3～4）/（1～2）	V形坡口对接
12	4～5	5～6	150～200	300～360	18～22	16～20	（3～4）/（1～2）	V形坡口对接
14	5～6	5～	180～200	340～380	20～24	16～20	（3～4）/（1～2）	V形坡口对接
16	5～6	6	200～220	340～380	20～24	16～20	（4～5）/（1～2）	V形坡口对接
18	5～6	6	200～240	360～400	25～30	16～20	（4～5）/（1～2）	V形坡口对接
20	5～6	6	200～260	360～400	25～30	20～22	（4～5）/（1～2）	V形坡口对接
16～20	5～6	6	200～260	300～380	25～30	16～20	（2～3）/（2～3）	X形坡口对接
22～25	5～6	6～7	200～260	360～400	30～35	20～22	（3～4）/（3～4）	X形坡口对接

表6-13　手工TIG焊焊接对接铝合金管工艺参数

管子尺寸/mm 外径	壁厚度	衬环厚度 /mm	焊件位置	焊接层数	焊接电流 /A	钨极直径 /mm	焊丝直径 /mm	氩气流量 （L/min）	喷嘴直径 /mm
φ25	3	2.0	水平旋转	1～2	100～115	3.0	2	10～12	12
			水平固定	1～2	90～110	3.0	2	12～16	12
			垂直固定	1～2	95～115	3.0	2	10～12	12
φ50	4	2.5	水平旋转	1～2	125～150	3.0	3	12～14	14
			水平固定	1～2	120～140	3.0	3	14～18	14
			垂直固定	2～3	125～145	3.0	3	12～14	14
φ60	5	2.5	水平旋转	2	140～180	3.0	3～4	12～14	16
			水平固定	2	130～150	3.0	3～4	14～18	16
			垂直固定	3～4	135～155	3.0	3～4	12～14	16
φ100	6	3.0	水平旋转	2	170～210	4.0	4	14～15	18
			水平固定	2	160～180	4.0	4	16～20	18
			垂直固定	3～4	165～185	4.0	4	14～16	18
φ150	7	4.5	水平旋转	2	210～250	4.0	4	14～16	18
			水平固定	2	195～205	4.0	4	16～20	18
			垂直固定	3～5	200～220	4.0	4	14～16	18
φ300	10	5.0	水平旋转	2～3	250～290	5.0	4～5	14～16	20
			水平固定	2～3	245～255	5.0	4～5	16～20	20
			垂直固定	3～5	250～270	5.0	4～5	14～16	20

操作要领：注意焊丝、焊嘴与工件三者处于正确的空间位置，如图6-4所示。平板对接焊时，焊嘴与工件间的角度为70°～80°，角接时为35°～45°。焊丝与工件间的角度约为10°。一般采用左向焊法，焊炬均匀平稳地向前直线移动。弧长应恒定，不加焊丝对接焊时，弧长为0.5～2mm；加焊丝时，弧长为4～7mm。焊丝和焊嘴的运作须协调配合。母材尚未达到熔化温度时，焊丝端部应处在电弧附近的氩气保护层内预热待焊，当熔池形成并具有良好流动性时，立即从熔池边缘送进焊丝，焊丝熔化而滴入熔池形成焊缝。

当可旋转的铝管对接平焊时，焊嘴应稍处于上坡焊的位置，如图6-5所示，以利于焊透。厚壁管子焊接第一层时不填丝，直接用焊炬熔透根部，以后几层再填充焊丝。

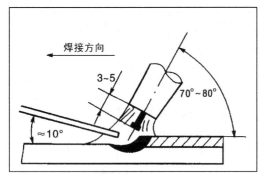

图6-4　手工钨极氩弧焊焊丝、
焊嘴与工件的位置

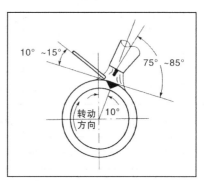

图6-5　管子对接焊时焊丝、
焊嘴和管子之间的位置

焊接结束时要注意填满弧坑才能断弧，否则会引起弧坑裂纹。有些焊接设备设有焊接电流衰减装置，能很好解决此问题，当按下停焊按钮（或松开按钮）后，焊接电流逐渐减小，使弧坑处再补充少量焊丝金属。无电流衰减装置时，在接近熄弧处加快焊接速度和送丝速度，将弧坑填满后，逐渐拉长电弧而实现熄弧。

● 动钨极氩弧焊

焊枪由焊接小车自动行走时带其移动，焊丝由送丝机构从氩弧前方自动送进。

焊接工艺参数：比手工TIG焊多送丝速度和焊接速度两项工艺参数。同样厚度的铝板，自动焊比手工焊所用的焊接电流、喷嘴直径、氩气流量和焊接速度大。表6-14列出了自动钨极氩弧焊铝及铝合金的焊接工艺参数。

表6-14　自动钨极氩弧焊铝及铝合金的焊接工艺参数

板厚 /mm	坡口形式	钨极直径 /mm	焊丝直径 /mm	焊接电流 /A	焊接速度 （m/h）	送丝速度 （m/h）	氩气流量 （m/h）	焊接层数
2	I	3～4	1.6～2	170～180	19	18～22	16～18	1
3	I	4～5	2	200～220	15	20～24	18～20	1
4	I	4～5	2	210～235	11	20～24	18～20	1
6	V（60°）	4～5	2	230～260	8	22～26	18～20	2
8～10	V（60°）	5～6	3	280～300	7～6	25～30	20～22	3～4

操作要领：因焊枪自动移行，故对装配质量比手工钨极氩弧焊要求更高，而且要保证焊炬与工件之间相对位置恒定，并与焊缝轴线严格对中。焊前应将钨极尖端调节在焊缝中心线上，它与焊件间的距离保持在0.8～2mm的范围内，钨极伸出喷嘴长度为6～10mm，如图6-6所示。

按工件厚度和工艺要求，可加入焊丝或不加焊丝。卷边接头、端接接头或厚板第一层焊缝一般不加焊丝，后面各层均须加焊丝。焊丝与工件夹角为10°左右，焊丝伸出长度为10～13mm（图6-6）。送丝速度应等于焊丝熔化速度，且焊丝端部恰好位于氩气保护区内。随着焊件厚度增加，焊接速度适当减慢。

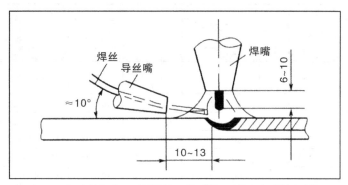

图6-6　自动钨极氩弧焊焊丝、焊嘴与工件之间的相对位置

（3）熔化极氩弧（MIG）焊

熔化极氩弧焊有自动焊和半自动焊两种形式，主要用于中等厚度以上铝及铝合金的焊接。自动焊适于形状规则的纵缝或环缝且处于水平位置的焊接；半自动焊较机动灵活，适于短焊缝、断续焊缝或较复杂结构的全位置焊缝的焊接。

熔化极氩弧焊通常使用直流电源，而且是直流反接（即焊丝接正）。半自动焊多用小直径焊丝，这时应采用恒压（平特性）电源和等速送丝。通过调节送丝速度来获得所需的焊接电流，以达到良好的熔合和熔深；须通过调节电弧电压来达到焊丝熔滴的喷射过渡。大直径焊丝只能用于平焊位置的自动焊，这时应采用恒流（陡降特性）电源和变速送丝。焊接时主要调节电流大小，送丝速度由自动系统调节以保持弧长。

① 坡口准备

铝板厚度小于6mm不用开坡口，间隙应小于0.5mm；厚度在6mm以上须加工成V形或X形坡口。自动焊时，钝边较大，这时坡口角度应加大达100°左右，或采用窄间隙等特殊坡口和焊接工艺。自动焊的装配质量要高于半自动焊，间隙大于1mm时可用半自动焊预堆一层焊缝，以免引起焊穿。

② 焊接工艺要点

●自动MIG焊

自动熔化极氩弧焊的主要工艺参数有焊丝直径、焊接电流、电弧电压、送丝速度、焊接速度、喷嘴直径和氩气流量等。通常是先根据焊件厚度选择坡口形状和尺寸，再选焊丝直径和焊接电流。

电弧电压一般控制在27～31V，电流较大，使熔滴呈亚喷射状过渡。这种过渡形式可使电弧稳定、飞溅少、熔深大、阴极破碎区宽、焊缝成形美观等。氩气流量也相应加大。

表6-15列出了纯铝和部分铝合金自动熔化极氩弧焊工艺参数。在平板对接或筒体纵缝的焊接前，应在接缝两端焊上与母材成分和厚度相同的引弧板和收弧板。焊接时，喷嘴端部至焊件间的距离应保持在12～22mm。距离过高，气体保护不良；过低则会恶化焊缝成形。焊接环焊缝时收弧处可与起弧处重叠100mm左右，这种重熔起弧处有利于排除可能存在的缺陷。收弧处过高的部分用风铲修平。

表6-15　纯铝、铝镁合金、硬铝自动熔化极氩弧焊工艺参数

板材牌号	焊丝牌号	板材厚度/mm	坡口形式	坡口尺寸 钝边/mm	坡口尺寸 坡角度/(°)	坡口尺寸 间隙/mm	焊丝直径/mm	喷嘴直径/mm	氩气流量/(L/min)	焊接电流/A	电弧电压/V	焊接速度/(m/h)	备注
5A05（LF5）	SAlMg-5	5	–	–	–	–	2.0	22	28	240	21～22	42	单面焊双面成形
1060（L2）、1050A（L3）	1060（L2）	6	–	–	–	0～0.5	2.5	22	30～35	230～260	26～27	25	正反面均焊一层
		7	V形	4	100	0～0.5	2.5	22	30～35	300～320	26～27	24～28	
		10	V形	6	100	0～1	3.0	28	30～35	310～330	27～28	18	
		12	V形	8	100	0～1	3.0	28	30～35	320～340	28～29	15	
		14	V形	10	100	0～1	4.0	28	40～45	380～400	29～31	18	
		16	V形	12	100	0～1	4.0	28	40～45	380～420	29～31	17～20	
		20	V形	16	100	0～1	4.0	28	50～60	450～500	29～31	17～19	
		25	V形	21	100	0～1	4.0	28	50～60	490～550	29～31	–	
		28～30	V形	16	100	0～1	4.0	28	50～60	560～570	29～31	13～15	
5A02（LF2）5A03（LF3）	5A03（LF3）5A05（LF5）	12	V形	8	120	0～1	4.0	28	30～35	320～350	28～30	24	
		18	V形	14	120	0～1	4.0	28	50～60	450～470	28～30	18.7	
		20	V形	16	120	0～1	4.0	28	50～60	450～500	28～30	18	
		25	V形	16	120	0～1	4.0	28	50～60	490～520	29～31	16～19	
2A12（LY12）	SAlSi-1	50	X形	6～8	75	0～0.5	4.2	28	50	450～500	24～27	15～18	也可采用双面U形坡口，钝边6～8mm

注意：

正面焊完后必须清根。然后进行反面焊接。

焊炬向前倾斜10°～15°。

●半自动MIG焊

焊接工艺参数除焊接速度由操作者控制外，其余和自动MIG焊相似。表6-16列出了纯铝半自动MIG焊的工艺参数。对于相同厚度的铝锰、铝镁合金，焊接电流应降低20～40A，而氩气流量应增大10～15L/min。

表6-16　纯铝半自动MIG焊的工艺参数

板厚/mm	坡口 形式	坡口 钝边/mm	坡口 间隙/mm	焊丝直径/mm	氩气流量（L/min）	焊接电流（直流反接）/A	电弧电压/V	焊道数
3.2	I		0～3	1.2	14	110	20	1
4.8	60° V形	1.6	0～1.6	1.2	14	170	20	1
6.4	60° V形	1.6	0～3	1.6	19	200	25	1
9.5	60° V形	1.6	0～4	1.6	19	290	25	2
12.7	60° V形	1.6	0～3	2.4	24	320	25～31	2
19	60° V形	1.6	0～4.8	2.4	28	350	25～29	4
25.4	90° V形	3.2	0～4.8	2.4	28	380	25～31	6

半自动熔化极氩弧焊的焊接速度，即焊枪向前移动的速度，与板厚、焊接电流和电弧电压等有关。焊枪移动速度应使得电弧保持在熔池上面，移动过快易熔合不良，过慢易烧穿或熔宽过大。一般采用左向焊法，焊

枪喷嘴略向前倾，倾角为15°～20°，如图6-7所示。焊厚板时角度小些，近于垂直，以获得较大熔深；焊薄板时角度宜大些。喷嘴端部与工件间的距离宜保持在8～20mm之间，焊接铝镁合金时宜短，以减小镁合金的烧损。焊丝伸出喷嘴的长度为10～25mm。

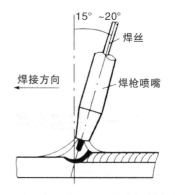

图6-7　半自动MIG焊喷嘴倾斜角度

● 脉冲熔化极氩弧焊

和脉冲钨极氩弧焊原理上是相似的，脉冲特征参数也相同。但是，脉冲熔化极氩弧焊用的电源是直流脉冲，而脉冲钨极氩弧焊用的是交流脉冲。

利用脉冲MIG焊除了可实现对焊丝熔化及熔滴过渡的控制、改善电弧稳定性、可用小的平均焊接电流实现熔滴喷射过渡、可以进行全位置焊接外，脉冲MIG焊还有一重要优点是可用粗焊丝焊接薄铝板。例如，普通熔化极氩弧焊焊接2mm厚的铝板时，一般使用$\phi 0.8$mm的细铝焊丝，这样的焊丝刚度小，送丝很困难，焊接过程不稳定，而脉冲熔化极氩弧焊可用$\phi 1.6$mm的粗铝焊丝焊接，能实现稳定送丝要求，并且粗丝比细丝焊接气孔倾向小。

脉冲熔化极氩弧焊可对3～6mm厚的铝板实现I形坡口单面焊双面成形工艺，厚度大于6mm的铝板（或铝管），一般须开坡口。

脉冲熔化极氩弧焊主要工艺参数有脉冲电流、基值电流、脉冲通电时间、脉冲休止时间、焊丝直径、送丝速度、焊接速度和氩气流量等。选择这些参数时须考虑母材的种类、厚度及焊缝的空间位置、熔滴过渡形式等。熔化极氩弧焊以喷射过渡为主要熔滴过渡形式，为此，焊接电流一定要大于喷射过渡临界电流值，才能实现稳定的焊接过程。在脉冲焊接情况下，无论脉冲电流是什么样的波形，其脉冲峰值电流一定要大于在此条件下喷射过渡的临界电流值。脉冲电流和脉冲通电时间都是决定焊缝形状和尺寸的主要参数，随着脉冲电流增大和脉冲通电时间的延长，焊缝熔深和熔宽增大，调节这两个参数，就可以获得不同的焊缝熔深和熔宽。基值电流主要用于维持电弧稳定燃烧，在脉冲MIG中还可用于调节焊接热输入，以控制预热和冷却速度。平焊对接焊缝时，宜用较大基值电流。空间位置焊时宜用较小的基值电流。脉宽比宜选25%～50%。对于空间位置焊缝应选择较小的脉宽比，以保证电弧有一定的挺直度。对于热裂倾向大的铝合金也宜选用较小的脉宽比。根据实现稳定的喷射过渡要求，脉冲频率可在30～120Hz选取。表6-17列出了纯铝、铝镁合金半自动脉冲熔化极氩弧焊工艺参数。

表6-17　纯铝、铝镁合金半自动脉冲熔化极氩弧焊工艺参数

| 合金牌号 | | 板厚 | 焊丝直径 | 基值电流 | 脉冲电流 | 电弧电压 | 脉冲频率 | 氩气流量 | 备注 |
新	旧	/mm	/mm	/A	/A	/V	/Hz	(L/min)	
1035	L4	1.6	1.0	20	110～130	18～19	50	18～20	喷嘴直径为16mm，焊丝牌号为1035（L4）
1035	L4	3.0	1.2	20	140～160	19～20	50	20	喷嘴直径为16mm，焊丝牌号为1035（L4）
5A02	LF3	1.8	1.0	20～25	120～140	18～19	50	20	喷嘴直径为16mm，焊丝牌号为5A03（LF4）
5A05	LF5	4.0	1.2	20～25	160～180	19～20	50	20～22	喷嘴直径为16mm，焊丝牌号为5A05（LF4）

任务二 不锈钢焊接

一、任务分析

不锈钢材料由于强度高，相对质量比较轻，特别是受冲击以后，吸收能量比其他金属材料强，安全性能好，且与普通碳钢车辆相比具有重量轻、使用寿命长、制造组装工艺简单等优点，使得不锈钢在汽车制造业中的使用呈世界性扩展趋势，具有很大的潜在市场。汽车碰撞后不锈钢的焊接修复也是必不可少的。

二、相关知识

1. 不锈钢的分类及性能

耐蚀和耐热高合金钢统称为不锈钢。不锈钢含有Cr（≥12%）、Ni、Mn、Mo等元素，具有良好的耐腐蚀性、耐热性能和较好的力学性能，适于制造要求耐腐蚀、抗氧化、耐高温和超低温的零件和设备，应用十分广泛。

（1）不锈钢的种类

不锈钢的类型较多，主要按化学成分、组织类型和用途三种方法分类。

① 按化学成分分类

铬不锈钢，如Cr13、Cr17等。

铬镍不锈钢在铬不锈钢中加入Ni，以提高耐蚀性、焊接性和冷变形性，如1Cr18Ni9Ti、1Cr18Ni12Mo3Ti等。

铬锰氮不锈钢含有Cr、Mn、N元素，不含Ni，如Cr17Mn13Mo2N等。

② 按组织分类
● 奥氏体钢

这是应用最广的一类，以高Cr-Ni钢最为典型。主要分为18-8系列（如0Cr19Ni9、1Cr18Ni9Ti、1Cr18Mn8Ni5N、0Cr18Ni12Mo2Cu等）和25-20系列（2Cr25Ni20Si2、4Cr25Ni20和00Cr25Ni22Mo2等）两大类。此外，还包括沉淀硬化钢，如0Cr17Ni4CuNb（简称17-4PH）。

● 铁素体钢

其含Cr 17%～30%。主要用做耐热钢，也用做耐蚀钢，如1Cr17及00Cr30Mo2高纯铁素体钢。铁素体钢多以退火状态供货。

● 马氏体钢

含Cr13系列最为典型，如1Cr13、2Cr13、3Cr13、4Cr13及1Cr17Ni12。以Cr12为基的1Cr12MoWV多元合金马氏体钢，用做热强钢。热处理对马氏体钢力学性能影响很大，应根据要求规定供货状态，或者退火状态，或者淬火回火状态。

●铁素体－奥氏体双相不锈钢

钢中铁素体占60%～40%，奥氏体占40%～60%，这类钢具有优异的抗腐蚀性能。最典型的有18-5型、22-5型、25-5型，如00Cr18Ni5Mo3Si2、00Cr22Ni5Mo3N、0Cr25Ni7Mo4WCuN。与18-8钢相比，其主要特点是提高Cr而降低Ni，同时添加Mo和N。这类双相不锈钢以固熔处理态供货。

③ 按用途分类

●不锈钢

仅指在大气环境下及侵蚀性化学介质中使用的钢，工作温度一般不超过500℃，要求耐腐蚀，对强度要求不高。应用最广的有Cr13系列不锈钢和低碳Cr-Ni钢（如0Cr19Ni9、1Cr18Ni9Ti）或超低碳Cr-Ni钢（如00Cr25Ni22Mo2、00Cr22Ni5Mo3N等）。

●热稳定钢

在高温下具有抗氧化性能，它对高温强度要求不高。工作温度可高达900～1100℃。常用的有高Cr钢（如1Cr17、1Cr25Si2）和Cr-Ni钢（如2Cr25Ni20、2Cr25Ni20Si2）。

●热强钢

在高温下既要有抗氧化能力，又要具有一定的高温强度，工作温度为600～800℃。广泛应用的是Cr-Ni奥氏体钢（1Cr18Ni9Ti、1Cr16Ni25Mo6、4Cr25Ni20、4Cr25Ni34等）。

常见不锈钢的牌号及主要化学成分见表6-18～表6-21。

表6-18　马氏体不锈钢的牌号及化学成分

牌号	化学成分/（%）							
	C	Si	Mn	S	P	Cr	Ni	Mo
1Cr12	≤0.15	≤0.50	≤1.00	≤0.03	≤0.035	11.5～13.0		
1Cr13	≤0.15	≤1.00	≤1.00	≤0.03	≤0.035	11.5～13.0		
1Cr13Mo	0.08～0.18	≤0.60	≤1.00	≤0.03	≤0.035	11.5～14.0		0.30～0.60
2Cr13	0.18～0.25	≤1.00	≤0.80	≤0.03	≤0.035	12.0～14.0		
2Cr13	0.16～0.24	≤1.00	≤0.80	≤0.03	≤0.035	12.0～14.0		
3Cr13Mo	0.28～0.35	≤0.80	≤1.00	≤0.03	≤0.035	12.0～14.0		0.50～1.00
4Cr13	0.36～0.45	≤1.00	≤0.80	≤0.03	≤0.035	12.0～14.0		
1Cr13Ni2	0.11～0.17	≤0.80	≤0.80	≤0.03	≤0.035	16.0～18.0	1.50～2.50	
3Cr16	0.25～0.40	≤1.00	≤1.00	≤0.03	≤0.035	15.0～17.0		
7Cr17	0.60～0.75	≤1.00	≤1.00	≤0.03	≤0.035	16.0～18.0		≤0.75
8Cr16	0.75～0.95	≤1.00	≤1.00	≤0.03	≤0.035	16.0～18.0		≤0.75
11Cr17	0.95～1.20	≤1.00	≤1.00	≤0.03	≤0.035	16.0～18.0		≤0.75

表6-19　铁素体不锈钢的牌号及化学成分

牌号	化学成分/（%）								
	C	Si	Mn	S	P	Cr	Ti	Mo	N
00Cr12	≤0.03	≤1.00	≤1.00	≤0.03	≤0.035	11.0～13.0			
0Cr13	≤0.08	≤0.60	≤0.80	≤0.03	≤0.035	12.0～14.0			
1Cr17	≤0.12	≤0.75	≤1.00	≤0.03	≤0.035	16.0～18.0	≤20 5℃%≤0.8 5℃%≤0.8	0.75～1.25	
1Cr17Mo	≤0.12	≤1.00	≤1.00	≤0.03	≤0.035	16.0～18.0		0.75～1.25	
1Cr28	≤0.15	≤1.00	≤0.80	≤0.03	≤0.035	27.0～30.0			
1Cr17Ti	≤0.12	≤0.80	≤0.80	≤0.03	≤0.035	16.0～18.0			≤0.025
1Cr25Ti	≤0.12	≤1.00	≤0.80	≤0.03	≤0.035	24.0～27.0			≤0.025
00Cr17Mo	≤0.025	≤0.10	≤1.00	≤0.03	≤0.035	16.0～19.0		0.75～1.25	≤0.15
00Cr18Mo2	≤0.025	≤0.10	≤1.00	≤0.03	≤0.035	17.0～20.0		1.75～2.25	≤0.15
00Cr30Mo2	≤0.01	≤0.40	≤0.40	≤0.03	≤0.035	28.5～32.0		1.5～2.5	
00Cr27Mo	≤0.01	≤0.40	≤0.40	≤0.03	≤0.035	25.0～32.0		0.75～1.5	

表6-20　奥氏体不锈钢的牌号及化学成分

牌号	化学成分/（%）					
	C	Si	Mn	S	P	Cr
00Cr17Ni13Mo2N	≤0.03	≤1.00	≤2.50	≤0.03	≤0.035	16.5~18.5
00Cr17Ni14Mo2	≤0.03	≤1.00	≤2.00	≤0.03	≤0.035	16.0~18.0
00Cr18Ni10N	≤0.03	≤1.00	≤2.00	≤0.03	≤0.035	17.0~19.0
00Cr18Ni12Mo2Cu2	≤0.03	≤1.00	≤2.00	≤0.03	≤0.035	17.0~19.0
00Cr197Ni13Mo3	≤0.03	≤1.00	≤2.00	≤0.03	≤0.035	18.0~20.0
0Cr17Ni12Mo2	≤0.08	≤1.00	≤2.00	≤0.03	≤0.035	16.0~18.0
0Cr17Ni12Mo2N	≤0.08	≤1.00	≤2.50	≤0.03	≤0.035	16.0~18.0
0Cr18Ni19	≤0.07	≤1.00	≤2.00	≤0.03	≤0.035	17.0~19.0
0Cr18Ni12Mo2Ti	≤0.08	≤1.00	≤2.00	≤0.03	≤0.035	16.0~19.0
0Cr18Ni12Mo3Ti	≤0.08	≤1.00	≤2.00	≤0.03	≤0.035	16.0~19.0
0Cr18Ni16Mo5	≤0.04	≤1.00	≤2.50	≤0.03	≤0.035	16.0~19.0
0Cr18Ni16Mo2Cu2	≤0.08	≤1.00	≤2.00	≤0.03	≤0.035	17.0~19.0
0Cr18Ni10Ti	≤0.08	≤1.00	≤2.00	≤0.03	≤0.035	17.0~19.0
0Cr18Ni11Nb	≤0.08	≤1.00	≤2.00	≤0.03	≤0.035	17.0~19.0
0Cr19Ni9N	≤0.08	≤1.00	≤2.50	≤0.03	≤0.035	18.0~20.0
0Cr19Ni10NbN	≤0.08	≤1.00	≤2.50	≤0.03	≤0.035	18.0~20.0
0Cr19Ni13Mo3	≤0.08	≤1.00	≤2.00	≤0.03	≤0.035	22.0~24.0
0Cr23Ni13	≤0.08	≤1.00	≤2.00	≤0.03	≤0.035	24.0~26.0
0Cr25Ni20	≤0.08	≤1.50	≤2.00	≤0.03	≤0.035	17.0~19.0
1Cr18Ni12	≤0.12	≤1.00	≤2.00	≤0.03	≤0.035	17.0~19.0
1Cr18Ni9	≤0.15	≤1.00	≤2.00	≤0.03	≤0.035	17.0~19.0
1Cr18Ni9Si3	≤0.15	2.0~3.0	≤2.00	≤0.03	≤0.035	17.0~19.0
1Cr18Ni9Ti	≤0.12	≤1.00	≤2.00	≤0.03	≤0.035	16.0~19.0
1Cr18Ni12Mo3Ti	≤0.12	≤1.00	≤2.00	≤0.03	≤0.035	16.0~19.0
1Cr17Mn6Ni5N	≤0.15	≤1.00	5.50~7.50	≤0.03	≤0.035	16.0~18.0
1Cr18Mn8Ni5N	≤0.15	≤1.00	7.50~10.0	≤0.03	≤0.035	17.0~19.0
00Cr17Ni13Mo2N	10.5~14.5	–	–	2.0~3.0	–	0.12~0.22
00Cr17Ni14Mo2	12.0~5.0	–	–	2.0~3.0	–	–
00Cr18Ni10N	8.0~11.50	–	–	–	–	0.12~0.22
00Cr18Ni12Mo2Cu2	12.0~16.0	–	–	1.2~2.75	1.0~2.5	–
00Cr197Ni13Mo3	11.0~5.0	–	–	3.0~4.0	–	–
0Cr17Ni12Mo2	1.01~14.0	–	–	2.0~3.0	–	–
0Cr17Ni12Mo2N	10.0~14.0	–	–	–	–	0.10~0.22
0Cr18Ni19	8.0~11.0	–	–	–	–	–
0Cr18Ni12Mo2Ti	11.0~14.0	5（C%-0.02）~0.8	–	18.0~2.5	–	–
0Cr18Ni12Mo3Ti	11.0~14.0	5C%~0.7	–	–	–	–
0Cr18Ni16Mo5	15.0~17.0	–	–	4.6~6.0	–	–
0Cr18Ni16Mo2Cu2	10.0~14.0	–	–	1.2~2.75	1.0~2.5	–
0Cr18Ni10Ti	9.0~12.0	≥5C%	–	–	–	–

牌号	化学成分/（%）					
	Ni	Ti	Nb	Mo	Cu	N
0Cr18Ni11Nb	9.0～13.0	–	≥10C%	–	–	–
0Cr19Ni9N	7.0～10.50	–	–	–	–	0.10～0.25
0Cr19Ni10NbN	7.50～10.50	–	≤0.15	–	–	0.15～0.30
0Cr19Ni13Mo3	11.0～15.0	–	–	3.～4.0	–	–
0Cr23Ni13	12.0～15.0	–	–	–	–	–
0Cr25Ni20	19.0～22.0	–	–	–	–	–
1Cr18Ni12	10.5～13.0	–	–	–	–	–
1Cr18Ni9	8.0～10.0	–	–	–	–	–
1Cr18Ni9Si3	8.0～10.0	–	–	–	–	–
1Cr18Ni9Ti	8.0～10.0	5（C%-0.02）～0.8	–	–	–	–
1Cr18Ni12Mo3Ti	11.0～14.0	5（C%-0.02）～0.8	–	2.5～3.5	–	–
1Cr17Mn6Ni5N	3.50～5.50	–	–	–	–	≤0.25
1Cr18Mn8Ni5N	4.00～6.00	–	–	–	–	≤0.25

表6-21　铁素体-奥氏体双相不锈钢的牌号及化学成分

牌号	化学成分/（%）							
	C	Si	Mn	Cr	Ni	Mo	N	其他
3RE60	≤0.03	1.7	≤2.0	18.5	4.7	2.7		
18-5	≤0.03	1.5～2.0	1.0～2.0	18～9	4.5～5.5	2.5～3.0		
18-5-Nb	≤0.03	1.7	1.0～2.0	18～19	5.5～6.5	2.5～3.0		加Nb
SAF2205	≤0.03	≤0.08	≤2.0	22.0	5.5	3.0	0.14	Ti0.3～0.6
0Cr21Ni5i	≤0.08	≤0.08	≤0.8	20～22	4.8～5.8			Ti0.2～0.4
0Cr21Ni6Mo2Ti	≤0.08	≤0.08	≤0.8	20～22	5.5～6.5	1.8～2.5		Ti0.2～0.4
00Cr25Ni5Ti	≤0.03	≤1.0	≤1.0	25～26	5.5～7.0			Ti0.3～0.5
00Cr26NiMo2Ti	≤0.03	≤1.0	≤1.5	25～27	6.5～7.5	1.5～.0		
SUS329J1	≤0.08	≤1.0	≤1.5	23～28	3～6	1.0～3.0		
IN44	≤0.06	0.3～0.65	0.3～0.65	25～27	6～7			Ti≥5C
DP3	≤0.03	≤0.76	≤1.10	24～26	5.5～7.5	2.5～3.5	≥0.10	Cu0.2～0.8 W0.1～0.5
ZEPON25	≤0.046	≤0.36	≤0.61	24～26	7.51	2.60	0.115	Cu0.076

（2）物理性能和力学性能

① 不锈钢的物理性能

不锈钢在退火状态下的典型物理性能见表6-22。铬铁素体不锈钢与铬马氏体不锈钢很相似，除线胀系数外，物理性能与奥氏体不锈钢也很相似。铁素体、马氏体不锈钢的线胀系数比奥氏体小50%。

表6-22　不锈钢在退火状态下的典型物理性能

不锈钢类型	线胀系数（0～538℃）/10^{-8}·k^{-1}	导热系数λ（100℃）/W·M^{-1}·K^{-1}	比热容 c/J·kg^{-1}·K^{-1}	电阻率 p/$10^{-8}Ω^{-1}$·m^{-1}	熔点 T_M/℃
铬镍奥氏型	17.0～19.2	18.7～22.8	460～500	69～102	1400～1450
铬铁素体型	11.2～12.1	24.4～26.3	460～500	59～67	1480～1530
铬马氏体型	11.6～12.1	28.7	420～460	55～72	1480～1530
沉淀硬化型	11.9	21.8～23.0	420～460	77～102	1400～1440

② 不锈钢的力学性能

常见马氏体不锈钢、奥氏体不锈钢及铁素体不锈钢的力学性能分别见表6-23、表6-24、表6-25。一般来讲，马氏体不锈钢可以通过热处理方法来提高其强度和硬度，铁素体和奥氏体不锈钢不能用热处理方法来提高其强度和硬度。

表6-23　马氏体不锈钢的力学性能（经淬火回火处理）

牌号	屈服强度 $\sigma_{0.2}$/MPa	抗拉强度 $\sigma_{0.2}$/MPa	伸长率 δ_5（%）	断面收缩度 ψ/（%）	冲击韧性 a_{kv}/J·cm^{-2}	硬度HBS
1Cr12	≥392	≥588	≥25	≥55	≥147	≥170
1Cr13	≥343	≥539	≥25	≥55	≥98.1	≥159
1Cr13Mo	≥490	≥686	≥20	≥60	≥98.1	≥192
2Cr13	≥441	≥637	≥20	≥50	≥78	≥192
3Cr13	≥539	≥735	≥12	≥40	≥29	≥217

注：表中数据仅适用于直径、边长、内切圆直径或厚度小于或等于75mm的钢棒。

表6-24　奥氏体不锈钢的力学性能（经固溶处理）

牌号	屈服强度 $\sigma_{0.2}$/MPa	抗拉强度 $\sigma_{0.2}$/MPa	伸长率 δ_5（%）	硬度		
				HBS	HRS	HV
00Cr19Ni11	≥177	≥481	≥10	≤137	≤90	≤200
00Cr18Ni10N	≥245	≥549	≥40	≤217	≤95	≤220
00Cr17Ni14Mo2	≥177	≥481	≥40	≤187	≤90	≤200
00Cr17Ni13Mo2N	≥245	≥549	≥40	≤127	≤95	≤220
00Cr18Ni14Mo2Cu2	≥177	≥481	≥34	≤187	≤90	≤200
00Cr19Ni13Mo3	≥177	≥481	≥34	≤187	≤90	≤200
0Cr19Ni9	≥206	≥520	≥40	≤187	≤90	≤200
0Cr19Ni9N	≥275	≥549	≥35	≤217	≤95	≤220
0Cr19Ni10NbN	≥343	≥686	≥35	≤250	≤100	≤260
0Cr23Ni13	≥206	≥520	≥40	≤187	≤90	≤200
0Cr25Ni20	≥206	≥520	≥40	≤187	≤90	≤200
0Cr17Ni12Mo2	≥206	≥520	≥40	≤187	≤90	≤200
0Cr17Ni12Mo2N	≥275	≥549	≥35	≤217	≤95	≤220
0Cr18Ni12Mo3Ti	≥206	≥529	≥37	≤187	≤90	≤200
0Cr18Ni14Mo2Cu2	≥206	≥520	≥35	≤187	≤90	≤200
0Cr19Ni13Mo3	≥206	≥520	≥35	≤187	≤90	≤200
0Cr18Ni16Mo5	≥177	≥181	≥35	≤187	≤90	≤200
0Cr18Ni11Nb	≥206	≥520	≥40	≤187	≤90	≤200
0Cr18Ni13Si4	≥206	≥520	≥40	≤207	≤90	≤217
1Cr17Mn6Ni5N	≥245	≥637	≥40	≤241	≤100	≤253
1Cr17Mn8Ni5N	≥245	≥588	≥40	≤207	≤95	≤218
1Cr18Ni9	≥206	≥520	≥40	≤187	≤90	≤200
1Cr18Ni9Ti	≥206	≥520	≥40	≤187	≤90	≤200
1Cr18Ni9Si3	≥206	≥520	≥40	≤207	≤95	≤220
1Cr18Ni12Mo3Ti	≥206	≥529	≥37	≤187	≤90	≤200

表6-25　马氏体不锈钢的力学性能（经淬火回火处理）

牌号	屈服强度 $\sigma_{0.2}$/MPa	抗拉强度 $\sigma_{0.2}$/MPa	伸长率 δ_5（%）	断面收缩度 ψ/（%）	冲击韧性 a_{kv}/J·cm^{-2}	硬度HBS
00Cr12	≥196	≥363	≥22	≥60		≥183
00Cr30Mo2	≥294	≥451	≥20	≥45		≥228
00Cr27Mo	≥245	≥412	≥20	≥45	≥98.1	≥219
0Cr13Al	≥177	≥412	≥20	≥60		≥183
1Cr17	≥206	≥451	≥22	≥50		≥183
1Cr17Mo	≥206	≥451	≥22	≥60		≥183

（3）不锈钢的组织特点

根据钢中合金元素的含量，可分为奥氏体、铁素体、马氏体和奥氏体-铁素体等组织类型的不锈钢。不同合金元素对不锈钢组织的影响和作用程度不同，其中一类是形成稳定奥氏体的元素，如C、Ni、Mn、Ti、Nb、V、W、Al等，其中Nb的作用程度最小。

焊接时快速冷却形成的焊缝组织与各元素的铬当量和镍当量的关系图（Schaeffler图、Delong图、WRC图）可用做实用的组织图，如图6-8所示。Ni当量（Ni_{eq}）和Cr当量（Cr_{eq}）的计算公式见表6-26。

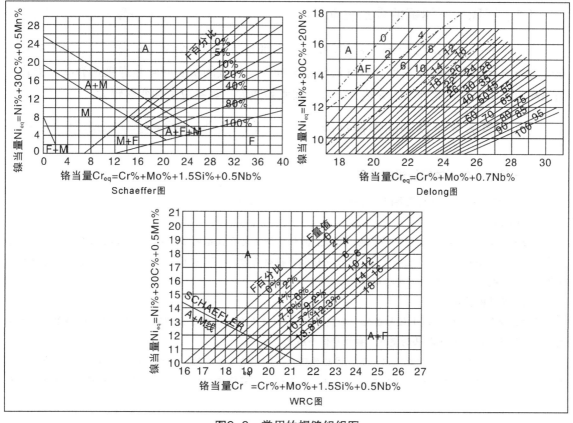

图6-8　常用的焊缝组织图

表6-26　Ni_{eq}和Cr_{eq}的计算公式

Schaeffler图	$Cr_{eq}=Cr\%+Mo\%+1.5Si\%+0.5Nb$, $Ni_{eq}=Ni\%+30C\%+0.5Mn\%$
Delong图	$Cr_{eq}=Cr\%+Mo\%+1.5Si\%+0.5Nb$, $Ni_{eq}=Ni\%+30C\%+0.5Mn\%$
WRC图	$Cr_{eq}=Cr\%+Mo\%+0.7Nb\%$, $Ni_{eq}=Ni\%+30C\%+20N\%$

（4）不锈钢的用途

奥氏体不锈钢在各种类型的不锈钢中应用最广泛，品种也最多。奥氏体不锈钢的塑、韧性优良，冷热加工性能好，焊接性优于其他类型的不锈钢，广泛应用于石油化工、建筑装饰、食品工业、医疗器械、纺织机械、核动力工业领域。

铁素体不锈钢的应用也较广泛，主要用于腐蚀环境不十分苛刻的场合，如室内装饰、家用电器等，超低碳铁素体不锈钢可用于热交换器、耐海水设备、有机酸及制碱设备等。马氏体不锈钢主要用于硬度、强度要求高，耐腐蚀性要求不太高的场合，如量具、刀具、餐具、弹簧、轴承、汽轮机叶片、水轮机转轮、泵、阀等。

奥氏体-铁素体双相不锈钢适用于海水处理设备、冷凝器、热交换器，在石油化工领域应用广泛。

2. 各类不锈钢的焊接性能

（1）奥氏体不锈钢的焊接性能

奥氏体不锈钢比其他不锈钢容易焊接，在任何温度下都不会发生相变，对氢脆不敏感，在焊态下奥氏体不锈钢接头也有较好的塑性和韧性。焊接的主要问题是焊接热裂纹、脆化、晶间和应力腐蚀等。此外，因导热性能差，线胀系数大，焊接应力和变形较大。

（2）铁素体不锈钢的焊接性能

① 普通铁素体不锈钢的焊接特点

普通铁素体不锈钢焊接的主要问题有冷裂倾向和焊接接头的脆化。

● 冷裂倾向

焊接 w（Cr）>16% 的铁素体不锈钢时，近缝K晶粒急剧长大而引起脆化，同时常温韧性较低，如果接头刚性较大，则很容易在接头上产生冷裂纹。在使用铬钢焊接材料时，为了防止过热脆化和产生裂纹，常采用低温预热以使接头处于富韧性状态下进行焊接。

● 焊接接头的脆化

这类钢的晶粒在900℃以上极易粗化，加热至475℃附近或自高温缓冷至475℃附近，在550～820℃温度区间停留（形成δ相）均会使接头的塑性、韧性降低而脆化。

接头上一旦出现晶粒粗化就难以消除，因热处理无法细化铁素体晶粒。因此，焊接时尽量采取小的热输入和较快的冷却速度，多层焊时严格控制层间温度，避免过热。若已在接头上产生δ相和475℃脆化，可通过热处理方法消除。

② 高纯铁素体不锈钢的焊接特点

高纯铁素体不锈钢比普通铁素体不锈钢容易焊接，因为前者 w（C）<0.015%，w（C+N）又很低，比后者具有更好的抗裂性能和耐蚀性能，并且不存在室温脆性问题。但要注意以下几点。

● 防止焊缝金属被污染

在焊接过程中必须防止带入C、N、O等杂质。最好采用带背面保护的TIG焊或双层气流保护焊，并用高纯度氩气，以获得高纯焊缝金属。有条件宜采用尾气保护，多层焊尤其需要。

● 正确选择焊接材料

最好选用含Ti、Nb稳定化元素的高纯铁素体不锈钢焊接材料，以防止多层多道焊时产生敏化以及焊缝金属吸收焊接气氛中的C和N后造成晶间腐蚀。

● 控制焊缝中Ni、Cu和Mo的含量

退火状态的高纯铁素体不锈钢在含Cl介质中一般不产生应力腐蚀，但是当钢或焊缝金属中Ni、Cu和Mo含量超过临界值时，会出现应力腐蚀倾向。

高纯铁素体不锈钢也存在475℃脆性，且与杂质（C、N、O等）含量无关，故焊接时，也应采取小焊接热输入、窄焊道并控制层间温度等措施。

③ 铁素体耐热钢的焊接特点

铁素体耐热钢大部分是w（Cr）>17%的高铬钢及部分Cr13型钢。这类钢焊接时不发生$a \rightarrow \gamma$相变，无硬化倾向，但在熔合线附近的晶粒会急剧长大使焊接接头脆化。含铬量越高，在高温停留时间越长，则脆化越严重，且不能通过热处理使其晶粒细化，在焊接刚性结构时容易引起裂纹。在焊接缓冷时，这类钢易出现475℃脆性和σ相析出脆化而使焊接接头韧性恶化。改善铁素体耐热钢焊接性的最新方法是提高钢的纯度，并加入Nb和Ti元素来控制间隙元素（C、N）的有害作用。这种钢焊后即使不进行热处理仍可获得塑性和韧性良好的焊接接头。

（3）马氏体不锈钢的焊接性能

① 马氏体不锈钢焊接的主要问题

马氏体不锈钢焊接的主要问题是冷裂纹。无论马氏体不锈钢以何种状态供货，焊后接头总会形成淬硬的马氏体组织。当焊接接头刚度大或含氢量高时，在焊接应力作用下，特别是从高温直接冷却至120℃以下时，很容易产生冷裂纹。含碳量越高，焊缝及热影响区硬度就越高，对冷裂纹就越敏感。

防止淬硬造成冷裂纹的最有效方法是预热和控制层间温度。为了获得最佳的使用性能和防止延迟裂纹，焊后要求热处理。

② 铁素体的影响

含碳量较高的马氏体不锈钢如2Cr13、3Cr13等，经加热冷却后都可以形成完全马氏体组织。但是，对含奥氏体形成元素碳或镍较少或者含铁素体形成元素铬、钼、钨或钒较多的马氏体钢，如1Cr13、1Cr17Ni2等，其铁素体稳定性偏高，加热到高温后铁素体不能全部转变为奥氏体，淬火后除了得到马氏体外，还要产生一部分铁素体。在粗大铸态焊缝组织及过热区中的铁素体，往往分布在粗大的马氏体晶间（即原奥氏体晶界上），严重时可呈网状分布。这使接头对冷裂更加敏感，高温力学性能恶化。

含铁素体形成元素较高的马氏体不锈钢具有较大的晶粒长大倾向。如果焊接时过热或冷却速度小，近缝区会出现粗大的铁素体和晶界碳化物，降低焊接接头塑性。

③ 马氏体耐热钢的焊接性能

马氏体耐热钢焊接性差，与马氏体不锈钢一样，主要问题是焊接冷裂倾向很大，焊接热影响区存在软化带，此外还有回火脆性问题。

马氏体耐热钢在空冷条件下即能淬硬，这类钢的导热性差，焊后残余应力较大，若有氢作用很容易产生冷裂纹。此外，含有Mo、W、V等元素的Cr12型耐热钢还有较大的晶粒粗化倾向，焊后接头产生粗大马氏体组织，使接头塑性下降。

在调质状态下焊接时，将在热影响区上A_{c1}温度附近出现软化带，使接头高温强度下降。焊前原始组织的硬度越高，软化程度越严重，焊后若在较高温度下回火，则软化程度更加严重，使接头持久强度降低而发生过早断裂。

马氏体钢如Cr13在550℃附近有回火脆性，因此在焊接和热处理过程中都需要注意。若钢中含有Mo、W合金元素，可以降低回火脆性。

⚙ 三、任务实施

1. 奥氏体不锈钢的焊接工艺

（1）焊接方法

由于奥氏体不锈钢具有优良的焊接性，几乎所有熔焊方法和部分压焊方法都可以焊接。但从经济、实用和技术性能方面考虑，最好采用焊条电弧焊、惰性气体保护焊、埋弧焊和等离子弧焊。

① 焊条电弧焊

厚度在2mm以上的不锈钢板仍以焊条电弧焊为主，因为焊条电弧焊热量比较集中，热影响区小，焊接变形较小，能适应各种焊接位置与不同板厚工艺要求，所用设备简单。此外，现在所用的焊条类型、规格和品种多，且配套齐全。但是，焊条电弧焊对清渣要求高；易产生气孔、夹渣等缺陷；合金元素过渡系数较小，与氧亲和力强的元素，如钛、硼、铝等易被烧损。

对于在各种腐蚀介质中工作的耐蚀奥氏体不锈钢，应按介质种类和工作温度来选用焊条。对于工作在300℃以上，有较强腐蚀性介质的场合，应选用含有Ti或Nb稳定元素或超低碳的焊条；对于含有稀硫酸或盐酸的介质，常选用含Mo或Mo、Cu的焊条；对于常温下工作、腐蚀性弱或仅为避免锈蚀的设备，从降低生产成本考虑，可选不含Ti或Nb的不锈钢焊条。

当要求纯奥氏体不锈钢的焊缝或结构刚性很大、焊缝抗裂性能差时，宜选用碱性药皮的奥氏体不锈钢焊条。具有双相奥氏体不锈钢的焊缝因含有一定量的铁素体，其塑性和韧性较好，这时宜选用焊接工艺性能好的钛型或钛钙型药皮的焊条。

用焊条电弧焊焊接奥氏体耐热钢，在生产中应用仍然广泛，但焊接质量和生产率比气体保护焊差。换焊条时接缝处反复受热，对耐蚀性不利。

② 氩弧焊

有钨极氩弧（TIG）焊和熔化极氩弧（MIG）焊两种，是焊接奥氏体不锈钢较为理想的方法。氩气保护效果好，合金元素过渡系数高，焊缝成分易于保证；且热源能量较集中，又有氩气的冷却作用，其焊接热影响区较窄，晶粒长大倾向小；焊后不用清渣，可以全位置焊接和机械化焊接。

TIG焊最适于3mm以下的不锈钢薄板的焊接。对于厚度小于0.5mm的超薄板，要求用10～15A电流焊接，此时电弧不稳，宜用脉冲TIG焊。厚度大于3mm有时须开坡口和采用多层多道焊。通常当厚度大于13mm时，考虑制造成本，不宜再用TIG焊，应采用MIG焊。

焊接奥氏体不锈钢用的保护气体主要是Ar，有时可用Ar+He。由于用惰性气体保护，焊接过程中合金元素很少被烧损，所以填充焊丝的成分与母材相同或相近。对于薄板的卷边接头，一般不用添加填充金属。为了保证焊接电弧稳定，电极宜选用$w(ThO)=1.7\%～2.2\%$的钍钨极（Wh-15），也可用铈钨极。

厚板（大于6mm）的奥氏体不锈钢宜采用射流过渡形式焊接，焊丝直径通常为0.8～1.6mm，但只适用于平焊和横焊。薄板宜用短路过渡，可以全位置焊接，常用焊丝直径为0.8mm、1.0mm和1.2mm。厚板推荐采用射流过渡进行平焊和横焊，一般采用Ar十2%O_2混合保护气体。与纯Ar相比，加入少量O_2有更好的润湿作用，并可改善电弧稳定性。但O_2含量不可过高，过高时合金元素会被烧损。填充焊丝的成分应与母材相同或相近，其直径为0.8～2.4mm。薄板宜采用短路过渡，此种过渡形式熔池温度低，易于控制焊缝成形，可进行全位置焊接。短路过渡的保护气体最好用Ar+5%CO_2，CO_2含量不宜过高，否则硅、锰元素损失大，对超低碳奥氏体不锈钢会造成增碳，故难以保证焊缝质量和耐蚀性。因此一般不推荐用CO_2焊接不锈钢。CO_2焊可焊接奥氏体耐热钢，它的增碳对奥氏体焊缝的热强性有利。但要注意CO_2焊的氧化性，会烧损钢中的有益元素，而降低耐蚀性。

为防止背面焊道表面氧化和获得良好成形，底层焊道焊接时，其背面须加氩气保护。

③ 埋弧焊

这适用于中厚板奥氏体不锈钢的焊接，有时也用于薄板。由于此方法焊接工艺参数稳定，焊缝成分和组织均匀，且表面光洁，无飞溅，因而接头的耐蚀性好。但是，埋弧焊的热输入大，熔池体积大，冷却速度低，高温停留时间长，均有促进奥氏体钢元素偏析和组织过热倾向，容易导致焊接热裂纹，其热影响区耐蚀性也受到影响。因此，对热裂纹敏感的纯奥氏体不锈钢，一般不推荐用埋弧焊。

用于碳钢埋弧焊的焊剂，因会引起铬的损失和锰、硅从焊剂熔入焊缝金属中，不适于焊接不锈钢。在冶金上宜用中性或碱性焊剂，焊接时，Cr、Ni等元素的烧损可通过在焊丝或焊剂中加入予以补偿。熔炼焊剂加入脱氧剂和合金元素较困难，很难控制焊缝金属中δ相的含量，所以不适于奥氏体不锈钢厚板的焊接。烧结焊剂容易将脱氧剂和合金元素加到焊剂中，有利于对焊缝金属中δ相含量的调整和对烧损元素的补充。

埋弧自动焊可焊接5mm以上厚度的奥氏体耐热钢。应注意的是埋弧焊的热输入较大，冷却速度和凝固速度较低，对奥氏体耐热钢有不利影响；由于熔深大，母材对焊缝金属的稀释，会影响到焊缝金属组织中铁素体含量的控制。

④ 等离子弧焊

采用微束等离子弧焊，可焊接0.025～0.5mm厚度的不锈钢箔，这是其他焊接方法难以完成的。采用熔透法焊接，电流为15～100A，可焊接0.5～3mm的薄板；采用小孔法焊接，电流为100～500A，可焊接3～8mm的钢板；不加填充金属单面焊一次成形，适用于不锈钢管的纵缝焊接。不仅如此，由于等离子弧的能量极其集中，热影响区很窄，使其在600～1000℃的温度区间，焊缝的抗晶间腐蚀能力强。

表6-27为部分奥氏体不锈钢和耐热钢焊接材料的选用。

表6-27　奥氏体不锈钢与耐热钢焊接材料的选用

钢号	电焊条		氩弧焊丝	埋弧焊	
	型号	牌号		焊丝	焊剂
0Cr18Ni9 0Cr19Ni9	E308L-16	A002	H00Cr21Ni10	H00Cr21Ni10	HJ260，HJ151 SJ601，SJ608
0Cr18Ni9Ti 1Cr18Ni9Ti	E308-16 E347-16	A102 A132	H0Cr20Ni10Ti H0Cr20Ni10Nb	H0Cr21Ni10Ti H0Cr20Ni10Nb	HJ172，HJ608 SJ701
0Cr18Ni11Nb 1Cr18Ni11Nb	E347-16	A132	H0Cr20Ni10Nb	H0Cr20Ni10Nb	HJ172
0Cr18Ni12Mo2Ti 1Cr18Ni12Mo2Ti	E316L-16	A022	H00Cr19Ni12Mo2	H00Cr19Ni12Mo2	HJ260，HJ172 SJ601
0Cr18Ni12Mo3Ti 1Cr18Ni12Mo3Ti	E316L-16 E317-16	A022 A242	H00Cr19Ni12Mo1 H00Cr20Ni14Mo3	H00Cr19Ni12Mo1 H00Cr20Ni14Mo3	HJ260，HJ172 SJ601
00Cr17Ni14Mo2	E316L-16	A022	H00Cr19Ni12Mo2	H00Cr19Ni12Mo2 H00Cr20Ni14Mo3	HJ260，HJ172 SJ601
00Cr17Ni14Mo3 00Cr19Ni13Mo3	E308L-16	A002	H00Cr19Ni12Mo2	H00Cr19Ni12Mo2 H00Cr20Ni14Mo3	HJ260，HJ172 SJ601

钢号	电焊条		氩弧焊丝	埋弧焊	
	型号	牌号		焊丝	焊剂
00Cr18Ni14Mo2Cu2	E317MoCuL-16	A032			
00Cr18Ni18Mo2Cu2Ti		A802			
00Cr18Ni10	E308L-16	A002	H00Cr21Ni10	H00Cr21Ni10	SJ601
0Cr19Ni9 1Cr18Ni9	A101 A102	E308-16 E308-17	H0Cr21Ni10	H0Cr19Ni9 H0Cr21Ni10	
1Cr18Ni9Ti	A112，A132	E347-16 E347-15	H0Cr20Ni10Ti	H0Cr19Ni10Nb	
0Cr18Ni11Ti 0Cr18Ni11Nb	A132 A137	E347-16 E347-15	H0Cr20Ni10Ti H0Cr20Ni10Nb	H0Cr21Ni10Ti	
0Cr17Ni12Mo2 0Cr18Ni13Si4	A201，A202 A232	E316-16 E318-16 E318-15	H0Cr18Ni14Mo2	H0Cr19Ni11Mo3	SJ601 SJ605 SJ608 HJ260
0Cr19Ni13Mo3	A242	E317-16	H0Cr25Ni13Mo3	H0Cr25Ni13Mo3	
0Cr23Ni13	A302 A307	E309-16 E309-15	H1Cr25Ni13	H1Cr25Ni13	
0Cr25Ni20 1Cr25Ni20Si2	A402 A407	E310-16 E310E15	H1Cr25Ni20	H1Cr25Ni20	
1Cr15Ni36W3Ti	A607				
2Cr20Mn9Ni2Si2N 3Cr18Mn11Si2N	A402，A407 A707，A717	E16-25MoN-16 E16-25MoN-15 E310-16	H1Cr25Ni20		

（2）焊接工艺要点

① 减小热输入

焊接奥氏体不锈钢不能用大焊接热输入，一般焊接所需的热输入比碳钢低20%～30%。过高焊接热输入会造成焊缝开裂、降低耐蚀性、变形严重和接头力学性能改变。采用小电流、低电压（短弧焊）和窄焊道快速焊可使热输入减小，采用必要的急冷措施可以防止接头过热的不利影响。应选用焊接能量集中的焊接方法，快速进行焊接，氩弧焊应是首选的焊接方法。厚板焊接采用尽可能小的焊缝截面的坡口形式，如夹角小于60°的V形坡口或U形坡口等。

② 防止焊缝污染

奥氏体不锈钢焊缝受到污染，其耐蚀性和强度会变差。外来污染有碳、氮、氧、水等。碳污染能引起裂纹和改变力学性能并降低耐蚀性。碳来自车间尘土、油脂、油漆、标记用的材料和工具，因此，焊前必须对焊接区表面（坡口及其附近）进行彻底清理，清除全部碳氢化合物及其他污染物。薄的氧化膜可用浸蚀（酸性）方法清除，也可用机械方法清除，如采用干净的不锈钢丝刷或砂轮、喷丸等工具和手段。

层间若有焊渣必须清除后再焊，以防止产生夹渣，最后焊道表面也应清渣，最好用钢丝刷或机械抛光去除。

③ 焊条电弧焊操作要领

在保证焊透和熔合良好的条件下用小电流快焊速，使焊接熔池受热尽可能小。平焊时，弧长一般控制在2~3mm，直线焊不做横向摆动，为的是减少熔池热量，防止铬等有益元素烧损。多层焊时，层间温度不宜过高，可待冷却到60℃以下再清理渣和飞溅物，然后再焊，其层数不宜多，每层焊缝接头相互错开。不在非焊部位引弧，焊缝收弧一定要填满弧坑，否则产生弧坑裂纹会成为腐蚀起源点，有条件的尽量使用引弧板和收弧板。

焊条为奥氏体不锈钢焊芯时，由于焊芯电阻大，热导率小，焊接时热量不易散发，加之线胀系数大，药皮跟不上焊芯的膨胀，会出现焊芯发红和药皮开裂、剥落现象。通常应在焊条使用说明中规定的焊接电流许用范围内使用。若无规定，可参照表6-28选用。焊条用前必须按规定烘干。

表6-28 不同规格的焊条适用的焊接电流

焊条直径/mm	平均焊接电流/A	最高电弧电压/A	焊条直径/mm	平均焊接电流/A	最高电弧电压/A
1.6	35~45	24	3.2	90~100	25
2.0	45~55	24	1.0	120~140	26
2.4	65~80	24	5.0	160~180	27

④ TIG焊操作要领

TIG焊适于焊接薄板或底层焊道。为了保证第一道焊缝背面不被氧化，焊接时也应同时吹送保护气体。为防止薄板对接焊时的变形宜采用图6-9所示的压紧装置（多为琴键式），背面采用带槽铜垫板，内通氩气进行焊缝背面保护，铜垫通水冷却，加速接头散热。

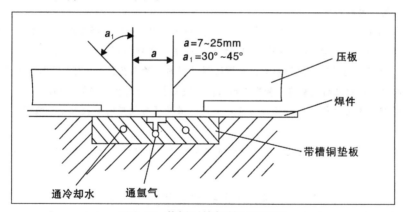

图6-9 薄板对接焊的压紧装置

氩气纯度应在99.6%以上，重要结构甚至达99.99%。氩气流量一般在10~30L/min，过小保护不良，过大出现紊流，保护也不良，电弧不稳。焊时风速应小于0.5m/s，否则要有挡风设施。

采用恒流直流电源，正接（钨极接负极）法焊接，以减少钨极消耗。尽量用短弧焊，薄板的无间隙对接或封底焊时，经常不加填充焊丝进行焊接。

⑤ MIG焊操作要领

MIG焊热量集中，熔敷速度大，较适合于厚板焊接。使用恒压或上升特性的直流电源，采用直流反接（焊丝接正极），正接因电弧不稳，故一般不采用。保护气体的使用要注意表6-29所列事项。其流量大小依焊接电流而调整，短路过渡一般选用12L/min以上，而射流过渡用18L/min以上。风大的地方（0.5m/s以上）应有挡风措施。

表6-29　不锈钢MIG焊时保护气体的使用

保护气体	熔滴过渡方式及其应用	注意事项
Ar+O$_2$ [ϕ（O$_2$）<5%]	射流过流-平焊	因焊道表面有硬氧化膜，故多层焊时应清除熔渣，以防止层间未焊透，若采用高硅焊丝，氧化膜能减少
	短路过渡-平、立、封底焊	
	脉冲射流过渡-全位置焊	
Ar+CO$_2$ [ϕ（CO$_2$）<20%]	短路过渡-全位置焊	因焊缝含碳量高，对要求耐蚀的地方不宜使用，拘束度大及厚板也不宜使用
	适于薄板焊接和打底焊	

表6-30列出了为获得良好熔滴过渡形式所用的焊接电流和电弧电压。脉冲MIG焊通常用的电流为100～200A，电弧电压为22～26V，根据所用填充材料和脉冲频率适当调整。

表6-30　获得良好的熔滴过渡形式所用的电流和电压

过渡形式	焊丝直径/mm	焊接电流/A	电弧电压/V
射流过渡	1.2	250～300	24～28
	1.3	300～350	28～31
短路过渡	1.2	150～200	15～18

在多道焊中为防止因氧化膜而引起未焊透缺陷，可用砂轮除去氧化膜。

⑥ 埋弧焊操作要领

埋弧焊焊接奥氏体不锈钢既可用交流电源也可用直流电源，但细焊丝（ϕ1.6～2mm）或薄板焊接多用直流电源。焊接电流要比在碳钢中焊类似焊缝所需电流约低20%，用于碳钢中的许多接头设计和焊接条件大致也适用于奥氏体不锈钢。但由于奥氏体不锈钢的较高电阻率和略低的熔化温度，因而在相同的焊接条件下，不锈钢焊丝的熔化速度要比碳钢焊丝高30%左右。这种高电阻率的焊丝其伸出长度的控制也比碳钢严格，因为焊丝的电阻热对熔敷速度有很大的影响。

为了防止焊接热裂纹，一般要求焊缝金属中有ϕ（δ-Fe）=4%～10%的δ铁素体。δ相含量过低则抗热裂能力不足，过高则导致耐蚀性下降和δ相脆化。控制该含量便成为了埋弧焊的关键。除了正确选择焊丝和焊剂之外，还受到母材对焊缝金属稀释作用的影响，而埋弧焊母材的稀释率在10%～75%范围内变化。为此，须在焊接工艺参数和接头坡口设计方面控制熔深和焊道形状。一般要求母材的稀释率低于40%。

烧结焊剂比熔炼焊剂容易吸湿，开罐后应立即使用。若开罐后放置时间较长或已吸湿，应在250℃进行1h的烘干。

注意，焊接不锈钢的电流不能过大，否则会造成热影响区耐蚀性降低和晶粒粗大。表6-31是按焊丝直径确定的电流范围。

表6-31　奥氏体不锈钢埋弧焊的焊接电流范围

焊丝直径/mm	2.4	3.2	4.0	5.0
电流范围/A	200～400	300～500	350～800	500～1000

（3）预热和焊后热处理

奥氏体耐热钢焊前不用预热，焊后视需要可进行强制冷却，以减少在高温区的停留时间。对已经产生475℃脆性和σ相脆化的焊接接头，可用热处理方法清除：短时间加热到600℃以上空冷可消除475℃脆性，加热到930～980℃急冷可消除σ相脆化。如果为了提高结构尺寸稳定性，降低残余应力峰值，可进行低温（低于500℃）回火热处理。

奥氏体不锈钢焊接一般不进行预热。为防止热裂纹和铬碳化物析出，层间温度应低一些，通常在250℃以下。焊后一般也不推荐进行热处理。只有在焊后进行冷加工或热加工场合以及用于易发生应力腐蚀的环境时，才进行热处理。

① 固熔化处理

其是在1000～1150℃下以板厚2min/mm以上的比例保温后，用水（薄板可用空气）急速冷却。热处理时，在产生铬碳化物的500～900℃温度区间内尽快急速冷却。但是，在要求以强度为主的场合一般不进行这样的热处理；对于使用稳定化钢或低碳不锈钢的场合，也不进行固熔化处理。

② 消除应力处理

其是在800～1000℃的温度下，按板厚2min/mm以上的比例保温后再行空冷的热处理。在接近900℃时消除应力效果较好。处理后可显著降低焊接应力，可有效降低应力腐蚀倾向。

注意：

进行这种热处理应充分考虑钢种、使用条件、过去的经验等因素，除非不得已必须进行的情况外，一般以不进行为好。例如，对于注重耐蚀性的场合和易析出σ相的焊缝金属（18-8Nb系，18-12Mo系），这种处理反而有害。

（4）典型焊接工艺参数

这里提供几种最常用的焊接方法在焊接奥氏体不锈钢时所采用的焊接工艺参数，目的是为初次焊接这种钢材或在拟定焊接工艺（评定）试验方案时提供参考和依据。各厂生产条件不同，运用这些资料时应随时根据实际情况进行必要调整。

① 焊条电弧焊对接焊缝平焊的坡口形式和工艺参数（表6-32）。

表6-32　焊条电弧焊对接焊缝平焊的坡口形式和工艺参数

板厚/mm	坡口形式	层数	坡口尺寸			焊接电流/A	焊接速度/(mm/min)	焊条直径/mm	备注
			间隙c/mm	钝边f/mm	坡口角度a/(°)				
2		2	0～1	–	–	40～60	140～160	2.5	反面铲焊根
		1	2	–	–	80～110	100～140	3.2	加垫板
		1	0～1	–	–	60～80	100～140	2.5	
3		2	2	–	–	80～110	100～140	3.2	反面铲焊根
		1	3	–	–	110～150	150～200	4.0	加垫板
		2	–	–	–	90～110	140～160	3.2	
5		3	2	–	–	80～110	120～140	3.2	反面铲焊根
		3	4	–	–	120～150	140～180	4.0	加垫板
		3	2	2	75	90～110	140～180	3.2	
6		4	0	0	80	90～140	160～180	3.0、4.0	反面铲焊根
		2	4	–	60	140～180	140～150	4.0、5.0	加垫板
		3	2	2	75	90～140	140～160	3.2、4.0	

板厚/mm	坡口形式	层数	坡口尺寸			焊接电流/A	焊接速度/(mm/min)	焊条直径/mm	备注
			间隙c/mm	钝边f/mm	坡口角度al(°)				
9		4	0	3	80	130~140	140~180	4.0	反面铲焊根
		3	4	–	60	140~180	140~160	4.0、5.0	加垫板
		4	2	2	75	90~140	140~160	3.2、4.0	
12		5	0	4	80	140~180	120~180	4.0、5.0	反面铲焊根
		4	4	–	60	140~180	120~160	4.0、5.0	加垫板
		4	2	2	75	90~140	130~160	3.2、4.0	
16		7	0	6	80	140~180	120~180	4.0、5.0	反面铲焊根
		6	4	–	60	140~180	110~160	4.0、5.0	加垫板
		7	2	2	75	90~80	110~160	3.2、4.0、5.0	
22		7	–	2	60	140~80	130~80	4.0、5.0	反面铲焊根
		9	4	–	45	160~200	110~175	5.0	加垫板
		10	2	2	45	90~80	110~160	3.2、4.0、5.0	
32		14	–	2	70	160~200	140~170	4.0、5.0	反面铲焊根

② 焊条电弧焊角焊缝的坡口形式和工艺参数（表6-33）。

表6-33　焊条电弧焊角焊缝的坡口形式和工艺参数

板厚/mm	坡口形式	焊脚L/mm	焊接位置	焊接层数	坡口尺寸		焊接电流/A	焊接速度/(mm/min)	焊条直径/mm	备注
					间隙c/mm	钝边f/mm				
6		4.5	平焊	1	0~2	–	160~190	150~200	5.0	
		6	平焊	1	0~2	–	80~100	60~100	3.2	
9		7	平焊	2	0~2	–	160~190	150~200	5.0	
12		9	平焊	3	0~2	–	160~190	150~200	5.0	
		10	平焊	2	0~2	–	80~110	50~90	3.2	
16		12	平焊	5	0~2	–	160~190	150~200	5.0	
22		16	平焊	9	0~2	–	160~190	150~200	5.0	
6		2	平焊	1~2	0~2	0~3	160~190	150~200	5.0	
		2	立焊	1~2	0~2	0~3	80~110	40~80	3.2	
12		3	平焊	8~10	0~2	0~3	160~190	150~200	5.0	
		3	立焊	3~4	0~2	0~3	80~110	40~80	3.2	
22		5	平焊	18~20	0~2	0~3	160~190	150~200	5.0	
		5	立焊	5~7	0~2	0~3	80~110	40~80	3.2、4.0	

板厚/mm	坡口形式	焊脚L/mm	焊接位置	焊接层数	坡口尺寸 间隙c/mm	钝边/mm	焊接电流/A	焊接速度/(mm/min)	焊条直径/mm	备注
12		3	平焊	3~4	0~2	0~2	160~90	150~200	5.0	
		3	立焊	2~3	0~2	0~2	80~10	40~80	3.2、4.0	
22		5	平焊	7~9	0~2	0~2	160~190	150~200	5.0	
		5	立焊	3~4	0~2	0~2	80~110	40~80	3.2、4.0	
6		3	平焊	2~3	3~6	–	160~190	150~200	5.0	加垫板
		3	立焊	2~3	3~6	–	80~110	40~80	3.2、4.0	加垫板
12		4	平焊	10~2	3~6	–	160~190	150~200	5.0	加垫板
		4	立焊	4~6	3~6	–	80~110	40~80	3.2、4.0	加垫板
22		6	平焊	22~5	3~6	–	160~190	150~200	5.0	加垫板
		6	立焊	10~12	3~6	–	80~110	40~80	3.2、4.0	加垫板

③埋弧焊的坡口形式和工艺参数（表6-34）。

表6-34 埋弧焊的坡口形式和工艺参数

板厚/mm	坡口形式	焊丝直径/mm	焊道A：外面 B：里面		焊接条件 电流/A	电压/V	速度（cm/min）
6		3.2	A		350	33	65
			B		450	33	65
9		4.0	A		450	33	65
			B		520	33	65
		4.0	A		450	33	65
			B		520	33	65
12		4.0	A		450	33	60
			B		550	33	50
16		4.0	A		550	34	40
			B		650	34	47
		4.0	A	1	550	33	45
				2	550	33	40
			B		650	33	43
20		4.8	A		650	33	30
			B		800	35	35
20		4.0	A	1	500	33	45
				2	600	35	40
				3	600	35	40
			B		700	35	35
24		4.8	A		720	32	20
			B		950	34	27
		4.0	A	1	500	33	40
				2	600	34	35
				3	600	35	40
			B		700	34	35
24以上	1~2层手工焊或TIG焊	4.0	–		450~600	32~36	25~50

④ 手工TIG焊对接平焊坡口形式和工艺参数（表6-35）。

⑤ 自动TIG焊管子对接和管板焊接工艺参数（表6-36）。

表6-35　手工TIG焊对接平焊坡口形式和工艺参数

坡口形状代号	坡口形状	板厚/mm	使用坡口形式	钨电极直径/mm	焊接电流/A	焊接速度/(cm/min)	焊条直径/mm	氩气 流量/(L/min)	氩气 喷嘴直径/mm	备注
A		1	A（但间隙为0）	1.6	50～80	10～12	1.6	4～6	11	单面焊接气体垫
B		2.4	A（但间隙为0～1mm）	1.3	80～120	10～12	1.6	6～10	11	单面焊接气体垫
		3.2	A	2.4	105～150	10～12	1.6～3.2	6～10	11	双面焊
C		4	A	2.4	150～200	10～15	2.4～4.0	6～10	11	双面焊
			B	2.4	150～200	10～12	2.4～4.0	6～10	11	清根
			C	2.4	180～230	10～12	2.4～4.0	6～10	11	垫板
D		6	D	2.4	140～160	12～16	2.4～4.0	6～10	11	单面焊接气体垫
			E	1.6 2.4	110～150 150～200	6～8 10～5	2.4～3.2	6～10	11	可熔镶块焊接
E		12	B	2.4	150～200	15～20	24.～4.0	6～10	11	清根
			C	2.4 3.2	200～250	10～20	3.2～4.0	6～10	11～13	垫板
F		2	F	2.4 3.2	200～250	10～20	3.2～4.0	6～10	11～13	清根
G		38	G	2.4 3.2	250～300	10～20	3.2～4.0	10～15	11～13	垫板

表6-36　自动TIG焊管子对接和管板焊接工艺参数

接头种类	坡口形式	管子尺寸/mm	钨极直径/mm	层次	焊接电流/A	电弧电压/V	焊接速度/(s/周)	焊丝直径/mm	送丝速度/(mm/min)	氩气流量/(L/min) 喷嘴	氩气流量/(L/min) 管内
管子对接（全位置）	管子扩口	φ18×1.25	2	1	60～62	9～10	12.5～13.5	—	—	8～10	1～3
		φ32×1.5	2	1	54～59	9～10	18.6～21.6	—	—	10～13	1～3
	V形	φ32×3	2～3	1	110～120	10～12	24～28	—	—	8～10	4～6
			2～3	2～3	110～120	12～14	24～28	0.8	760～800	8～10	4～6
管板	管子开槽	φ13×1.25	2		65	9.6	14	—	—	7	—
		φ18×1.25			90	9.6	19			7	

⑥ 自动脉冲TIG焊管子对接和管板焊接工艺参数（表6-37）。

⑦ 脉冲MIG焊对接焊接工艺参数（表6-38）。

⑧ MIG焊对接平焊坡口形式和工艺参数（表6-39）。

⑨ 不锈钢大电流等离子弧焊工艺参数（表6-40）。

⑩ 不锈钢薄板小电流等离子弧焊工艺参数（表6-41）。

⑪ 不锈钢超薄板微束等离子弧焊工艺参数（表6-42）。

表6-37　自动脉冲TIG焊管子对接和管板焊接工艺参数

接头种类	坡口形式	管子尺寸/mm	钨极直径/mm	层次	平均电流/A		频率/Hz	脉冲宽度/%	焊接速度/(s/周)	氩气流量/(L/min)	
					基本	脉冲				喷嘴	管内
管子对接	管子扩口	$\phi 8 \times 1$	1.6	1	9	36	2	50	12	6~8	1~3
		$\phi 15 \times 1.5$	1.6	1	27	80	2.5	50	15	6~8	1~3
管板	管子开槽	$\phi 13 \times 1.25$	2	1	8	70~80	3~4	50	10~15	8~10	—
		$\phi 25 \times 2$	2	1	25	100~130	3~4	50~75	16~17	8~10	

表6-38　脉冲TIG焊对接焊接工艺参数

板厚/mm	坡口形式	层次	焊丝直径/mm	平均电流/A		电压/V		焊接速度/(m/h)	气体流量/(L/min)	
				基本	脉冲	脉冲	电弧		Ar	CO_2
6	I形	1~2（正反各1）	1.6	40~50	120~130	34	28~29	15~18	25~29	3.5~4.0
8	V形	1~2（正反各1）	1.6	40~50	130	36	32	14~18	25~29	3.5~4.0

注： 脉冲频率为50Hz，焊丝为0Cr18Ni9。

表6-39　MIG焊对接平焊坡口形式和工艺参数

坡口形状代号	坡口形式	板厚度/mm	使用的坡口形状	层数	焊丝直径/mm	焊接条件			备注
						电流/A	电压/V	速度/(cm/min)	
A	0~2	3	B	1	1.2	220~250	23~25	10~60	垫板
		4	B	1	1.2	220~250	23~25	30~50	垫板
B	0~2	6	A	2	1.2	230~280	23~26	30~60	清根
				2	1.6	250~300	25~28	30~60	
			B	2	1.2	230~280	23~26	30~60	垫板
				2	1.6	250~300	25~28	30~60	
C	60°~90° 0~2 0~2		C	2	1.2	230~280	23~26	30~60	清根
				2	1.6	250~300	25~28	30~60	
D	60°~90° 0~2 0~2	6	D	2	1.2	230~280	23~26	30~60	垫板
				2	1.6	250~300	25~28	30~60	
			C	4	1.6	280~330	27~30	25~55	清根
			D	4	1.6	280~330	27~30	25~55	垫板
E	60°~90° 3~5		E	4	1.6	280~330	27~30	25~55	垫板
F	60°~90° 0~1	12	F	4	1.6	280~330	27~30	25~55	清根
G	60°~90° 1 1	16	G	2	1.2	1层 180~200 2层 250~280	1层 16~18 2层 24~26	30~50	单面打底焊

表6-40 不锈钢大电流等离子弧焊工艺参数

焊透方式	焊件厚度/mm	焊接电流/A	电弧电压/V	焊接速度/(mm/min)	离子气流量/(L/min)		保护气体流量/(L/min)			孔道比	钨极内缩/mm	备注
					基本气流	衰减气	正面	尾罩	反面			
熔透流	1	60	–	270	0.5	–	3.5	–	–	2.5/2.5	1.5	悬空焊
小孔法	3	170	24	600	3.8	–	25	8.4	–	3.2/2.8	3	喷嘴带两个φ0.8mm小孔，间距6mm
	5	245	28	340	4.0	–	27			3.2/2.8	3	
	8	280	30	217	1.4	2.9	17			3.2/2.9	3	
	10	300	29	200	1.7	2.5	20			3.2/3	3	

表6-41 不锈钢薄板小电流等离子弧焊工艺参数

焊透方式	板厚/mm	焊接电流/A	焊接速度/(cm/min)	喷嘴直径/mm	离子气及其流量/(L/min)	保护气体及其流量/(L/min)
熔透法	0.8	25	25	0.8	Ar, 0.2	Ar+1%H₂, 12
	1.6	46	25	1.3	Ar, 0.5	Ar+5%H₂, 12
	2.4	90	25	2.2	Ar, 0.7	Ar+5%H₂, 12
	3.2	100	20	2.2	Ar, 0.7	Ar+5%H₂, 12
小孔法	1.6	25	10~15	0.8	Ar, 0.4	Ar, 9.5
	2.4	50	10~15	1.3	Ar, 0.7	Ar, 9.5
	3.2	75	10~15	1.3	Ar, 0.9~1.4	Ar, 9.5
	4.8	100	10~15	1.8	Ar, 2.4~3.8	Ar, 9.5

表6-42 不锈钢超薄板微束等离子弧焊工艺参数

接头形式	板厚/mm	焊接电流/A	焊接速度/(cm/min)	喷嘴直径/mm	离子气及其流量/(L/min)	保护气体及其流量/(L/min)	备注
对接接头	0.025	0.3	125	0.8	Ar, 0.2	Ar+1%O₂, 9.5	带卷边对接
	0.075	1.6	150				
	0.125	2.4	125				
	0.255	6.0	200				
	0.760	1.0	125				
端接头	0.025	0.3	125				
	0.125	1.6	380				
	0.255	4.0	125				

2. 铁素体不锈钢的焊接工艺

（1）焊接方法

铁素体不锈钢通常采用焊条电弧焊、TIG焊和MIG焊。普通铁素体钢有时也用埋弧焊，对耐蚀性和韧性要求高的高纯铁素体钢不推荐埋弧焊，以防止过热和碳、氮的污染。

同质铁素体型焊缝优点是焊缝颜色与母材相同，线胀系数和耐蚀性大体相似，但其抗裂性能不高。在要求具有高抗裂性能，而且不能进行预热和焊后热处理的情况下，可采用异质的奥氏体型焊缝（即用奥氏体钢焊条焊接）。但要注意：焊接材料应是低碳的；焊后不可退火处理，因铁素体钢退火温度（780~850℃）正好在奥氏体钢敏化温度区间，易引起晶间腐蚀和脆化；奥氏体钢焊缝的颜色和性能与母材有一些差别。

铁素体耐热钢对过热十分敏感，因此，宜采用焊条电弧焊和TIG焊等焊接热输入较低的焊接方法。也可用MIG和埋弧焊，但由于热输入较大，不推荐使用。电渣焊和气焊会引起晶粒粗大，不宜采用。

铁素体耐热钢焊接可以采用同质焊缝，也可采用异质焊缝。前者的化学成分与母材相近，后者主要是采用奥氏体钢焊接材料，往往用在不允许进行预热或后期热处理的场合。对于要求耐高温腐蚀和抗氧化的焊接接头，应优先选用同质焊接材料。表6-43为铁素体不锈钢与耐热钢焊接材料的选用。

表6-43 铁素体不锈钢与耐热钢焊接材料的选用

钢号	焊条电弧焊焊条		气体保护焊		埋弧焊	
	型号	牌号	气体	焊丝	焊丝	焊剂
0Cr13	E410-16 E140-15	G202 G207 G217	Ar	H0Cr14		
	E309-16 E309-15 E310-16 E310-15	A302 A307 A402 A407		H0Cr21Ni10 H0Cr18Ti12Mo2		
1Cr17 0Cr17Ti 1Cr17Ti 1Cr17Mo2Ti	E430-15 E430-16	G302 G307	Ar	H0Cr17		
1Cr17 0Cr17Ti 1Cr17Ti 1Cr17Mo2Ti	E308-15 E309-15 E316-15	A107 A307 A207	Ar	H0Cr21Ni10 H0Cr18Ni12Mo2		
1Cr25Ti	E308-15 E316-15	A107 A207	Ar	H0Cr24Ni13 H0Cr26Ni21		
1Cr28	E310-15	A407	Ar	H0Cr26		
0Cr11Ti 0Cr17Ti	E410-16 E410-15	G202 G207 G217	Ar	E410NuMo ER430		
1Cr17 Cr17Ti	E430-16 E430-15	G302 G307	Ar	H1Cr17 ER630	H1Cr17 H0Cr21Ni10 H1Cr24Ni13 H0Cr26Ni21	SJ601 SJ608 HJ172 HJ151
Cr17Mo2Ti	E430-15 E309-16	G307 A302		H0Ce19Ni11Mo3		
Cr25	E308-15 E316-15 E310E16 E310E15	S107 A207 A402 A407	Ar	ER26-1 H1Cr25Ni13	H0Cr26Ni21 H1Cr24Ni13	SJ601 SJ608 SJ701 HJ172 HJ151
Cr25Ti	E09Mo-166	A317				
Cr28	E310-16 E310-15	A402 A407				

（2）焊接热输入

由于铁素体不锈钢在焊接过程中具有强烈的晶粒长大倾向和易于析出有害的中间相，因此应尽量采用小的热输入和窄焊道进行焊接，并采取适当措施，提高焊缝的冷却速度以控制接头的过热。

铁素体耐热钢焊接的突出问题是接头脆化，其原因之一是过热区晶粒长大，长大程度取决于接头所达到的最高温度及其停留时间。为了避免在高温下长时间停留而导致粗晶和σ相析出脆化，应采用尽可能低的热输入焊接。

（3）预热与焊后热处理

普通铁素体不锈钢有冷裂倾向，其脆性转变温度常在室温以上，韧性低，为了防止冷裂纹，焊前预热是必要的。但这种钢对过热敏感，预热温度不能高，只能低温预热，最好控制在150℃以下，层间温度也应控制在相应水平，否则晶粒长大并可能产生475℃脆性。

采用同质焊接材料焊接后应进行热处理。Cr13型不锈钢焊前不必预热，Cr17型不锈钢预热至70～150℃，焊后进行700～760℃水淬。高铬铁素体不锈钢不需要焊前预热和焊后热处理。热处理温度应低于使晶粒粗化或形成奥氏体的亚临界温度。必须避免在370～570℃之间缓冷，以免产生475℃脆性。

已产生475℃脆性和σ相脆化的焊接接头，可短时加热到600℃以上空冷消除475℃脆性；加热到930～980℃急冷消除σ相脆化。采用奥氏体钢焊接材料时，不必预热和焊后热处理。

焊接铁素体耐热钢时，近缝区的晶粒急剧长大而脆化，而且高铬铁素体室温的韧性就很低，很容易在接头上产生裂纹。因此，在采用同质焊接材料焊接刚性较大的焊件时，应进行预热。但预热温度不宜过高，取既能防止过热脆化，又能防止裂纹的最佳预热温度。一般在150～230℃之间较合适。母材含铬量高、板厚或拘束应力大，预热温度应适当提高。

铁素体耐热钢多用于要求耐蚀性的焊接结构，为了使其接头组织均匀，提高塑、韧性和耐蚀性，焊后一般须热处理。热处理应在750～850℃进行，热处理中应快速通过370～540℃区间，以防止475℃脆化，对于σ相脆化倾向大的钢种，应避免在550～820℃长期加热。

焊后焊接接头一旦出现脆化，采取短时加热到600℃后空冷，可以消除475℃脆性；加热到930～950℃后急冷，可以消除σ相脆性。

用奥氏体焊接材料焊接时，可不预热和热处理。为了提高塑性，对Cr25Ti、Cr28和Cr28Ti焊后也可以进行热处理。

（4）铁素体耐热钢焊接工艺要点

铁素体耐热钢焊接过程既怕"热"又怕"冷"，为此必须用较低的预热温度；多层焊时要控制好层间温度，待前道焊缝冷却到预热温度后再焊下一道焊缝；焊条电弧焊时，应用小直径焊条，直线运条并短弧焊接，焊接电流宜小，焊接速度应快些。这些措施都是为了缩短焊缝及热影响区在高温停留的时间、减小过热，防止产生脆化和裂纹以及提高耐蚀性能。

铁素体耐热钢室温韧性较低，焊接接头经受不起严重撞击，因此必须注意吊运和存储。

3．马氏体不锈钢的焊接工艺

（1）焊接方法

① 马氏体不锈钢的焊接

●焊条电弧焊

该焊接方法是最为常用的方法。一般采用与母材同质的低氢型焊条，焊条在焊前须经350～400℃温度烘干。这类焊缝焊后一定要进行热处理，如果焊后不能进行热处理，则可选用铬镍奥氏体焊条。此时，相当于异种钢焊接，需要合理选择焊条的奥氏体钢类型，并严格控制母材对焊缝的稀释。这种焊缝抗裂性能好。

●氩弧焊

TIG焊焊接质量较好，常用于薄板焊接或多层焊的封底焊，电源为直流正接。由于裂纹倾向小，薄板焊接可不预热，厚板可经120～200℃预热。一般选用与母材成分和组织相近的焊丝，以保证与母材匹配。

●CO_2焊

其接头含氢量低，冷裂倾向比焊条电弧焊小，可用较低的预热温度焊接，可用实心焊丝（如H1Cr13）或药芯焊丝（如PK-YB102、PK-YB107等）。

●埋弧焊

马氏体不锈钢导热性差，易过热，在热影响区产生粗大组织，故不常用埋弧焊。与焊条电弧焊焊条选用原则相同，选用同质或异质焊缝的焊接材料。均采用碱性焊剂，如SJ601和HJ51等。

② 马氏体耐热钢的焊接

焊接马氏体耐热钢时，由于钢的冷裂倾向大，对氢致延迟裂纹非常敏感，因此必须严格保持在低氢甚至超低氢条件下焊接，同时还应保持较低的冷却速度。对于拘束度较大的接头，最好采用无氢源的TIG焊和MIG焊。

焊缝的化学成分应力求和母材成分相接近，最好焊缝中没有铁素体存在。对于Cr13型钢，必须严格控制C、S、P和Si的含量，以降低热裂和冷裂敏感性。焊缝中加少量Ti、N和Al则有利于细化晶粒。对于以Cr12型为基的多元合金强化的马氏体耐热铁钢，铁素体化元素（如Mo、W、V等）较多，为了保证焊缝全部为均一的马氏体组织，必须加入适量的奥氏体化元素（如C、Ni、Mn和N等）进行平衡。但要注意，增加C和Mn会使马氏体开始转变温度（M_s）明显降低，对防止冷裂纹不利，故其含量须控制在最佳范围内。

表6-44为部分马氏体钢焊条电弧焊和TIG焊焊接材料的选用。

表6-44　部分马氏体钢焊条电弧焊和TIG焊焊接材料的选用

钢号	焊条		气体保护焊		埋弧焊	
	型号	牌号	焊丝	气体	焊丝	焊剂
1Cr13 2Cr13	E410-15	G207 G217	H0Cr14 H1Cr13	Ar		
	E309-16、E309-15 E309-16、E310-15	A302、A307 A402、A407	H0Cr21Ni10 H0Cr18Ni	Ar		
1Cr17Ni2 2Cr13Ni2	E430-16 E430-15	G302 G307	H0Cr14 H1Cr3	Ar		
1Cr17Ni2 2Cr13Ni2	E308-16、E308-15 E309-16、E309-15 E310-16、E610-15	A107 A302、A307 A402、A407	H0Cr21Ni10 H0Cr18Ni	Ar		

续表

钢号	焊条		气体保护焊		埋弧焊	
	型号	牌号	焊丝	气体	焊丝	焊剂
1Cr12Mo 1Cr13	E140-16 E140-15 E309-16、E309-15 E310-16、E310-15	G202 G20、G217 A302、A307 A402、A404	H1Cr13 H0Cr14	Ar	H1Cr13 H1Cr14 H0Cr21Ni10 H1Cr24Ni13 H0Cr26Ni21	SJ601 HJ151
2Cr13	E140-15 E308-15 E316-15	G207 A107 A207	H1Cr13 H0Cr14	Ar		
1Cr22MoV	E-11MoVNi-15 E-11MoVNi-16 E-11MoVNiW-15	R807 R802 R817				
1Cr12MoWV 1Cr12NiWMoV	E-11MoVNiW-15 E-11MoVNiW-16	R817 R827	HCr12WoMV	Ar	HCr12WMoV	HJ350

（2）预热、层间温度与焊后热处理

焊接马氏体不锈钢和耐热钢，尤其在使用与母材同质的焊接材料时，为防止冷裂纹，焊前须预热，预热温度通常为300～480℃。

焊后及时进行热处理，热处理工艺为：将工件加热至700～800℃保温一段时间，然后在空气中冷却下来。对于某些多元合金的马氏体不锈钢，既不允许焊后尚处高温时立即回火，也不允许冷却至室温再回火，而应冷却到150～200℃保温2h，使奥氏体大部分转变成马氏体，然后及时地进行高温回火热处理。焊件的预热温度要考虑含碳量和工件厚度，含碳量越高，焊件厚度越大，预热温度也越高，但不要高于M_s点。多层焊时层间温度应保证不低于预热温度，以防止在熔敷后续焊缝前就发生冷裂纹。

异质焊缝的焊前预热和层间温度通常为200～300℃，焊后不能进行热处理。

马氏体耐热钢冷裂倾向大，焊前预热和保持层间温度是防止其产生裂纹的有效措施。预热温度应根据钢的含碳量、接头厚度和拘束度以及焊接方法来确定。通常是在保证不裂的情况下预热温度尽可能降低。表6-45列出了几种马氏体不锈钢和耐热钢焊前预热和焊后热处理温度。

表6-45　几种马氏体不锈钢和耐热钢焊前预热和焊后热处理温度

钢号	焊缝类型	预热温度/℃		焊后热处理	备注
		焊条电弧焊	TIG焊		
1Cr13 2Cr13	同质焊缝	300～350	300～350	700～750℃，空冷	耐蚀、耐热
	奥氏体焊缝	200～300	200～300		高塑、韧性
1Cr17Ni2 2Cr13Ni2	同质焊缝	300～350	300～350	700～750℃，空冷	耐蚀、耐热
	奥氏体焊缝	200～300	200～350		高塑、韧性
1Cr12Mo 1Cr13	同质焊缝	250～350	150～250	680～730℃，回火	高温强度好、耐蚀
	奥氏体焊缝	15～200或不预热			防裂
2Cr13	同质焊缝	300～400	200～300	680～730℃，回火	耐高温、耐蚀、抗蠕变

续表

钢号	焊缝类型	预热温度/℃		焊后热处理	备注
		焊条电弧焊	TIG焊		
2Cr13	奥氏体焊缝	150～200	150～200		防裂
1Cr11MoV	同质焊缝	250～400	200～250	716～750℃，回火	耐高温、耐蚀、抗蠕变
	奥氏体焊缝	150～200	150～200		防裂
1Cr12MoWV 1Cr12NiWMoV	同质焊缝	350～400	200～250	720～780℃，回火	耐高温、耐蚀、抗蠕变
	奥氏体焊缝	150～200	150～200		防裂

为了降低马氏体耐热钢焊缝金属和热影响区的硬度，改善韧性或提高强度，同时消除焊接残余应力，焊后应进行热处理。马氏体耐热钢一般在调质状态下焊接，所以焊后只需要回火处理，回火温度不得高于母材调质的回火温度。但要注意，焊后不能立即进行回火处理，而是焊后缓冷到100～150℃，保温0.5～2h，随后立即回火。这是因为在焊接过程中奥氏体可能尚未完全转变，如果焊后立即回火，会沿奥氏体晶界沉淀碳化物，并发生奥氏体向珠光体转变，这样的组织很脆。但又不能等到完全冷却到室温后再进行回火，因为这样可能产生延迟裂纹。

如果使用奥氏体钢焊接材料，预热温度可降至150～200℃，焊后不需要热处理。